ALBRECHT JOHANN

ROCK 'N' ROLL UND RAMADAN
LEHRER AUS ÜBERZEUGUNG

Alltag an einer
Brennpunktschule

Klett-Cotta
www.klett-cotta.de
© 2015 by J. G. Cotta'sche Buchhandlung
Nachfolger GmbH, gegr. 1659, Stuttgart
Alle Rechte vorbehalten
Printed in Germany
Umschlag: Rothfos & Gabler, Hamburg
Unter Verwendung eines Fotos von
Ostkreuz Agentur der Fotografen GmbH © Anette Hauschild
Bild im Inhalt: © Stauke (fotolia)
Gesetzt von Dörlemann Satz, Lemförde
Gedruckt und gebunden von CPI – Clausen & Bosse, Leck
ISBN 978-3-608-98044-8

Zweite Auflage, 2015

Bibliografische Information der Deutschen Nationalbibliothek
Die Deutsche Nationalbibliothek verzeichnet diese Publikation in
der Deutschen Nationalbibliografie; detaillierte bibliografische
Daten sind im Internet über <http://dnb.d-nb.de> abrufbar.

INHALT

TEIL 1

DAS ERBE VON '68

SCHOCK IM CHAOS

Es ist noch dunkel, als ich am 11. Dezember 1977 kurz vor acht zum ersten Mal meinen neuen Arbeitsplatz, die 1. Oberschule Kreuzberg, betrete. Aber hier tobt buchstäblich schon das Leben. Hunderte von Schülern drängen von allen Seiten durch die Flure, schlecht gelaunt und eher unfreundlich, scheint mir. Gleich soll ich sie unterrichten – mir hängt das Herz in der Hose. Ich hatte bisher nur als Referendar an einem altsprachlichen Gymnasium im bürgerlichen Bezirk Wilmersdorf unterrichtet. Aber hier, das spüre ich schon, ist alles anders, härter.

Es ist der Schultyp, an dem ich auf keinen Fall landen wollte: eine dieser riesigen neuen Gesamtschulen mit über tausend Schülern, einem Labyrinth von Gängen und Räumen, die nicht mal richtige Fenster haben. Nur echte Idealisten melden sich freiwillig an diese Schulen. Oder Junglehrer wie ich, die im zweiten Staatsexamen keine besonders gute Note erreicht haben.

»Wo ist das Sekretariat?« Jemand hilft mir. Plötzlich ein Gong und die nüchterne Stimme des Stellvertretenden Schulleiters: »Guten Morgen. Hier die Durchsagen zum Vertretungsplan. Frau Enzensberger übernimmt bitte die 912 in GK, Raum B 157, Herr Friedrich den E-Kurs Französisch in Acht in B 087, den WP-Kurs A1 in Sieben übernimmt ...« Ich verstehe überhaupt nichts. »Scheiße«, hör ich neben mir, »die alte Zicke wieder. Ich schwänze.«

Herr Müller hat eigentlich gar keine Zeit für mich, wühlt hektisch in seinen Papieren. »Schön, dass Sie da sind ... aber Sie sehen ja ... viele neue Krankmeldungen heute Morgen ... wie's halt so ist. Da müssen Sie wohl gleich ran. Ah, hier ist es: 1. Stunde Mathe, E-Kurs in der Teilgruppe 812, 2. Stunde Bio 711, das ist im Nat-bereich, ganz hinten.« »Und wo finde ich ...?« Er zeigts mir auf dem Plan. »Na, dann mal los.« Er versucht aufmunternd zu lächeln. Mir ist schlecht.

Fünf Minuten später habe ich endlich den Raum gefunden. Drinnen scheints sehr laut zu sein. Vorsichtig öffne ich die Tür. Zwölf oder dreizehn Schüler und Schülerinnen lümmeln sich auf ihren Stühlen, teils die Füße auf dem Tisch, oder laufen herum. »Scheiße, ham wir doch Vertretung«, ruft jemand.

Schon der Raum: Auf die grellgelben Wänden sind, halb schon abgerissen, drei sehr kindliche Zeichnungen gepinnt. Auch der Vorhang ist links schon heruntergerissen, und neben der Tür hängen offene Kabel aus der Wand. Das waren wohl mal die Anschlüsse für Telefon und Video. Und die Schule ist gerade mal ein Jahr alt!

Ich stelle mich vor, eher schüchtern. Zwei Mädchen gickeln die ganze Zeit. »Ihre Hosen, Herr ... wie heißen Sie noch mal? Ihre Schlabberjeans. Wo haben Sie die denn gekauft?« Sie kichern wieder. Ich schlage vor Mathe zu machen, wie es auf dem Plan steht. »Bitte nehmt eure Mathebücher raus.« »Aber wir haben doch Vertretung. In Vertretung wird immer gespielt«, belehrt man mich mit einer Spur Empörung. Ständig kommen weitere Verspätete. Es wird um Stühle gezankt.

Ein Demagoge ergreift das Wort: »Keiner hier hat ein Mathebuch dabei, stimmts?« Er dreht sich zur Klasse um, und die paar Mathebücher, die eben noch da waren, verschwinden in den Taschen. Hm. Vielleicht Bruchrechnen an der Tafel? Aber alle schreien jetzt »spielen, spielen«, und ich gebe mich geschlagen. Okay, ein Spiel, aber welches? Ehe die

Frage geklärt ist, stürmen drei Mädchen nach vorn und organisieren lautstark das Pyramidenspiel. Andere schmollen, wollen was anderes. Drei Jungs rennen plötzlich zur Tür. »Hey, wo wollt ihr hin?« »Wir müssen aufs Klo.« »Da müsst ihr aber bis zur Pause warten.« »Sollen wir uns etwa in die Hose pissen?« Ich kann sie nicht halten.

Aber da ist schon der Streit um das Fenster ausgebrochen. »Es stinkt, es stinkt.« Jemand hat das Fenster aufgerissen, schnappt theatralisch nach Luft, andere mischen sich ein und knallen das Fenster wieder zu. »Wir frieren, du Idiot.« »Die haben mein Deo geklaut«, jammert ein Mädchen. Es stinkt tatsächlich furchtbar nach billigem Parfum. Gekloppe am Fenster. Ich will die Kämpfenden trennen. »Fassen Sie mich nicht an. Ich beschwer' mich beim Direktor, wenn Sie mich anfassen«. – Mein Gott, noch zehn Minuten. Es ist wahnsinnig laut. Ein Mädchen in der ersten Reihe ruft immer: » Es ist so laut, machen Sie doch endlich was.« – Noch fünf Minuten. – Die ersten gehen einfach raus. Ich stelle mich vor die Tür. »Wollen Sie uns etwa einsperren, oder was? Klingelt doch sowieso gleich.« Ich kann nicht mehr, gebe die Tür frei.

Die zweite Stunde läuft nicht besser. Die Jungs und Mädchen sind jetzt richtig wach geworden. In der großen Pause frage ich in irgendeinem der vielen Lehrerzimmer nach einem Schluck Wasser. Und da höre ich auch schon wieder Herrn Müllers Vertretungsansage: »Herr Johann übernimmt dankenswerterweise Englisch, G-Kurs in der 8II/12 in B 105 und in der vierten Stunde ...«

In der folgenden Stunde knallt es dann. Keiner scheint wahrzunehmen, dass ich überhaupt in der Klasse bin. Sie toben wie die Verrückten, und plötzlich bricht es aus mir heraus: »Seid ihr alle wahnsinnig, oder was? Bin ich hier im Kindergarten. Ihr spinnt ja.« Meine Stimme droht überzuschnappen, und ich spüre, was für eine furchtbare Wut da hochkommt. Ich könnte alles kurz und klein schlagen. Plötzlich ist Ruhe. Jetzt nehmen sie mich endlich wahr, und ich kann mich vorstellen.

Für zehn Minuten ist es jetzt einigermaßen ruhig. Wir machen irgendetwas, nach Unterricht ist mir nicht mehr zumute. In der fünften Stunde dann plötzlich ein durchdringendes Tuten im ganzen Haus. Alle springen auf. »Feueralarm, Feueralarm, wir müssen raus!« »Haben wir hier jeden Tag«, erläutert man mir. »Irgendein Idiot schlägt halt immer den Feuermelder ein«.

So verläuft auch der Rest der Woche. An richtigen Unterricht ist nicht zu denken. Abends denke ich mir irgendwas Interessantes für die Schüler aus; am nächsten Morgen schlagen sie es mir um die Ohren. Ich kriege kein Bein auf den Boden. Aber bei vielen Kollegen scheint das nicht anders zu laufen. Wenn es bei mir mal nicht so laut ist, kann man im Nachbarraum oft Krachen und Brüllen hören. Nur wenige Kollegen scheinen ihre Klassen im Griff zu haben.

Am Freitag nach der letzten Stunde treffe ich mich mit Hilde in einer Kneipe an der U-Bahn. Hilde kenne ich aus der Referendarzeit, sie hat am gleichen Tag wie ich an der 1.O angefangen. Ihr ist es genauso ergangen wie mir, wir sind beide völlig fertig. Nach dem zweiten Bier erzählt Hilde von ihrem Traum in der letzten Nacht. Von allen Seiten hatten junge, aber extrem gefährliche Krokodile nach ihr geschnappt, und dazu hatte eine Stimme gesagt »Du musst ihnen die Augen ausdrücken, solange sie jung sind, dann können sie nichts mehr machen.«

Da sitzen wir nun, wir '68er, die in unseren Seminaren über die Befreiung der Proletarierkinder von der rigiden bürgerlichen Moral geredet hatten. Von antiautoritärer Erziehung hatten wir geträumt, und jetzt haben wir Gewaltfantasien, wenn wir an die Schüler denken, die uns diese Woche das Leben geradezu zur Hölle gemacht haben.

Aber ich weiß intuitiv, dass sich schon irgendwie ein Weg finden lassen wird, um auch mit diesen Schülern so etwas wie Unterricht zu machen. Es muss einen Weg geben. Aber würde ich das schaffen? Gerade ich, der Weiche, Ängstliche, Weltfremde? Ich, dem es so schwerfällt, sich abzugrenzen und auch mal hart zu sein? Ich würde mich gewaltig gegen den Strich bürsten müssen.

IRGENDWIE ÜBERLEBEN

Soll ich's wirklich versuchen? Wochenlang schwebt diese Frage über mir, während ich im chaotischen Schulalltag unterzugehen drohe. Ich habe Erdkunde, Geschichte und Politik studiert mit dem Ziel Lehramt. Aber was heißt das schon. Ich bin schüchtern und ängstlich im Umgang mit Menschen und überdies zurzeit persönlich ziemlich desorientiert. Ich halte wenig von der bürgerlichen Bildung, die ich vermitteln soll, suche das »wahre Leben« eher in verrauchten Kneipen als in Bibliotheken. Und dann Lehrer? Aber das Jahr nach dem ersten Staatsexamen, in dem ich Taxi gefahren war, hatte mir gezeigt, dass auch das keine rechte Alternative ist.

Und nun bin ich hier in Kreuzberg gelandet, diesem heruntergekommenen Proletenviertel an der Mauer, das gerade zu großen Teilen abgerissen werden soll, euphemistisch Sanierung genannt. Studenten und Gastarbeiter sind in die zum Abriss freigegebenen Häuser als Zwischennutzer eingezogen, und in den Ruinen der Abrisshäuser in der Admiral- und Oranienstraße üben amerikanische Soldaten derzeit oft Häuserkampf. Das Klima ist rau hier, und in den Kneipen dröhnt »Macht kaputt, was Euch kaputt macht« von Ton Steine Scherben, dieser Szeneband.

Der Senat hat große Pläne mit Kreuzberg. Aus dem heruntergekommenen Randbezirk an der Mauer soll ein schicker, moderner und autogerechter Stadtteil werden. Weg mit den modrigen Hinterhöfen, den verwahrlosten Mietskasernen und dem proletarischen Milieu. Am Kottbusser Tor haben Spekulanten als Wahrzeichen der Erneuerung schon das »Neue Kreuzberger Zentrum« hochgezogen und etwas weiter südlich soll die brandneue 1. Oberschule, eines von fünfzehn über die Stadt verteilten bombastischen »Bildungszentren«, einen ebenso starken Akzent der Modernisierung setzen – die technokratische Antwort des Berliner Senats auf den von Georg Picht und anderen vor einem Jahrzehnt ausgerufenen »Bildungsnotstand«. Hier wird geklotzt und nicht gekleckert.

Wie ein futuristisches Raumschiff hockt der grellbunte Betonkörper der 1.O zwischen den Altbauten, geplant für über 1200 Schüler der Jahrgänge Sieben bis Dreizehn und organisatorisch als Gesamtschule konzipiert. Die altmodische Einteilung nach »Klassen« spielt hier kaum noch eine Rolle. Die Schüler »wandern«, häufig nach Leistung »sortiert«, von einem Fachraum zum nächsten, die alle üppig ausgestattet sind. Es gibt eine Medienzentrale, von der aus zwei Medienwarte Videos in die Räume einspielen, Schulküche, Schreibmaschinenräume, Labore, Räume für die

»außerunterrichtlichen Aktivitäten«, eine Mediothek, eine eigene Druckerei und sogar ein Notstromaggregat im Keller. In der Arbeitslehrewerkstatt stehen modernste Maschinen zur Metall-, Holz- und Kunststoffverarbeitung samt Fachpersonal. Hier scheint aus gewaltigen Ressourcen geschöpft zu werden. Dass ein großer Teil der Räume keine Fenster besitzt, wurde von den Planern nicht als Problem empfunden. Sie werden durch eine Klimaanlage belüftet.

Aber fünfzehn neue Bildungszentren wollen auch mit Lehrern bestückt werden, und dazu muss man jetzt, da sich von den »erfahrenen« Lehrkräften nur wenige für die neuen Gesamtschulen begeistern können, auf die neue Lehrergeneration zugehen, die nach '68 studiert hat. Ich bin einer davon. Bald sollen wir 120 sein, und fast alle Kollegen, die ich in den nächsten Wochen kennen lerne, sind wie ich jung, unerfahren und natürlich »links«, was immer das heißt. Für die meisten ist Lehrersein nicht einfach ein Job, sondern die Möglichkeit, endlich an der Umgestaltung der Gesellschaft mitwirken zu können. Wir haben in einer Zeit studiert, als an den Universitäten mehr diskutiert als gelernt wurde und sind, egal wie wir im Einzelnen zu Kapitalismus und Kommunismus stehen, vollgesogen mit linkem Gedankengut. Wir sind skeptisch gegenüber der Gesellschaft und jeglicher Machtausübung. Wir stellen Überkommenes infrage, insbesondere die traditionelle Lehrerrolle. Unsere Zuneigung gehört den »Unterdrückten«, zu denen wir selbstverständlich auch unsere Schüler rechnen, die ja zum großen Teil Arbeiterkinder sind. Und wir wollen anders unterrichten als unsere früheren Lehrer. Lernen soll ein freiwilliger Akt sein, ohne Zwang und Drohung. Kein Notendruck mehr, keine Strafarbeiten oder gar Nachsitzen. Lernen soll Spaß machen, und die Interessen der Schüler sollen den Lernprozess tragen. Wir wollen nicht draufschlagen, sondern zuhören und verstehen. Wir wollen ehrlich sein, auch mal Schwächen und Fehler zugeben können. Und wir wollen im Geist der Skepsis erziehen, Skepsis vor allem gegenüber der Obrigkeit, zu der nach allgemeiner Überzeugung auch schon die Schulleitung gehört. Unsere Lehrer hatten mit Anzug und Schlips vor der Klasse gestanden und damit Distanz signalisiert. Jetzt tritt eine Generation an, die mit den Beatles, den Rolling Stones und Bob Dylan groß geworden ist und, die langen Haare und die lässig jugendliche Kleidung signalisieren es, nichts von »Erwachsensein« im traditionellen Sinn hält, auch nichts von Distanz und Rangordnung. Wir wollen unseren Schülern gute Kumpels sein.

Soweit die Theorie, aber ich muss, wie alle meine Kollegen, täglich den Praxistest bestehen, und das als »Vertretungslehrer«, als Springer, eine Rolle, in der man weder die Schüler kennt noch Ahnung vom zu unterrichtenden Fach hat. Dummerweise habe ich mich auch bereit erklärt, das Fach Arbeitslehre zu unterrichten. Eigentlich wusste ich nicht einmal, um was es da geht, aber Herr Müller hatte ziemlich gedrängelt. Jetzt soll ich aushilfsweise »Materialprüfung«, »Kunststoffverarbeitung« und »Nähen« unterrichten.

Entnervt von sechs Stunden Vertretung in Mathe, Englisch und Kunst lasse ich mich am Tag vor meiner ersten »Nähstunde« von der Leiterin des Fachbereichs Arbeitslehre einweisen. Die Schülerinnen sollen Schreibmaschinenhüllen fertigen. »Sind ja nur Mädchen, echt kein Problem«, beruhigt mich Frau Geiger, »du musst nur auf die Nadeln aufpassen, davon haben wir nicht so viele.«

Als ich die erste Nähstunde halten will, hat irgendwer das Schlüsselloch mit Pattex zugekleistert, und es dauert, bis ich den Hausmeister gefunden und der den Raum wieder zugänglich gemacht hat. Waren das meine Nähschülerinnen? Ich versuche das gar nicht erst rauszukriegen. Ich kenne ja noch nicht mal die Namen. Die erste richtige Nähstunde scheint zunächst gut zu laufen. Ich stelle mich freundlich vor, und die Mädchen scheinen nett zu sein. Ich renne herum und helfe. Bis dann die Sache mit den Nadeln passiert. »Meine Nadel ist gebrochen, schaun Sie mal«, ruft eine nach der anderen. Nach einer Viertelstunde sind meine Ersatznadeln verbraucht, ständig gehen weitere verloren oder brechen.

Aber die Schülerinnen wissen eine Lösung: »Dann spielen wir eben.« Warum grinsen bloß alle so komisch? »Ja, Viereckenraten. Ich kann das organisieren.« Meine schwachen Einwände werden schnell entkräftet. »Wenn wir doch keine Nadeln mehr haben. Was sollen wir denn sonst machen?« Resigniert lasse ich mich auf das Spiel ein.

In meinem Unterricht merke ich täglich, wie wenig praxistauglich unsere naive Vorstellung ist, man müsse einfach nur nett zu den Schülern sein. Dazu kommen persönliche Defizite: Ich bin zu weich, zu lieb, zu naiv und gutgläubig. Ich kann mich nicht wehren, wenn sie mich provozieren. Jede Verletzung spiegelt sich auf meinem Gesicht. Ich bin nicht schlagfertig und witzig schon gar nicht. Zunehmend merke ich aber auch, dass man im Vertretungsunterricht sowieso keine Chance hat, vor allem, wenn man – wie das ja meist der Fall ist – weder die Klasse kennt noch das Fach beherrscht. Immer häufiger lasse ich daher von Jochen, unserem Medienwart, das Video »Tanz der Vampire« einspielen. Dann herrscht wenigstens Ruhe.

Umso froher bin ich, als ich im Februar endlich eine »richtige« Klasse als Geschichtslehrer bekomme. Wenigstens eine, neben all den Vertretungsstunden. Es ist eine Neunte. »Sind Sie der Neue?«, begrüßt mich ein Bulle von Junge schon vor der Klassentür. Wahrscheinlich mal sitzengeblieben und deshalb schon 16, denke ich. »Ich bin der Thorsten.« Er streckt mir die Hand entgegen. Ich drücke sie, und schon hat er mich. Die Schüler scheinen erst einmal ganz friedlich zu sein, hören sich meine freundliche Begrüßungsrede an. Ich sage auch, dass ich bei Unterrichtsstörungen sehr streng bin. Das scheint sie wenig zu beeindrucken. Sie sehen ja meine Körperhaltung und hören den ängstlichen Unterton in meiner Stimme. Aber die erste Stunde scheint ganz gut zu laufen, obgleich es ein bisschen laut ist. Bis ich diesen kapitalen Fehler mache.

»Trauen Sie sich, mit mir Armdrücken zu machen?«, fragt Thorsten. »Ja, machen Sie Armdrücken mit Thorsten«, höre ich von allen Seiten. Die Schüler bilden sofort einen Kreis um uns. So wie Thorsten gebaut ist, habe ich meine Befürchtungen, aber darf ich jetzt kneifen? Ich will den Schülern ja auch ein guter Kumpel sein, und wie kann ich ablehnen, ohne mein Gesicht zu verlieren? Also gut. Kerstin zählt: »Eins, zwei, drei ... und los.« Die Sache dauert keine fünf Sekunden. Gegen dieses Kraftpaket habe ich keine Chance. Zack, liegt mein Arm auf dem Tisch. Die Schüler johlen, »Thorsten hat Herrn Johann gepackt. Herr Johann hat verloren, verloren.«

Kein Wunder, dass Thorsten seither das große Wort führt. »Herr Johann, Sie müssen strenger sein; Herr Johann, Sie müssen auch mal bei den Mädchen gucken, nicht nur bei uns Jungs; Herr Johann, machen Sie so und machen Sie so.« Ich fange an, mein Vorgehen zu erläutern und zu rechtfertigen. Wieder ein Fehler. Bald sind es auch andere, die sich herausnehmen, mich zu kritisieren und mir Ratschläge zu geben. Fred verkündet lauthals, mein Unterricht sei linkslastig. »Sie sind wohl so ein '68er, aber damit können Sie bei uns nicht landen.« Thomas, ein Freund Thorstens, fängt an, hinter meinem Rücken Schweinereien in die Klasse zu rufen, worauf natürlich alle prusten vor Lachen. Wenn mir bloß ein witziger Spruch dazu einfallen würde. Dann fängt das mit den Papierkügelchen an. Jedes Mal, wenn ich an der Tafel schreibe, treffen mich kleine Papierkugeln im Rücken. Auch der Overhead-Projektor hat dauernd einen Wackelkontakt, wenn ich der Klasse den Rücken zuwende. Für sie scheint es ein lustiges Spiel zu sein, für mich ist es das Zeichen einer verheerenden Niederlage. Sie haben keinen Respekt vor mir.

»Du musst in jeder neuen Klasse gleich ein Exempel statuieren«, hat mir neulich einer der wenigen älteren und erfahrenen Kollegen gesagt. »Greif dir den Erstbesten und mach ihn fertig, egal, ob er wirklich was getan hat. Dann hast du Ruhe.« Also greife ich mir Thomas, behaupte, er habe mit Papierkugeln geworfen, obgleich ich nicht ganz sicher bin. Er wehrt sich stärker, als ich vermutet habe. »Ich? Ich soll es gewesen sein? Na, sagen Sie mal … Das ist ungerecht. Ich gehe jetzt sofort zum Direktor und beschwere mich.« »Das ist ungerecht«, echoen die Mädchen, »Sie haben gar keine Beweise.« Ich lasse die Anklage fallen. »Okay, dann arbeiten wir jetzt schriftlich. Hefte raus. Bücher raus.« Die Klasse reagiert mit einem einzigen Aufschrei: »Schreiben sollen wir? Nur weil Sie nicht in der Lage sind, den Schuldigen zu finden? Was können wir denn dazu?« »Kollektivstrafen sind verboten«, belehrt mich Regina, die Klassensprecherin. Diese Schüler scheinen ihre Rechte zu kennen. Mit dem Mut der Verzweiflung gebe ich diesmal trotzdem nicht nach. Aber viel zu spät. Die Stimmung ist längst hinüber. Vor drei Wochen war ich noch der »Liebe«, jetzt bin ich der Ungerechte – ein Ungerechter, der sich nicht einmal durchsetzen kann. Sie haben mich durchschaut. Sie spüren, dass ich im Grunde Angst habe vor ihnen. Wie so viele ihrer Lehrer. Die Versuchung ist einfach zu groß. So ein schwacher Lehrer, das muss man doch ausnutzen.

Ich spüre, dass das alles nicht nur eine Frage der Technik ist. Mein Problem geht viel tiefer. Ich kann mich nicht abgrenzen, nicht rechtzeitig »Nein« sagen. Ich brauche ihre Zuneigung, und deshalb zögere ich zu sehr mit Strafen und Zurechtweisungen. Sie sehen an meinem Gesicht, wie verunsichert ich bin, wenn sie mich mit Liebesentzug strafen. Morgens komme ich mit schlotternden Knien und zusammengebissenen Zähnen hier an, mittags bin ich schon fertig. Ich kann nicht mehr. Ich will nur noch raus. Es sind grauenhafte Monate.

Einmal die Woche habe ich abends Therapie. Eine gute Sache. Herr V. raucht dann seinen Zigarillo, und ich hänge leidend im Sessel gegenüber, die Stiefel der Bequemlichkeit halber ausgezogen. Ich habe volles Vertrauen in ihn – bis zu dieser einen Sitzung. Nachdem ich ihm wieder einmal eine viertel Stunde lang von meinem täglichen Elend vorgejammert habe, unterbricht er mich abrupt: »Ach hören Sie doch endlich einmal auf mit diesem Gejammer. Ich kann es nicht mehr hören.« Ich kann es kaum glauben, dass er das gesagt hat. Dieser Vertrauensbruch. Dafür zahle ich doch, dass ich hier ehrlich meinem Herzen Luft machen darf. »Wollen Sie Ihr ganzes Leben lang jammern, Herr Johann?« Wie kalt er da sitzt. In mir kommt eine furchtbare Wut hoch und ohne nachzudenken schnappe ich meinen Stiefel, werfe ihn haarscharf an seinem Kopf vorbei. »Genau«, ruft Herr V., seelenruhig an seinem Zigarillo ziehend. »Schmeißen Sie ruhig an Ihrer Schule auch mal Stiefel, statt sich ständig alles gefallen zu lassen von Ihren angehimmelten, ja mystifizierten Proletarierkindern. Kämpfen Sie, statt zu jammern.«

Irgendwie hat er ja recht, spüre ich. Ich versuche klarer aufzutreten, lasse mir weniger gefallen. Manchmal bekomme ich dabei sogar Schützenhilfe von Schülern. Einmal dreht sich Jachja, das einzige Gastarbeiterkind in dieser 9. Klasse, zu Thorsten und den anderen Krawallbrüdern um: »Sagt mal, spinnt ihr oder was? Lasst ihn doch mal unterrichten. Merkt ihr nicht, dass er eigentlich nett ist?«

Trotzdem überlege ich immer wieder, ob ich nicht doch einen Versetzungsantrag an eine einfachere Schule schreiben soll. An ein Gymnasium zum Beispiel. Eines Tages habe ich dann das Erlebnis, das mich bewegt, doch an dieser Schule zu bleiben: Anne, eine Kollegin, die schon etliche Jahre im Schuldienst ist und ihre Lektion gelernt hat, nimmt mich mit in ihren Erdkunde-Kurs. Ich soll demnächst die Hälfte dieses Kurses übernehmen, da er zu groß geworden ist. Schon als wir die Klasse betreten, merken wir, dass hier totales Chaos herrscht. Es geht über Tische und Bänke. Vom Hof her fliegen Schneebälle durch das Fenster, ›unsere‹ werfen sie mit Geschrei zurück. Kaum einer nimmt wahr, dass Lehrer im Raum sind. Ich hätte instinktiv losgebrüllt, wäre ausgerastet. Nicht so Anne. Laut, aber gelassen, gibt sie ihre Anweisungen, lässt die Fenster schließen, fordert auf sich zu setzen, die Sachen rauszuholen. Sie brüllt nicht, straft nicht, sie fordert bloß auf, geduldig aber energisch und entschlossen. Fast jeden Schüler muss sie einzeln ansprechen. »Mario, jetzt ist Schluss, Sylvia, auch du setzt dich jetzt, Onur, hier spielt die Musik.« Ganz langsam spürt man die Wirkung, es wird ruhiger, Arbeitsmaterialien erscheinen auf dem Tisch. »Was haben wir jetzt? Ach so, Erdkunde«. Erst ganz zum Schluss, als nur noch wenige sich uneinsichtig geben, kriegt ihre Stimme einen drohenden Unterton, und schon kuschen sie. Und dann ist es wirklich ruhig. Ein Wunder.

Es ist möglich, stelle ich fest, man kann das Chaos in den Griff bekommen durch klares, entschlossenes Auftreten, jedenfalls wenn man die Schüler kennt und sich ein Vertrauensverhältnis aufgebaut hat. Sogar ohne zu brüllen. Warum sollte ich das langfristig nicht auch hinbekommen können? Wie oft hatte ich in den letzten Wochen daran gedacht, alles hinzuschmeißen, aber jetzt nehme ich mir vor, zunächst einmal die Techniken zu erlernen, die man hier im Umgang mit den Schülern braucht.

Der erste deutliche Erfolg auf diesem Weg ist mein »Frühstückswettbewerb« in Arbeitslehre zum Thema »Haushaltsführung«. Da mir nach »Das Haushaltsbuch« nichts Rechtes mehr einfällt und der Kurs morgens in den ersten beiden Stunden liegt, organisiere ich einen Frühstückswettbewerb in Kleingruppen. Die Gruppe, die pünktlich um Neun das beste Frühstück für die eingesammelten 1,30 DM pro Person auftischt, soll den Siegespreis und die beste Note bekommen. Jede Woche ist eine andere Gruppe dran. Hallo, da geht es aber ab. Während Sara Rührei brutzelt, mit und ohne Zwiebeln, presst Thomas Orangen, und Linda füllt ausgehöhlte Tomaten. Die schäbigen Tische in der Schulküche biegen sich unter der Last von Schinken, selbstgemachten Gelees und Früchten. Manuela rennt noch schnell frische Brötchen holen. Selbst das Spülen und Aufräumen hinterher klappt. Ich erlebe, was Schüler leisten können, wenn sie motiviert sind. Zum ersten Mal macht mir Unterricht ein bisschen Spaß.

Trotzdem ist das erste halbe Jahr insgesamt eine schreckliche Zeit. Es kostet mich viele schlaflose Nächte, aber ich spüre auch eine gewisse Hartnäckigkeit in mir. »Du kündigst hier nicht, eh du nicht gelernt hast, hier besser zurechtzukommen«, sage ich mir immer wieder. Vielen Kollegen geht es nicht anders. Vielleicht müssen wir alle umlernen. – Am Ende wird mein Vertrag tatsächlich verlängert, und ich soll eine eigene Klasse als Klassenlehrer bekommen. Endlich.

Meine Kollegin Regina hatte mich gefragt, ob ich bereit sei, als Ersatz für ihren von der Schulleitung abgesetzten männlichen Kollegen einzuspringen. Er sei von seiner Funktion entbunden worden, weil er die Klasse nicht unter Kontrolle bekommen habe. Die Klasse sei allerdings schwierig, gelte als die schlimmste überhaupt. Mit etwas Bauchgrimmen sage ich zu.

DAS ERBE VON '68

Da sitzen sie nun, die 28 Schüler der 915 (= die 5. Klasse im 1. Halbjahrgang der 9. Jahrgangsstufe), meiner ersten Klasse, angeblich die schlimmste im ganzen Haus. Heute soll ein Klassensprecher gewählt werden. So, wie sie rumhängen, habe ich den Eindruck, dass sie nicht gerade scharf sind auf Schulstress und lieber ein bisschen Fun und Action in den langweiligen Alltag bringen möchten. Da lümmelt sich Fred vor mir, eine markante Erscheinung, lange Haare, geföhnte Tolle vorn, ein richtiger Rockertyp, der bei Frauen was hermacht. Neben ihm Hotte, der Bulle, mit seinem Pokerface. Waren es diese beiden, die schon in der 8. Klasse eine Spritztour rund um die Schule mit dem Lieferwagen eines Handwerkers gemacht hatten, der den Schlüssel steckengelassen hatte? Klaus mit dem grimmigen Gesicht würde ich es auch zutrauen. Aber da sind auch die Mädchen, darunter vier Türkinnen, die eigentlich ganz brav aussehen. Haben die auch mitgemacht, als die Klasse Frau D. solange mit Coladosen beworfen hat, bis sie weinend rausrannte? Da sitzt der lange, hübsche Christian. Der geborene Frauenaufreißer, denke ich. Der ewig grinsende Nobby erinnert mich an Jean Paul Belmondo. Ihm traue ich in dieser Hinsicht auch einiges zu. Auch Peter, der Neue, der sich gerade mit einer gekonnten Rede als Klassensprecher bewirbt, scheint einiges draufzuhaben. Welche geballte Kraft sitzt da vor mir. Das sind keine Kinder mehr, sondern Heranwachsende, junge Persönlichkeiten, scheint mir. Obgleich sie erst fünfzehn sind, beeindrucken sie mich, mit ihrer Sinnlichkeit, ihrer Cleverness und ihrem gesunden Egoismus.

Das Proletariat eben, von dem wir linken Intellektuellen geradezu mit Ehrfurcht sprechen. Wir mögen über so etwas wie Bildung verfügen, die hier stehen mit beiden Beinen im prallen Leben. Sicher, aus den Schülerakten weiß ich, dass da auch eine gehörige Portion Bürgertum untergemischt ist, aber auch die haben sich im harten Kreuzberger Proletenmilieu durchkämpfen müssen. Wenn die mal nicht lebenstüchtiger sind als ich, der schüchterne Träumer. Werden die mich respektieren, mir gar gehorchen? Einige schauen mich freundlich an, andere eher skeptisch. Ich habe Angst vor der Rolle, die ich hier spielen muss. »Sind Sie streng?«, hat Heike mich gestern vor der Klasse gefragt. Mit meinem eher witzigem »und wie« habe ich schon signalisiert, dass ich sie nicht beherrschen will.

Peter und Heike werden zu Klassensprechern gewählt. In ihren Antrittsreden betonen beide, dass sie auf eine gute Zusammenarbeit mit den Klassenlehrern hoffen, die ja »ganz nett zu sein scheinen«. Ich atme etwas auf. Und erst einmal geht es tatsächlich. Mein Auftritt war sicher eher schwach, aber der Unterricht läuft, wenn auch mit beträchtlichem Kraftaufwand meinerseits. Sie kämpfen jedenfalls nicht gegen mich, versuchen nicht, mich fertig zu machen und signalisieren, dass sie mich eigentlich sympathisch finden. Wahrscheinlich haben sie erwartet, dass man ihnen nach den Exzessen im vorigen Jahr einen Bluthund schickt, der brachial Zucht und Ordnung durchsetzt, und dass da nun ein eher Weicher, Ängstlicher vor der Klasse steht, beruhigt sie. Gegen den kämpfen? Warum eigentlich? Vielleicht haben sie auch einfach genug. Die Verluste sind hoch gewesen, mehrere Klassenkameraden sind in andere Klassen versetzt worden oder sitzen geblieben. Außerdem zögert man, es sich gerade mit dem Klassenlehrer zu verderben. Er ist schließlich der einzige, der einem helfen kann bei Konflikten mit anderen Lehrern oder der Schulleitung.

Eine solche Situation kommt schon nach wenigen Wochen. »Du sollst sofort zum Chef«, rufen mir Kollegen schon auf dem Flur zu. Vorsichtig öffne ich die Tür zum

Schulleiterzimmer. Regina sitzt mit betretener Miene schon an der Seite. Ich setze mich leise neben sie, ohne dass der Schulleiter groß Kenntnis von mir nimmt. In Kampfposition sitzt er hinter seinem Schreibtisch – lange Haare, Brille, Sakko. Neben ihm steht, offensichtlich wütend, der pädagogisch-didaktische Koordinator (Päko). Vor ihnen, eingesunken auf ihren Stühlen, Hotte, Fred und Uli.

»Wer hatte die Idee? Diese bescheuerte Idee, das Auto zu klauen? Ich will das jetzt wissen, sonst knallt es, verstanden?« »Die sind mit dem Mercedes des Hausmeisters im Schulhof rumgefahren«, flüstert mir Regina zu. »Diebstahl? Das war doch kein Diebstahl, ham doch bloß mal 'ne Runde drehen wollen.« Fred übernimmt die Verteidigung. »Hört mal zu, Jungs. Wenn ihr die rechtlichen Folgen eurer idiotischen Einfälle nicht überschaut, ist das nicht mein Problem«, der Direktor beugt sich vor, fixiert die Jungs, »sondern euers. Hier geht es jetzt nicht nur um Diebstahl, sondern auch um Fahren ohne Führerschein, Gefährdung eurer Mitschüler, und, und, und ... Ich bin hier für den Laden verantwortlich, und jetzt will ich endlich wissen, wer die Idee hatte?«

»Wenn der Kerl seine ...« »Das ist kein Kerl, sondern unser Hausmeister«, fährt der Päko dazwischen. »Okay, also ich meine, wenn der die Karre mit Schlüssel drin im Hof stehen lässt, dann ist das doch geradezu Verführung Minderjähriger, oder was ...?« Fred beugt sich jetzt auch kämpferisch vor. »Wenn du glaubst«, der Direktor deutet auf Fred, »hier mit Frechheit durchzukommen, dann hast du dich aber gewaltig getäuscht, mein Lieber, gewaltig. Wer war's? Und wer ist gefahren?« »Wir alle.« Uli übernimmt. »Wir wollten alle mal wieder fahren.« »Mal wieder? Und wer saß am Steuer?« Die Drei sehen sich an, dann Hotte, eher vorsichtig: »Was kriegt 'n der, der gefahren ist? Also die Strafe, mein ich«. Der Schulleiter greift zum Telefon. »Wen rufen Sie denn jetzt an?« »Die Polizei, oder was hast du gedacht? Deinen Freund und Helfer.« Sein Lächeln hat jetzt etwas Zynisches.

Ich hasse die Situation, und ich hasse den unbarmherzigen Schulleiter. Da sitzt der Feind. Nicht im Traum ist mir klar, dass ich schon bald selbst solche Verhöre werde leiten müssen. Klar ist das nicht in Ordnung, was die Jungs gemacht haben, aber der scharfe Ton des Rektors stößt mich ab. Mit Polizei drohen, Druck ausüben, genau, wie man die Obrigkeit kennt. Fieberhaft suche ich nach einer Möglichkeit, ›meine‹ Jungs vor dem ›bösen Mann‹ zu retten. Für mich ist das ein »Dummer Jungenstreich«, und ich muss verhindern, dass sie deswegen vor Gericht kommen oder von der Schule fliegen. Regina scheint eine Idee zu haben. »Meinen Sie nicht, dass man das vielleicht intern regeln könnte. Eine Vorstrafe schon mit Fünfzehn, das ist doch ...«. Der Rektor legt den Hörer wieder auf. »Solange ich nicht weiß, wer ...« In diesem Stil gehts rund zwei Stunden weiter.

Die Jungs halten zusammen: Alle hatten die Idee, alle sind gefahren. Regina und ich versuchen, das Ganze als Streich hinzudrehen, weisen darauf hin, dass nichts Schlimmes passiert ist, erzählen von den häuslichen Problemen der drei, bieten »pädagogische Gespräche« an. Wir kämpfen verbissen »Wenn das hier einreißt, können wir das Institut gleich schließen«, macht uns der Schulleiter klar. Wir ahnen, dass er Recht hat. Wir fühlen uns unwohl, aber in der Tradition von '68 müssen wir einfach unsere »underdogs« gegen die rigide Obrigkeit verteidigen. Oder sind wir nur scharf auf Punkte bei unseren Schülern? – Auch am Schulleiter, der den »Scharfen Hund« gespielt hat, sind die Gedanken von '68 wohl nicht spurlos vorübergegangen. Die Geschichte wird unglaublich milde hingebogen. Die drei Jungs können sogar in der Klasse bleiben.

Trotzdem sind anschließend die Fronten klar: hier die Klasse und die ›guten‹ Klassenlehrer, die sie immer raushauen werden, wenn sie etwas angestellt haben, da die ›böse‹ Schulleitung und gelegentlich auch die Eltern. Auch für Regina und mich ist das erstmal so in Ordnung. Wir folgen einfach unserem Bauchgefühl, und die »Stimmung« zwischen Klassenleitung und Klasse ist richtig gut. Manchmal kochen wir im benachbarten Jugendheim Spaghetti und essen als Klasse gemeinsam. Wir machen spannende Geländespiele und eine Nachtwanderung. Nach Unterrichtsschluss biete ich Nachhilfe für die Schwachen an. Mit einigen Jungs gehe ich abends in den jamaikanischen Musikfilm »The harder they come«, damit sie sehen, was bei kriminellen Lebenswegen so alles schieflaufen kann. Hinterher gehe ich mit ihnen in eine Kneipe, und sie erzählen mir bei einem Bier (oder waren es mehr?) von den Problemen mit Eltern und Lehrern. Ich zeige vollstes Verständnis. Nur gelegentlich raffe ich mich zu einem vorsichtigen Einwand auf. Diese Gespräche fallen mir nicht leicht. Ich spüre, wie schwer es mir fällt, mich von ihnen abzugrenzen. Und doch fühle ich mich zunehmend akzeptiert. Als einer der ihren, hoffe ich. Das macht mich sicherer.

Und der Unterricht? Es ist es immer ein Kampf, bis sie ruhig sind, aber langsam lerne ich mein Handwerk: jeden ansprechen, ermahnen, Blickkontakt suchen, mit jedem einzelnen. Nach einigen Wochen kommt die Frage auf, wie gemütlich man es sich als Schüler im Unterricht machen darf. Nobby, Marion und Hotte haben ihre Beine auf den Tischen liegen, als ich reinkomme und nehmen sie demonstrativ nicht runter. »Könntet ihr vielleicht bitte ...« Ganz vorsichtig versuche ich sie dazu zu bewegen, die Beine runterzunehmen. »Aber wieso denn?«, mosert Nobby, »auch mit hochgelegten Beinen kann man mitarbeiten.« Sogar die Mädchen finden, dass sich das vereinbaren ließe. »Sie können doch auch was unterlegen, damit die Bank nicht schmutzig wird.« Ich erkläre mich bereit »es so zu versuchen«, aber nur, solange die Betreffenden auch gut mitarbeiten. Zu meinem Erstaunen tun sie das auch.

Wieder einige Wochen später hat Fred dann nicht nur die Füße auf dem Tisch, sondern auch Julia im Arm. Ein rührendes Bild eigentlich, wie sie da kuscheln. Wie oft haben wir in unseren pädagogischen Seminaren gegen die »Unterdrückung der Sexualität in der bürgerlichen Gesellschaft« gewettert. Wir haben begeistert von »Summerhill« gelesen, dieser englischen Privatschule, an der fast alles erlaubt ist, selbst sexuelle Kontakte der Jugendlichen untereinander. Die ganze Klasse wartet jetzt auf eine Reaktion von mir. Ich ignoriere es einfach, lasse sie schmusen. Die beiden schaffen es sogar, mir zu beweisen, dass das Kuscheln ihre Mitarbeit nicht beeinträchtigt. In Freds Arm geschmiegt liest Julia den Text über Bismarcks unterdrückerische Innenpolitik vor, und Fred rafft sich zu einem Kommentar auf: »Unterdrückung bringts eben nicht. Damit musste Bismarck ja scheitern.« In den folgenden Wochen demonstrieren auch Birgit und Nobby im Unterricht sehr deutlich, dass sie sich lieben. Aber das war es dann auch. Nach einigen Monaten ebbt die Schmusewelle ab, nur die Füße bleiben auf den Tischen. Das ist nun mal so in der 9i5. So macht Unterricht einfach mehr Spaß. Und die Leistungen dieser Klasse sind gar nicht so schlecht, stelle ich fest.

Höhepunkt dieser Verbrüderung mit meinen Schülern ist das Klassenfest, das natürlich in den großen Räumen meiner Wohngemeinschaft stattfindet. Zum Abschluss trägt Peter den 10i5-Song vor: »Johann, Johann, ich kann nicht mehr. Gib mir 'n Tadel oder gib mir 'n Bier«. Ich komme mir vor wie der Boss einer Bande von Ghettokids, spüre, dass ich darauf auch stolz bin.

Herr V., mein Therapeut, sieht das kritischer: »Hm, Bandenchef also. Warum nicht?« Aber nach einer längeren Pause kommt es dann: » Meinen Sie, Sie sind wirklich der Typ dafür? Warum sind Sie nicht stolz auf das, was Sie wirklich gut können, was Sie ausmacht?« »Was mich ausmacht?« »Na, das Geistige, Ihre Fähigkeit zu analysieren, zu strukturieren, zu planen. Ihr Wissen, Ihre Bildung. Das ist es, was Sie beherrschen und was Sie Ihren Ghettokids weitergeben können. Daraus sollten Sie Ihr Selbstbewusstsein ziehen. Dann haben Sie auch eine ganz andere Ausstrahlung. Bandenchef, bloß weil Sie kein Intellektueller sein wollen.« Er schüttelt den Kopf.

Das Gespräch gibt mir zu denken, aber in dieser Klasse habe ich nun einmal die Rolle des Bandenchefs.

Einige Wochen später habe ich erneut Gelegenheit, mich als solcher zu bewähren. Hotte, Fred und Uli sprechen mich auf dem Flur an: »Wir kommen nicht aus der Schule raus, da stehen so Typen am Eingang, mit denen wir gestern in der Disko Stress hatten.« »Die wollen euch verkloppen, oder was?« »Sieht so aus. Und die sind viel älter als wir.« Ich erkunde die Situation am Schultor. Stimmt, da stehen ein paar düstere Gestalten mit Lederjacken, beobachten genau, wer die Schule verlässt. Also lade ich unser jetzt überraschend kleinlautes Krawalltrio in mein Auto. Mit aufheulendem Motor durchbrechen wir die Linie der Gegner. Andy kurbelt noch die Scheibe runter und zeigt ihnen den Stinkefinger.

Aber der Preis dieser lockeren und verständnisvollen Haltung unseren Schülern gegenüber ist hoch. Bei Regina und mir im Unterricht geht es so, aber bei anderen, strengeren Kollegen gibt es ständig Ärger. Dort sind sie frech und aufmüpfig, fordern die gleichen Privilegien, die sie bei uns haben. Auch von aufsichtführenden Kollegen kommen Klagen: Sie rauchen, wo es verboten ist, legen auch in der Mensa die Füße auf den Tisch, schmeißen Müll irgendwo hin und zeigen bei Ermahnungen keine Einsicht. Im Gegenteil, sie fallen durch ihre Unverschämtheit auf. Ständig müssen wir »Tadelgespräche« führen.

Und dann die »größeren« Vorfälle: Wieder wird ein Auto »entführt«. Waren es ›unsere‹? Es kommt nie raus, auch nicht, wer dauernd Feueralarm auslöst. Bei einem Museumsbesuch in Ostberlin müssen wir fluchtartig abhauen, weil Uli sich mit einer Wärterin angelegt hat. Klaus wird von mir öffentlich gelobt, weil er ein Feuer auf dem Flur gelöscht hat. Bis ich erfahre, dass er selbst es gelegt hat. Im Chemieunterricht versprühen sie Buttersäure. Immer wieder finden Regina und ich morgens Zettel im Fach: »Bitte sofort beim Schulleiter melden wegen Vorfall in Ihrer Klasse.« Regina und ich reden und ermahnen, aber es nutzt wenig. Kein Wunder. Immer wieder schützen wir unsere Übeltäter vor Strafen, verwischen Spuren, decken sie. Aber wir fühlen uns immer unwohler dabei.

Als eine nette Junglehrerin weinend zu mir gerannt

kommt, weil meine Klasse ihr das Notenbuch geklaut und aus dem Fenster geworfen hat, reicht es mir. Ich stürme in die Klasse, schlage auf den Tisch und brülle sie zusammen: »Seid ihr wahnsinnig geworden, oder was? Warum erlaubt ihr euch solche Gemeinheiten mit Frau B., die doch eigentlich nur nett und freundlich zu euch ist? Ihr enttäuscht mich, ja ihr enttäuscht mich.« So wütend und entschlossen kennen sie mich nicht. Ich mich eigentlich auch nicht. Schnell ist das Notenbuch wieder aus dem Schulgarten geholt.

Nein, so geht das nicht weiter. Die nutzen unsere Gutmütigkeit aus, haben keinerlei Respekt vor Lehrern, verachten uns vielleicht sogar für unsere Nachgiebigkeit. Die schlagen ja die ganze Schule zusammen. Auch Regina hat immer häufiger solche Erlebnisse. Manchmal fragen wir uns, ob wir sie mit dieser Laissez-faire Haltung adäquat auf die Anforderungen des Berufslebens vorbereitet haben. »Wir lassen die hier jede pubertäre Anwandlung ungehemmt ausleben«, bricht es eines Tages aus Regina heraus »und hinterher fallen sie damit auf die Schnauze.« »Vielleicht haben wir selbst unsere Pubertät noch mal ausleben müssen«, fällt mir dazu ein. Wir müssen einfach abgegrenzter und strenger werden. Wir beginnen die Monate zu zählen, bis unsere Schüler endlich ihren Abschluss haben und die Schule verlassen. Der Abschied ist herzlich, aber Regina und ich spüren auch, dass mit dieser Klasse ein Experiment zu Ende geht, dass wir so nicht fortsetzen wollen. Und wir sind nicht die einzigen Kollegen, die zu dieser Einsicht kommen.

REYHAN UND EMINE

Letztes Jahr erhielt ich plötzlich eine Mail aus Konya in der Türkei, Absender Reyhan E. »Können Sie sich noch an mich erinnern? Ich war 1978 bis 80 in Ihrer Klasse, und Sie haben mir so geholfen damals.« Natürlich erinnere ich mich an Reyhan, und sofort fällt mir auch Emine ein, die andere junge Türkin aus der Klasse. Sie waren die ersten Migrantinnen, mit deren Problemen ich mich auseinandersetzen musste und die mir klar machten, was es bedeutet, als junge Türkin in die deutsche Gesellschaft hineinzuwachsen. Ich sehe sie wieder vor mir sitzen: die energische Reyhan, klein, knubbelig, strenges Gesicht, lange Haare, und die große, schlanke Emine mit ihrem freundlichen und gelassenen Wesen. Sie sind so unterschiedlich, aber sie halten immer zusammen in dieser wilden 915, meiner ersten Klasse. Anfangs fallen sie mir gar nicht auf, so sehr haben sie sich angepasst. Ihre Leistungen sind gar nicht so schlecht, nur in Deutsch hapert es ein bisschen. Bis ich mir eines Tages die Zeit nehme für ein persönliches Gespräch mit ihnen. Sie sind so glücklich, einfach weil ich sie wahrnehme und hören will, wie es ihnen geht. Es sprudelt nur so heraus aus ihnen. Mit Erstaunen erfahre ich, dass Emine in Istanbul geboren ist und erst nach der ersten Klasse hierher kam. Der Vater war schon lange vorher eingereist, hatte dann Frau und Kinder nachgeholt. Emine musste die erste Klasse noch einmal machen. Kein Deutscher wollte neben ihr sitzen. Anfangs verstand sie kein Wort, konnte nicht einmal nach der Toilette fragen. Sie und das andere türkische Mädchen in der Klasse wagten auch nicht, die Lehrer über die ständige Anmache und die Beleidigungen durch die deutschen Schüler zu informieren. Täglich mussten sie damit rechnen, verprügelt zu werden. »Ich habe nie offene Haare und Ohrringe tragen können, weil mich das bei den Prügeleien behindert hätte«, erzählt Emine. Ich bin entsetzt, als ich das höre.

Ohne Emines Bericht hätte ich eine solche Diskriminierung auf unseren Schulhöfen nicht für möglich gehalten. »Meinen Bruder haben die deutschen Jungs einmal an einen Straßenbaum gefesselt. Mein Vater musste ihn befreien. Die deutschen Jungs haben auch gleich die ersten türkischstämmigen Lehrer verprügelt, die wir im zweiten Jahr bekamen.« Reyhan hat Ähnliches erlebt. »War das in unserer Klasse auch so?« »Anfangs ja. Aber seit wir jede Aktion gegen Lehrer mitmachen und nie petzen, sind wir, glaub ich, einigermaßen akzeptiert«.

Dieses Hin und Her zwischen zwei Ländern, zwei Kulturen. Emine wurde nach der 5. Klasse wieder zurück in die Türkei geschickt, wo sie merkte, wie schlecht sie inzwischen türkisch sprach. Nach einem Jahr kam sie wieder nach Berlin und musste noch einmal eine Klasse wiederholen. »Ich war so stolz, dass man mir am Ende der 6. Klasse dann doch den Besuch einer Gesamtschule zutraute.« Ich sehe plötzlich die Leistungen und Schwächen der beiden in einem ganz neuen Licht.

Auch zuhause gibt es Probleme. Reyhans Eltern lehnen alles Westliche ab und überwachen ihre Tochter sehr streng. Emines Vater terrorisiert Mutter und Bruder mit seiner Gewalttätigkeit. »Seit er gemerkt hat, dass Mama und wir Kinder besser Deutsch können als er und überhaupt besser zurechtkommen, ist es immer schlimmer geworden. Eine Nacht haben wir mal im Park geschlafen aus Angst vor ihm.« Und da wundere ich mich, wenn Emine im Unterricht unaufmerksam ist. Nach dem Gespräch leben sie auch im Unterricht richtig auf, werden aktiver.

Einige Wochen danach kommt Emine ganz aufgeregt zu mir: »Meine Mutter kommt gleich, wegen der Knutsch-flecken. Sie denkt, ich hätte einen Freund.« Sie zeigt mir den Fleck. Ist das ein Knutschfleck? Egal. Wir organisieren schnell ein kleines Rollenspiel, und als Frau B. kommt, er-zählt ihr meine Kollegin Regina, dass die Mädchen das im Schwimmbad als Spiel machen. Marion wird geholt und be-stätigt, dass sie Emine gestern im Schwimmunterricht aus Spaß einen Knutschfleck gemacht hat. Frau B. bleibt skep-tisch, beruhigt sich aber. Monate später erzählt Emine la-chend, dass sie jetzt ihre Mutter »aufgeklärt« habe. »Na, Sie wissen doch, mit der Pille und so, alles was wir in Biologie gelernt haben.« Sie wird immer fröhlicher und lockerer.

Ganz anders läuft es bei Reyhan. Sie blüht zunächst auf, fängt an sich zu schminken, ihre Röcke werden kürzer. Auf einer Kursfahrt nach Paris gerät sie außer Rand und Band. Sie habe total über die Stränge geschlagen, berichtet die Französischlehrerin. Welche Kämpfe mögen sich da zuhause abspielen? Dann bricht Reyhan aus. Nach einem Streit läuft sie von zuhause weg und findet Zuflucht in einem Mädchenprojekt. Das Jugendamt sei eingeschaltet, berichtet sie. Den Eltern sei das Aufenthaltsbestimmungs-recht entzogen worden. Die Adresse ihrer betreuten Wohn-gemeinschaft ist nicht einmal der Schule bekannt. Wochen-lang erscheint der Vater täglich im Sekretariat, aber die Sekretärinnen weisen ihn ab. Reyhan hat Angst, und in ih-rer Not bittet sie mich um Hilfe: »Ich weiß einfach nicht, wie ich aus der Schule raus und in meine Wohngemein-schaft kommen soll. Jeden Tag warten mein Vater oder mein

Bruder an den Ausgängen, wenn ich Schulschluss habe. Die wollen mich kriegen.« Wir organisieren einen Fahrdienst mit Autos. Oft muss ich sie durch den Hinterausgang rausschmuggeln und mit meinem Auto zu ihrem Wohnprojekt fahren. Im Auto fließen dann die Tränen. »Ich will doch die Trennung gar nicht. Ich liebe eigentlich meine Eltern und Geschwister. Aber ich kann so nicht leben, verstehen Sie, Herr Johann? Ich kann nicht leben, wenn mir alles verboten wird. Ich darf ja nicht einmal raus auf die Straße.« Sie erzählt auch, dass die Eltern so streng sind, weil einer ihrer Brüder Drogen nehme. »Sie wollen mich nicht auch noch verlieren. Wissen Sie, wie die mich jetzt nennen? Du bist eine Schlampe geworden, sagen sie.«

Einmal nehme ich sie sogar in den Arm, um sie zu trösten. Ich kann ihren Freiheitsdrang so gut verstehen und signalisiere ihr das auch. Aber ich spüre auch die Spannung, unter der sie steht. Für ein türkisches Mädchen ist es sicher noch viel schwerer, ohne Rückhalt in der Familie zu leben oder sich sogar ausgestoßen zu fühlen. Und Reyhan ist erst 15. Wird sie das durchhalten? Ich möchte sie nicht in etwas hineinjagen, was in einer Katastrophe endet. Ich merke auch, wie schlecht ich auf diese Situation vorbereitet bin. In unserer Ausbildung ging es immer nur um Unterricht. Von Gesprächsführung habe ich keine Ahnung.

Eines Tages kommt Reyhan nicht zur Schule, wir erfahren von ihrer Betreuerin, dass sie wieder in der Türkei sei. Gegen den Rat ihrer Betreuer sei sie zu einem »Versöhnungstreffen« mit den Eltern gegangen und bei dieser Gelegenheit sozusagen entführt worden. Wir hören lange nichts von ihr. Erst Jahre später berichtet mir Emine, dass Reyhan sich aus der Türkei gemeldet habe. Sie sei zwangsverheiratet worden, habe ein Kind und gehe jetzt ganz in Schwarz.

Emine dagegen entwickelt sich zu einer emanzipierten jungen Frau. Im zweiten Anlauf schafft sie den Realschulabschluss und geht nach Frankfurt, um dort in einem Projekt eine Ausbildung zu machen. Aber der Berufswunsch war wohl noch nicht ausgereift. Zurück in Berlin macht sie eine Handwerkslehre.

Manchmal treffen wir uns, oft auch mit Barbara, der ehemaligen Sozialarbeiterin der Klasse, in einer Kneipe und reden. Wenn Emines deutscher Freund zu Besuch da ist, dürfen die beiden auch mal im Gästezimmer meiner Wohngemeinschaft übernachten. Emine will ja ihre Mutter nicht überfordern. Sie erzählt auch, dass Mutter und Geschwister inzwischen den Vater verlassen und eine eigene Wohnung bezogen haben.

Zum vorerst letzten Mal treffe ich sie Mitte der 90er auf einer Jazz-Veranstaltung. Eine attraktive junge Frau steht plötzlich vor mir: »Kennst Du mich noch?« »Ich bin jetzt verheiratet«, sagt sie, »aber nicht mit dem da.« Sie zeigt auf den jungen Mann an ihrer Seite und kugelt sich fast vor Lachen über meinen Gesichtsausdruck. Nein, das ist nicht mehr das schüchterne türkische Mädchen von 1980. Emine hat sich von den Freiheiten, die ihr die deutsche Gesellschaft bietet, genommen, was sie braucht, und ist offensichtlich eine selbstbewusste Frau geworden.

Und Reyhan? 20 Jahre, nachdem ich sie aus den Augen verloren hatte, ruft mich ein junger Mann an, der Reyhan zufällig in der Türkei kennen gelernt hat. Er solle mir Grüße ausrichten. Einige Jahre nach der Hochzeit habe sie einen schlimmen Autounfall gehabt und sitze seither im

Rollstuhl. In der schrecklichen Zeit nach dem Unfall habe sie viel Liebe von ihrem Mann und der Familie erfahren und sich geborgen gefühlt, erzählt er. Aber sie träume noch immer von Berlin. Es seien schöne Träume, und in diesen Träumen spreche sie Deutsch. Dann eine Mail von ihr selbst. Sie schickt mir ein Bild von sich, auf dem sie zwar ein Kopftuch trägt, aber keine schwarze Kutte mehr. Stolz erzählt sie, dass sie in einem Projekt für Behinderte Arbeit gefunden habe. Offensichtlich hat sie sich wieder einen Freiraum erkämpft.

Emine treffe ich erst 2012 wieder. Wir plaudern in einem Café über die alten Zeiten. Sie strahlt noch immer die gleiche Freundlichkeit und Wärme aus wie damals. Sie trägt jetzt einen deutschen Namen und arbeitet nach Umschulungen als Fachkraft in einem Büro. Ihre Kinder studieren. Fast nichts an ihrer Erscheinung, ihrem Denken und Verhalten erinnert mehr an ihre türkische Herkunft. Oder ist das nur die Oberfläche? Sie erzählt noch einmal, wie schwer es war, sich von der Übermacht des tyrannischen Vaters zu befreien. »Ein paar Wochen haben meine Mutter, mein Bruder und ich aus Angst vor dem Vater sogar in der Wohngemeinschaft von Barbara, der Sozialarbeiterin aus der Schule, gewohnt.« Jetzt kann sie darüber lachen. Natürlich reden wir auch über Reyhan: »Sie wollte mit aller Gewalt wieder zurück nach Deutschland, notfalls auch mit nicht ganz legalen Tricks«, erzählt Emine. »Sie wollte mich da mit reinziehen, deshalb habe ich den Kontakt abgebrochen.«

So sehr ich mich über Emines Entwicklung freue, Reyhans Geschichte macht mich traurig. Was uns so selbstverständlich erscheint, ein Leben gemäß eigenständig getroffenen Entscheidungen zu führen, war ihr verwehrt. Und es ist nicht die letzte Geschichte dieser Art, mit der ich an der Schule konfrontiert werde. Wir hatten unsere Migranten in den ersten Jahren einfach wie alle Deutschstämmigen behandelt und ansonsten nicht so genau hingeschaut. Wir hatten unterschätzt, mit welchen Ängsten Einwanderung oft einhergeht und welche familiären Probleme das auslöst.

KRAWALLE UND KÜSSE

Hausbesetzungen sind das Thema, das Kreuzberg Anfang der 8oer Jahre beherrscht. Als Protest gegen die Abrisspläne des Senats haben junge Leute Häuser in Kreuzberg und anderen Altbaubezirken »instandbesetzt«. In Eigenarbeit setzen sie die Häuser wieder instand und experimentieren mit neuen Wohn- und Lebensformen. Mit der Modernisierung der Altbauten soll auch die soziale Mischung des Viertels und seine Urbanität erhalten bleiben. Aber die regierende SPD ist noch nicht bereit, auf den flächenhaften Abriss zu verzichten. Sie versucht Besetzungen zu verhindern und lässt schon besetzte Häuser in brutalen Polizeieinsätzen räumen, was meist regelrechte Straßenschlachten zur Folge hat. Fast keine Woche vergeht ohne Demonstrationen, Krawalle und Polizeieinsätze. Kreuzberg ist monatelang im Ausnahmezustand.

Natürlich bewegen auch uns diese Vorgänge in unmittelbarer Nachbarschaft. Unsere Gewerkschaftsgruppe übernimmt die Patenschaft für ein besetztes Haus, sammelt Geld und Werkzeug. Für den Fall einer Räumung stehen wir Studienräte als »Eingreifreserve« bereit. Im Politikunterricht, vor allem in der Oberstufe, diskutieren wir über diese Entwicklungen. Hier sitzen zahlreiche Jugendliche aus linksorientierten bürgerlichen Elternhäusern. Die Gesamtschule mit ihrem reformerischen Ansatz hat in diesen Kreisen einen guten Ruf. Der Unterricht mit ihnen macht viel Freude und entschädigt mich oft für die schwierigen Stunden in der Mittelstufe. Diese Schüler sind leistungsstark und sehr an Politik interessiert. Über das brutale Vorgehen der Polizei sind sie genauso entsetzt wie wir Lehrer.

Eines Nachmittags treffe ich eine Gruppe meiner Oberstufenschüler bei einer Demo vor dem Rathaus Schöneberg. Wir marschieren, brüllen und fliehen gemeinsam, als es uns zu heiß wird. Kurz danach finde ich mich mit Ellen, einer meiner besten Schülerinnen, Schutz suchend hinter einen Müllcontainer gekauert, während die Polizisten prügelnd an uns vorbeistürmen. Als die Nebel sich lichten, sehen wir uns grinsend an. »Noch mal Glück gehabt«, murmelt Ellen. Auf den Schreck müssen wir natürlich einen Kaffee trinken.

Wir reden, erst politisch, dann eher persönlich. Ellen ist erst vor kurzem zusammen mit ein paar Freundinnen und ihrem Freund aus Westdeutschland nach Berlin gekommen, um mal den Provinzmief hinter sich zu lassen und ihr Abitur zu machen. Mit dem Freund teilte sie sich eine kleine Wohnung in Kreuzberg. Sie fragt, ob ich mal Lust habe sie zu treffen, abends vielleicht. Sie habe einiges mit mir zu besprechen.

Ellen schaut schon so traurig aus, als sie dann in die Kneipe kommt. Sie ist der Typ der männlich wirkenden, selbstbewussten und emanzipierten jungen Frau: kurze Haare, Jeans, keine Schminke. Ihr abgewogenes, sachkundiges Urteil hat mich im Unterricht immer beeindruckt, aber jetzt scheint sie ganz aufgelöst. »Du weißt doch, warum ich weine. Weil ich mich in dich verliebt habe, und du merkst es nicht einmal.«

Ich bin gerührt, bewegt, nehme ihre Hand. Ich kann sie doch nicht zurückweisen, die Weinende, zumal ich mich ja selbst einsam fühle. Meine letzte Beziehung liegt über ein Jahr zurück. Ihre Verliebtheit tut mir einfach gut, schmeichelt mir, und ich mag Ellen ja auch. »Ein Glück, sie ist schon 19«, fällt mir ein. Ansonsten spüre ich nichts von den 15 Jahren Altersunterschied. Wir sind zwei Menschen, zwei Suchende, wie sich im Gespräch herausstellt. Sie wirkt reif und vernünftig, vernünftiger als ich vielleicht, und je länger wir reden, desto größer wird die Nähe. Irgendwann küssen wir uns. Ich bin völlig aus meiner Lehrerrolle herausgerutscht. Das Verbot, das wir gerade übertreten, ist in meinem Kopf geschrumpft zu irgendeinem veralteten Paragraphen im Beamtenrecht, der willkürlich Grenzen zieht, wo Menschen sich nahekommen.

Ellen beschreibt, wie sie mich erlebt: »Du bist irgendwie anders, so einfühlsam, nicht so ein machthungriger Macker, wie viele andere Lehrer. Man hat das Gefühl, du respektierst einen als jungen Erwachsenen. Klar, manche nehmen dich auch nicht ernst, weil du nicht so hart forderst und strafst. Ich verachte sie.« Endlich die Bestätigung, auf die ich so lange gewartet habe, die Bestätigung, dass meine Art, die Lehrerrolle auszufüllen, auch gesehen und gewürdigt wird. Jedenfalls von einer meiner besten Schülerinnen. Auch die Fragen, die ich im Unterricht aufwerfe, findet sie interessant.

Wir reden über Literatur. Sie schwärmt für Klaus Mann, liest überhaupt nur anspruchsvolle Sachen. Ellen braucht auch Bestätigung. Sie will ernst genommen werden – von einem Erwachsenen. Besonders jetzt, wo sie sich von ihrem

Elternhaus gelöst hat. An der Schule lassen wir uns nichts anmerken. Ich hüte mich, ihr bessere Noten zu geben als sie verdient hat, aber sie ist sowieso eine der Besten.

Wir treffen uns dann häufig in »Gittes kleinem Stübchen« in Schöneberg. In diese spießige Kneipe kommen bestimmt keine Kollegen oder Mitschüler. Verlebte, besoffene Gesichter von Leuten, um die wir sonst eher einen Bogen machen würden, sehen uns im Schummerlicht neugierig an. Wir reden, küssen uns, und es tut mir gut. Für mich ist Ellen eine gleichberechtigte, kluge Gesprächspartnerin, von der ich viele wertvolle Anregungen für meinen Unterricht bekomme. »Ich glaube, wir sind nicht die einzigen«, sagt Ellen einmal und erzählt von Gerüchten über andere Lehrer-Schüler Beziehungen, die in der Oberstufe kursieren. Über unseren Treffen schwebt natürlich die Frage, ob wir irgendwann auch miteinander schlafen werden. Wir zögern beide, aber dann kommt der Abend, an dem Ellen mit mir kommen will.

An der Ecke Potsdamer Straße hält uns ein Polizeikordon auf. »Können Sie sich ausweisen?« Als ob die Staatsmacht hier unsere Grenzüberschreitung verhindern will. Wir diskutieren erregt mit den Polizisten. Aber hier ist gerade etwas passiert. Dieser Abend ist der Kulminationspunkt nicht nur unserer Beziehung, sondern auch der Hausbesetzerbewegung. An dieser Ecke ist vor wenigen Stunden der Hausbesetzer Klaus-Jürgen Rattay auf der Flucht vor der Polizei von einem Bus überfahren worden. Blumen liegen an der Unfallstelle. Weinende Jugendliche sitzen auf der Straße. Wir stehen eine Weile dabei, informieren uns, reden. Die Politik hat uns wieder eingeholt. Aber damit scheint auch die Luft raus zu sein aus unserem Vorhaben. Oder sind unsere

Hemmungen sowieso zu groß? In meiner Wohnung jedenfalls merken wir schnell, dass wir nicht wirklich diese Grenze überschreiten wollen. Wir reden, trinken einen Kaffee und, ohne dass wir noch darüber reden müssen, ist plötzlich klar, dass ich Ellen jetzt nachhause bringen werde.

Einige Wochen später will mich Ellen unbedingt sofort sprechen. »Du, ich glaube, es ist etwas passiert. Ich habe den Eindruck, meine Freundin Ute hat neulich, als sie bei mir war, in meinem Tagebuch gelesen.« Die Freundin, mit der sie jetzt ständig streitet. »Und da steht alles über meine Gefühle zu dir drin, ganz ausführlich.« Sie fürchtet, dass bald der ganze Jahrgang Bescheid weiß. Mit einem Schlag wird mir klar, welche Folgen es haben würde, wenn unser Techtelmechtel unter den Teilnehmern im Politikkurs bekannt würde: Neid, Eifersucht, das Gefühl von Zurücksetzung bei einigen, Zweifel an meiner Notengebung, Wut auf mich. Ich hatte das alles verdrängt. Und die Schüler hätten Recht. Selbst wenn sie keinen Einfluss auf die Notengebung hat, ist eine erotische Beziehung zu einer Schülerin eine Zurücksetzung aller anderen Schülerinnen und eine Provokation für alle männlichen Schüler. Der Lehrer bricht das Vertrauen, das seine Schüler in seine Unparteilichkeit gesetzt haben. Die Dynamik der Gruppe wird unrettbar durcheinandergebracht.

Ellen und ich beschließen, uns erst einmal nicht mehr zu treffen. In unserer Bedürftigkeit haben wir beide profitiert von der Anerkennung durch den anderen. Aber jetzt muss Schluss sein. Zum Glück passiert nichts. Unsere Affäre scheint im Kurs nicht bekannt geworden zu sein.

Gleichzeitig mit unserer Affäre geht auch die Hausbesetzerbewegung ihrem Ende entgegen. Eine neue Stadtregierung verzichtet auf weitere Räumungen. Die meisten Besetzungen werden »legalisiert«, darunter auch unser Patenschaftshaus in der Kohlfurter Straße. Im Rahmen der Internationalen Bauausstellung wird das Konzept der »Behutsamen Stadterneuerung« entwickelt, das auf Sanierung der Altbauten setzt.

BÖSES ERWACHEN

Anfang der 8oer Jahre ist die 1975 eröffnete Schule im Inneren nahezu eine Ruine. Nicht nur, dass die Klimaanlage ständig Probleme macht. Die Zerstörungen durch Vandalismus haben ein Ausmaß erreicht, das die Funktionsfähigkeit der gesamten Schule gefährdet. Die Telefon- und Videoanschlüsse in den Klassenräumen waren schon nach einem Jahr herausgerissen. Inzwischen sind aber auch die Toiletten fast unbenutzbar, von den Decken hängen kaputte Platten herunter, die Sitzgruppen auf den Fluren sind zusammengeschlagen. Der Teppichboden ist übersät von ekelerregenden Kaugummiflecken, die Feuermelder haben keine Scheiben mehr, und die Schränke in den Klassenräumen sind zusammengebrochen. Ständig werden Türschlösser verstopft und Feueralarme ausgelöst. Die individuellen Schließfächer der Schüler, immer wieder zwecks Diebstahl aufgebrochen, sind kaum noch benutzbar. Bei Kontrollen stoßen wir häufig auf Diebesgut, auch aus Läden und Kaufhäusern, sowie ekelerregende Essensrückstände. Unsere Schüler scheinen wie die Raben zu klauen. Die Schließfächer werden gesperrt. Irgendeiner hat unlängst auch einen Hydranten aufgedreht und den Keller, in dem sich die Schließfächer befinden, unter Wasser gesetzt. Und dann der Müll:

Jeder scheint seinen Abfall irgendwo hinzuschmeißen, bloß nicht in die Mülleimer. Die Treppenhäuser, beliebte Treffpunkte der Schüler in der Essenszeit, sind schon mittags total zugemüllt. Die Schulleitung bemüht sich, wenigstens einen Aufgang sauber zu halten, über den Besucher nach oben gelotst werden. Alle Versuche, dieser Verwahrlosung mit Hilfe von Ordnungsdiensten entgegenzutreten, sind bislang gescheitert.

Was ist die Ursache? In unseren Gesprächen kommen wir zu dem Ergebnis, dass es zwar auch an der unübersichtlichen Struktur des Gebäudes liegt, vor allem aber an der Anonymität dieser Riesenschule, die ein Gefühl von Verantwortlichkeit gar nicht erst aufkommen lässt. Und, das müssen wir uns eingestehen, auch an unserem pädagogischen Stil, unserer gewährenden, »antiautoritären« Haltung den Schülern gegenüber, unserer mangelnden Bereitschaft, Regeln wirklich durchzusetzen und den Sinn von Ordnungsstrukturen zu vermitteln. »Wer sich nicht wehrt, lebt verkehrt, habt ihr ihnen beigebracht« erklärt uns eine ältere Kollegin, »jetzt wundert ihr euch, dass sie sich gegen jede Regel wehren.«

»Wir müssen konsequenter werden«, heißt es jetzt, um den unbeliebten Begriff »strenger« zu vermeiden. Auch vom »Grenzen setzen« wird viel geredet. Fehlverhalten wird jetzt Fehlverhalten genannt, Aufsichten aktiver durchgeführt. Auch bei den Eltern wird jetzt gelegentlich angerufen, auf die Gefahr hin, dass der Übeltäter vielleicht zuhause »Kloppe kriegt«. Eine Kollegin, die mir vor zwei Jahren mit den Worten »Ich verpetz doch nicht meine Schüler« die Telefonnummer der Eltern eines Delinquenten verweigert hatte, rückt jetzt die Nummer raus. Wir greifen härter durch. Manchen fällt das leicht, weil es ihrem Wesen entspricht. »Wenn die mir blöd kommen, kriegen sie einen drauf«, verkündet Reinhold laut im Lehrerzimmer. Mir fällt es gar nicht leicht. Eines Tages beobachtet Reinhold, wie ich einen Schüler zur Rechenschaft ziehe, der sich weigert, seinen Ordnungsdienst zu machen. Hinterher spricht er mich im Lehrerzimmer darauf an.

»Der scheint dich ja ganz schön über den Tisch gezogen zu haben. Warum lässt du dir das bieten?« »Woher willst du denn wissen, dass der ...« »Na, dein ganzes Auftreten. Du hast so ... hilflos gewirkt. Du wolltest ihn zur Rechenschaft ziehen, aber dann hat er dich vollgequatscht. Du musst ganz ruhig wirken, Du bist die Autorität, Du hast alle Rechte, er keine.« »Aber natürlich haben Schüler auch Rechte, ich muss mir zumindest seine Argumente anhören.« »Doch nicht, wenn der Scheiße gebaut hat. Warum hast du ihn nicht als erstes die Mütze abnehmen lassen?« »Aber darum ging es doch gar nicht.« »Egal. Indem du ihn zwingst, die Mütze abzusetzen demütigst du ihn. Er muss eingestehen, dass er eine Regel nicht eingehalten hat. Das schwächt seine Position, und wenn er wieder losblubbern will, lässt du ihn erst einmal seinen Kaugummi ausspucken.« »Aber hier kauen doch alle Kaugummi.« »Schlimm genug, aber hier zählt nur, dass du ihn zum zweiten Mal klein machst und damit deine Position verbesserst. Und wenn er dann zum dritten Mal ansetzt, drehst du dich weg, und begrüßt erst mal einen Kollegen. Bei dir lief das eben genau umgekehrt: Du willst ihm was klarmachen, und er dreht sich weg und begrüßt einen Kumpel. Damit hat er dich klein gemacht. Du hast dein Gesicht verloren. Wie sollen die Schüler da vor dir Respekt haben?«

»Mensch, Reinhold. Waren wir uns nicht immer einig, dass wir die Schüler fair behandeln wollen? Wir wollten immer vermeiden sie zu demütigen und jetzt kommst du mit ...« Reinhold winkt ab. »Mit diesem Fairness Anspruch sind wir ja auch in diesem Chaos gelandet. Die tanzen uns doch auf dem Kopf herum. Die verwenden intuitiv all diese kleinen Machttechniken, also dürfen wir da auch keine Skrupel haben. Sonst gehen wir hier unter. Siehst ja, was hier los ist.« – Wie ich das hasse, wenn der Chef mir gegenüber diese Machttechniken ausspielt, mir keinen Sitzplatz anbietet, so dass ich verloren im Zimmer herumstehe, während er lässig in seinem Stuhl sitzt. Und ich soll jetzt auch diese Techniken anwenden?

»Reinhold, ich wünsche mir eine andere Autorität, eine die darauf beruht, dass ich guten Unterricht mache, dass sie Vertrauen in mich haben und ...«. Er zuckt die Schultern. »Schließt sich ja gegenseitig nicht aus.« Ich spüre, dass da etwas dran ist. Unsere Schüler kriegen zuhause oft eine hinter die Löffel, wenn sie nicht gehorchen, und wir kommen ihnen hier mit, »hättest du vielleicht bitte die Freundlichkeit, deinen Müll aufzuheben?« Aber muss man das so hart anwenden, wie Reinhold sich das vorstellt? Alles in mir sperrt sich gegen diese harte Tour. Sie entspricht nicht meinem Wesen. Aber möglicherweise gibt es auch einen Mittelweg.

In unseren Diskussionen wird klar, dass das Chaos nicht nur an uns liegt. Auch dieses menschenfeindliche Gebäude und der anonyme Massenbetrieb haben uns in diese Situation gebracht. Ein neues Organisationskonzept muss her. Schulleitung und Kollegium fangen an, sich dazu Gedanken zu machen. Aber Linke wären nicht Linke, wenn sie bei solchen Diskussionen nicht gleich in ideologisch aufgeladene Flügelkämpfe verfallen würden. Schauplatz dieser Kämpfe ist oft die Gesamtkonferenz, die Vertretung aller Lehrkräfte. Ich bin meist todmüde auf diesen nervigen Konferenzen, die sich oft endlos hinziehen, bis gegen zehn Uhr jemand den Finger hebt und Schluss der Debatte beantragt. Oft gehen die Diskussionen aber anschließend in der Kneipe noch weiter. Ich durchschaue nicht, was notwendige sachliche Auseinandersetzungen sind und was persönliche Machtkämpfe Und doch gelingt es uns, ein neues, tragfähiges Konzept zu erarbeiten.

Die Schule muss total umgebaut werden, die Klimaanlage muss raus und »Dunkelräume«, d.h. Räume ohne Fenster darf es nicht mehr geben. Außerdem muss die anonyme Riesenschule zerlegt werden in überschaubare Jahrgänge, die ihre eigenen Räume und Lehrkräfte haben und sich weitgehend selbst organisieren. Wir erwarten davon, dass sich Schüler und Lehrer besser kennen und sich die Schüler mit ›ihrem‹ Jahrgang identifizieren.

Mit der Organisation nach Jahrgängen beginnen wir sofort, und sie erweist sich als richtig. Der Umbau beginnt zwei Jahre später. Fünf Jahre Bauarbeiten bei laufendem Unterricht. Ständig rumoren irgendwo die Presslufthämmer. Arbeitsgruppen beschäftigen sich mit neuen Nutzungsstrukturen. Einige Jahrgänge werden ausgelagert in andere Schulen. Es ist eine ungeheure Herausforderung und Belastung für das Kollegium. Aber wir sind jung und packen es an.

TEIL 2

IN DIE HÄNDE GESPUCKT UND ANGEPACKT

ALLTAG

Ungeachtet aller Reformpläne müssen wir den Alltag bewältigen, und der ist hart. Dabei sind es, im Rückblick gesehen, die goldenen Zeiten: nur 21 Pflichtstunden und viel kleinere Klassen als 20 Jahre später. Aber unsere Schule ist eine Ganztagsschule, und die Stundenpläne sind für die Lehrer nicht immer erfreulich. Heute habe ich nur vier Stunden Unterricht und bin doch von 8 bis 18 Uhr an der Schule.

Es ist noch dunkel, als ich das Gebäude betrete, das ich auch nach fünf Jahren noch abschreckend und erdrückend finde. Die endlosen Flure mit den völlig verdreckten Teppichböden, das Geschachtel der betonkahlen Aufgänge mit den eisernen Brandschutztüren, das künstliche Licht. Noch immer muss ich oft suchen, bis ich bestimmte Räume finde.

Im Postraum, dem Kommunikationszentrum des Kollegiums, sind die Wände zugepflastert mit Infos. Verschlafen grüßt man sich. Der erste Blick gilt dem Vertretungsplan. Aufatmen. Heute scheine ich keine Vertretung zu haben, wenn nicht über Lautsprecher noch eine Ergänzung durchgegeben wird. Aber morgen: Kunst in 713. Kenn ich nicht, die Klasse. Vor dem Kopierer eine Schlange. »Ach Albrecht«, begrüßt mich Uli, »Manuela ist endlich wieder da«. Ich hatte Manuelas Fehlen gar nicht bemerkt. Noch acht Minuten bis Stundenbeginn. In meinem Postfach scheinbar nur Mist. Die Verwaltung teilt mit, dass § 5, Absatz 2 der Gesamtschulordnung gestrichen wird ... Die Gewerkschaft lädt ein zur Schulgruppensitzung, die Klassenlehrer der 912 haben für nächsten Mittwoch eine Kerngruppenkonferenz für die Schüler Kaya, Schulze und Abromeit angesetzt. Endlich geschieht hier mal was. Und da, o Schreck, einer dieser kleinen Zettel vom Schulleiter: »Bitte dringend Rücksprache«. Was ist los? Hab ich was verbrochen? Ich gehe die paar Schritte zu seiner Tür, sie steht offen, aber da sitzt schon eine Kollegin. Also später.

Schnell zum Lehrerzimmer meines achten Jahrgangs, einem dieser dumpfen, fensterlosen Dunkelräume, viel zu klein für 25 Kollegen. Die winzigen Arbeitsplätze quellen über vor Büchern, Listen, Arbeitsbogen, Zetteln. Noch drei Minuten. »Gibt's schon Kaffee?« Hier summt es, wie in einem Wespenschwarm. »Na, gestern gesumpft? Hast so kleine Augen«, neckt mich Roswitha. »Riecht gut, dein Tabak.« Roswitha ist nett, aber ich habe jetzt keine Zeit für Scherze. Wie immer hab ich ein bisschen Angst vor meiner Unterrichtsstunde, fühle mich schon gehetzt und muss mich deshalb auf das Notwendige konzentrieren. Wo ist das Unterrichtsbuch der 8II? Der Overheadprojektor? Ich hab vergessen, ihn zu reservieren, aber zum Glück ist er frei. Jetzt die Arbeitsbogen drauf, und ab zur Klasse. Manchmal macht der Schulleiter Pünktlichkeitskontrollen.

Zwei Stunden Erdkunde habe ich jetzt. »Hallo, na wie geht's euch?« Allseitiges Gemurmel. »Können Sie nicht auch mal fehlen?«, mosert Ibrahim. Aus den Augenwinkeln sehe ich, dass Kerstin ihre Lippen grellrot angemalt hat. Zum ersten Mal. Ich verkneife mir ein Grinsen, nicke ihr freundlich zu. Dann rein, Projektor aufbauen, aufschreiben, wer fehlt. Es sind sechs. Mit jedem kurz Blickkontakt aufnehmen, das ist sehr wichtig. »Afrika«, verkünde ich, »heute ist Afrika unser Thema, zunächst im Überblick«. Sie sind alle noch verschlafen, in letzter Minute erst aufgestanden, kaum einer hat richtig gefrühstückt.

Jetzt muss erst einmal ausgetauscht werden, was sie am Wochenende erlebt haben. Eigentlich kommen sie ganz gern zur Schule, man trifft wieder die Kumpels. Nur der blöde Unterricht nervt, und der Kerl da vorn lässt nicht locker, stellt dauernd Fragen. Ich komme mir vor wie eine Lok, die einen Güterzug anschleppen muss. Meine Energie gegen die Trägheit der Vielen. Bis endlich alle ihre Sachen ausgepackt haben, vergehen zehn Minuten. Und ständig geht die Tür auf, Verspätete wollen mir erklären, dass der Bus nicht kam, die Mama verschlafen hat. Jetzt wäre als Einleitung der Film »Serengeti darf nicht sterben« passend, aber den will ich morgen in der letzten Stunde zeigen, in der neunten Stunde kann man eh keine anspruchsvollen Sachen machen. Deshalb jetzt Arbeit mit dem Atlas: die Klima- und Vegetationszonen heraussuchen. Ich versuche an Bekanntes anzuknüpfen, indem wir klären, wo welche Tiere leben. Dann die Frage nach dem »Warum« dieser Zoneneinteilung. Sonneneinstrahlung, Lage im Gratnetz. Was ist »Zenitalstand« der Sonne? Ja, das Abstrakte, viel schwieriger als das Konkrete, aber diese kausalen Zusammenhänge zu vermitteln ist eine unserer wichtigsten Aufgaben. Aber darüber kann das Interesse an Afrika auch wieder abgetötet werden.

In der zweiten Stunde lasse ich sie eine schematische Zeichnung der Vegetationszonen und der Sonneneinstrahlung anlegen. Vielen macht das Spaß, aber es ist auch eine Gelegenheit zum Quatschen und heimlich zu essen. Es wird lauter, es gibt Streit und Rangeleien. Ich versuche energisch Ruhe und Arbeitsdisziplin durchzusetzen, aber das bringt mir Streit mit einigen Jungs ein. »Immer sehen Sie nur, was wir machen. Die Mädchen lassen Sie einfach quatschen.«

Ich verteile Stundenprotokolle als Strafe. Die Stimmung trübt sich ein. »Herr Johann«, flüstert mir Andreas zu, »es ist doch Montag, was erwarten Sie denn?« Aber ich bin schon verärgert, frage mich, was ich falsch gemacht habe.

Dann 20 Minuten Pause, aber bis ich meine Sachen zum Lehrerzimmer gebracht habe und auf der Toilette war, sind es nur noch 10. Im Lehrerzimmer ist es jetzt schon voller und aufgeregter. »Ich bin entsetzt, total entsetzt«, schreit Kollege W., »fast die Hälfte hatte keine Hausaufgaben.« »Geht der Kopierer wieder?« »Na, wie war's am Wochenende?« Eine Kollegin spricht mich an: »Also deine Schüler waren mal wieder völlig durch den Wind, völlig.« Wie im Taubenschlag geht's hier zu. Regina erinnert mich daran, dass ich versprochen habe, heute den Hausbesuch bei Pionteks zu machen, während sie zu Tamaras Mutter geht. Nebenbei schaue ich in der Liste nach, wann Marcel Piontek in der letzten Woche gefehlt hat. »Achtung, eine wichtige Durchsage.« Herr Müller ermahnt die Kollegen, heute noch die Teilnehmerlisten für die Bundesjugendspiele aus den Fächern zu holen und auszufüllen. »Was hat er gesagt? Wo sind die Listen?« In dem Trubel hat man nur die Hälfte verstanden. Ach so, fällt mir plötzlich ein, ich soll ja zum Chef. Zu spät, gleich klingelts wieder, und ich muss noch den Filmapparat holen. Ich hetze zur Medienzentrale, dann zur Klasse 11.3. und bin doch ein wenig zu spät.

Umschalten heißt die Aufgabe jetzt. Meine Achte vergessen, meine Verärgerung verdrängen. Das hier sind ganz andere Schüler. Die in der Elften sind in der Regel motiviert und fleißig. Also fange ich freundlich an, kriege auch Ruhe hin, ohne strafen zu müssen. Aber jetzt muss ich wieder in die Komplexität des Stoffes reinkommen. Bodenkunde ist das Thema. Anhand des Films sollen sie den Bodentyp »Ackerpseudogley« kennen lernen und die Mechanismen seiner Entstehung verstehen: Auswaschung des A-Horizonts, Verbraunung, Ausbildung des Stauwasserhorizonts. Erst vor kurzem habe ich mich in das Thema eingearbeitet und dabei ist passiert, was ich jetzt häufig erlebe: Bei dem Versuch, ein als trocken geltendes Thema für meine Schüler aufzubereiten, entdecke ich, wie spannend es tatsächlich ist.

Und sie bemühen sich tatsächlich. So macht Unterrichten Spaß. Dass viele große Defizite haben, stört mich eigentlich nicht. Auch nicht, dass Daniel heute wieder mit Zylinder und Gehrock in der letzten Reihe sitzt. Wir nennen ihn intern den »Zirkusdirektor«. Immerhin macht er ordentlich mit. Gerade als wir hart am Arbeiten sind, klopft der Schulsprecher an. Ob er mal kurz mit der Klasse reden könne wegen des geplanten Projekttages zur Nato-Nachrüstung. Okay, muss eben sein, ist ja auch wichtig. Ich gebe ihm fünf Minuten. Aber danach kommen wir kaum noch in den Stoff rein.

Endlich, um Viertel vor Elf, habe ich wirklich mal eine Pause. Ich hole mir einen Tee in der Mensa. Zahlreiche Schüler lümmeln sich hier, weil Unterricht ausfällt oder sie schwänzen. Total vermüllt die Tische, jetzt schon. Im Lehrerzimmer erledige ich meine Routinearbeiten: eine Note für jeden Schüler, den ich heute hatte, ganz grobe Einschätzung. Die Fehlenden auf Fehlzettel schreiben, dann in die Liste auf dem großen Tisch eintragen. Die Eintragungen in die Unterrichtsbücher. Kurze Notizen für mich – wie weit bin ich gekommen, mit welchem Impuls steige ich in der kommenden Stunde ein, wem habe ich Strafarbeiten gegeben? Filmapparat bestellen für die Achte morgen. Im Hintergrund plaudern Kollegen. Komisch, ich finde für so was nie Zeit.

Oh, ich muss ja noch zum Chef. Aber er hat eine Besprechung. Im Fach liegt ein neuer Zettel: Der Fachleiter Geschichte bittet um Rückruf. Irgendwas mit den von mir eingereichten Entwürfen für Abiturarbeiten in Geschichte scheint nicht in Ordnung zu sein. Während ich kopiere, klingelt es schon wieder zur Pause. Jetzt schnell zu meiner Aufsicht am Tor, aber da ich unterwegs ständig angesprochen und aufgehalten werde, komme ich doch wieder zu spät.

Ganze Horden von Schülern haben schon unerlaubt das Schulgelände verlassen, um einzukaufen oder um im Park ihre einstündige Essenszeit zu verbringen. Eigentlich soll ich das verhindern und Schulfremden den Zutritt verwehren. Aber unser Aufsichtssystem ist, obgleich jeder von uns mehr als zwei Zeitstunden Aufsicht hat, etwa so löchrig wie ein Schweizer Käse. Drei schräge Typen, um die 20, wollen an mir vorbei rein. »Halt, bitte die Ausweise.« Angeblich muss der eine seiner kleinen Schwester einen Schlüssel bringen. Aber sie sehen mir eher nach Dealern aus, und ich bleibe hart. Plötzlich drängelt sich der eine an mir vorbei, ich kann gerade noch seine Kumpels abdrängen. »Bodo«, rufe ich. Bodo hat vor der Mensa Aufsicht und bringt den Eindringling zurück. Aber große Aufregung und Palaver. »Was machst du hier große Macker?«, macht mich einer an. »Isch hol meine Kumpel, dann wirst du sehen.« Bodo bleibt bei mir, bis sie sich verzogen haben. Glück gehabt, nicht immer steht hier ein Bodo. Später fährt ein dicker BMW vors Tor, dröhnende Bässe, aufheulender Motor. Mir ist etwas mulmig, aber dann ziehen sie wieder ab.

Am Ende der Aufsicht bleibt mir noch eine Stunde bis

zum nächsten Unterricht. Hunger habe ich jetzt, aber Mensa? Nein, nicht in diesen Tumult. Ich esse eine Currywurst an der Bude und lege mich kurz auf die Wiese am Kanal. Plötzlich merke ich, wie müde ich bin. Es fällt mir immer noch schwer, acht oder zehn Stunden hintereinander offen und präsent zu bleiben. Ich möchte mich zurückziehen in mein Kämmerlein, aufatmen können. Aber das geht nicht. Schon kommen auch wieder die Gedanken: Was habe ich falsch gemacht heute Morgen? Auf was kommt es in der kommenden Stunde an?

Um halb Zwei betrete ich mit meiner Arbeitsmaterialkiste den Raum der 914, der schon deutlich gelitten hat in sechs Stunden Unterricht. Überall Müll, Essensreste, die Tafel vollgeschmiert. Ich lasse wenigstens die gröbste Unordnung beseitigen. Die Schüler dürfen, das wussten sie vorher, weiter an der Vorbereitung ihrer Gruppenreferate zur Zeit des Nationalsozialismus arbeiten. Nächste Woche sollen sie ihre Plakate präsentieren und vortragen, aber die Arbeit kommt nicht recht in Gang. Viele haben ihre Materialien vergessen, viele scheinen auch noch gar nichts zu ihrem Thema gelesen zu haben. Ich biete ihnen an, in die Mediothek zu gehen und dort zu lesen. Wollen sie auch nicht. »Wir lesen zuhause. Wir schaffen das schon bis nächste Woche. Sie werden 's sehen.« Eine Gruppe will auf dem Flur arbeiten. Na bitte, aber leise. Ich gehe herum, ermahne, helfe, erkläre. Ich merke an den Gesichtern, dass heimlich eine Nachricht umgeht, kann auch orten, wo sie gerade ist. Unauffällig schleiche ich mich an und greife blitzschnell zu. Handwerklich bin ich inzwischen besser geworden. »Nicht lesen, nicht lesen«, bestürmt mich Nalan. Ich stecke ihn lachend in die Hosentasche.

Einige arbeiten auch, malen die Buchstaben der Überschrift aus, kleben Bilder auf, plaudern dabei. Ab und zu kriege ich auch einen Text zu sehen, meist wörtlich aus dem Buch abgeschrieben. »Lassen Sie uns doch gehen«, souffliert man mir von allen Seiten, »es ist doch die letzte Stunde, Englisch fällt aus. Stellen Sie sich doch nicht so an.« Es läuft einfach nicht in diesen späten Nachmittagsstunden. Die Luft ist raus, bei den Schülern wie bei mir. Ich schaffe es, noch einmal Ruhe herzustellen und ihnen ernsthaft meine Erwartungen für die Präsentationen nächste Woche einzuschärfen. »Wenn ihr das nicht gut hinkriegt, ist ein Viertel eurer Geschichtsnote im Eimer. Und ich werde streng benoten. Also: Arbeitet zuhause, arbeitet, arbeitet.« Hört mir noch jemand zu? Schließlich lasse ich alle bis auf den Ordnungsdienst fünf Minuten zu früh gehen. Illegal natürlich.

Ich mache jetzt den Hausbesuch bei Marcel. Ich will die zwei Stunden bis zur Konferenz nutzen, und es ist gleich um die Ecke. Schon als ich die heruntergekommene, nach Katzenpisse stinkende Wohnung betrete und die Mutter sehe, weiß ich, dass ich hier wohl nichts erreichen werde. »Nehmen Sie doch Platz.« Sie räumt einen verschlissenen Sessel frei. Marcel fehlt seit über einer Woche, wie so oft. Keine Krankschreibung, kein Anruf. Jetzt sitzt er vor uns, stumm und betreten. »Ich sag immer, Marcel, geh zur Schule, aber er sagt, er fühlt sich nicht wohl. Na, was soll ick da machen?« Sie hat fünf Kinder, allein erziehend, lebt von Sozialhilfe, ist völlig überfordert. Sie jammert über die Ämter, die ihr nicht geben, was ihr zusteht. Soll ich ihr mit den 5000 DM Strafe für Schulpflichtverletzung drohen? Mir ist klar, dass Marcel nicht gern zur Schule kommt. Seine Leistungen sind sehr schwach, und die Mitschüler hänseln ihn, weil er »komisch« ist und »riecht«. Vielleicht sollte ich ihn mehr loben, mich mehr um ihn kümmern. Aber was soll ich der Mutter raten?

Ich rede über die Wichtigkeit des Schulbesuchs, über Marcels Defizite und darüber, dass es an der Schule kostenlosen Nachhilfeunterricht gibt. Sie soll ihm Mut machen und jeden Abend mit ihm die Schultasche packen, ihn an die Hausaufgaben erinnern, ihn morgens rechtzeitig wecken. Aber wo soll der Junge hier eigentlich in Ruhe seine Hausaufgaben machen? Ich bitte sie, zum Elternsprechtag in drei Wochen zu kommen. »Marcel spürt das, wenn Sie seinen Schulbesuch ernst nehmen.« Ich ahne natürlich, dass die Mutter das nicht wirklich umsetzen wird. Sie ist ausgelastet mit dem täglichen Durchwursteln und glaubt wahrscheinlich selbst nicht an Marcels Zukunft. Aber immerhin gibt es, wie ich erfahre, eine Familienhelferin. Die Mutter verspricht dafür zu sorgen, dass sie sich bei mir meldet. Solche Besuche ziehen runter. Man muss achtgeben, dass man so einen Jungen nicht gleich abschreibt.

Jetzt noch die Konferenz, und zum Chef. Tatsächlich, seine Tür ist offen. »Um was geht's?« »Sie haben mich um Rücksprache gebeten.« Mir ist nie wohl, wenn ich zu ihm muss. Er ist kaum älter als ich, mir gegenüber aber meist distanziert und unpersönlich. Ich glaube, er hält nicht viel von mir. Natürlich bietet er mir keinen Sitzplatz an, und ich stehe verlegen herum. »Eine Kollegin hat sich über Ihre Klasse beschwert – sexistische Bemerkungen, Anmache. Was sagen Sie dazu?« »Welche Kollegin ...?« »Der Name tut nichts zur Sache.« Ich weiß natürlich, welche Kollegin sich beschwert hat. Sie sieht dieses Problem in allen Klassen und hat mich auch schon angesprochen. Klar ist das ein Thema, ich kenne meine Jungs, aber ich weiß auch, dass sich dieses blöde Machogehabe nicht so einfach abstellen lässt. Das versuche ich dem Schulleiter zu erklären. »Was tun Sie dagegen, Kollege?«, unterbricht er mich. »Darüber reden, in der Tutorstunde.« »Richtig. Und knüpfen Sie sich die Jungs, die es speziell betrifft, mal ordentlich vor.« Ich nicke pflichtschuldig. Ist das Gespräch jetzt beendet, oder will er noch was sagen? Schließlich gehe ich, etwas unsicher.

Die Konferenz läuft schon, als ich das überfüllte Lehrerzimmer betrete. Man spürt, dass alle genervt sind und hoffen, dass es schnell geht. Der Tag war lang genug, und man hat zuhause noch den kommenden Tag vorzubereiten. Und solche Konferenzen hat man jede Woche: Jahrgangs-, Fach-, Kerngruppen- oder Gesamtkonferenzen, dazu Elternabende, Elternsprechtage. Erika leitet die Sitzung freundlich und doch zielorientiert. Erst Mitteilungen, Termine, dann das leidige Problem der verschmutzten und verwüsteten Toiletten, für das wir wieder keine Lösung finden, außer verstärkter Aufsicht. Schließlich der Hauptpunkt: Organisation der Projektwochen im Juni. Welche Ideen für Projekte liegen vor? Welche sollen im Rahmen der Klassen, welche jahrgangsübergreifend angeboten werden? Welche Kollegen stehen mit wie viel Stunden zur Verfügung? Ich möchte »Jugend im Nationalsozialismus« anbieten, nur für meine Klasse. Filme, Texte, Besuch bei Zeitzeugen, Plakate gestalten. Andere stellen ihre Ideen vor. Es könnte eine schöne Zeit werden, aber wir alle fragen uns auch, wann wir das eigentlich vorbereiten sollen.

In der U-Bahn fällt die Anspannung ganz langsam von mir ab. Ich fühle ich mich wie gerädert. Ja, das Bild stimmt.

Wir Lehrer sind einfach kleine, ächzende Rädchen in der riesigen Bildungsmaschine. Die Maschine hat zu funktionieren, das erwartet die Gesellschaft von uns. Mit Recht. Bei Siemens oder Daimler würde es uns nicht anders gehen. Es gibt in diesen großen Apparaten immer tausend Sachzwänge, Reibungsverluste, Koordinationsbedarf, unfähige Vorgesetzte, unsinnige Vorschriften. Ständig ist auch Sand im Getriebe. Trotzdem muss der Output am Ende stimmen. Output, das heißt für uns eine vertretbare Anzahl ordentlicher Abschlüsse. Man darf nicht zimperlich sein, sage ich mir, und – das ist vielleicht der Vorteil gegenüber Industriebetrieben – hinter der geschlossenen Klassentür können wir weitgehend machen, was wir als richtig empfinden. Mehr Freiheit hat man in wenigen Berufen.

Plötzlich fällt mir der Zettel wieder ein, den ich mir in der Neunten gekrallt habe. Irgendwo muss der doch sein. Ach ja, in der Hosentasche. Ich falte ihn auseinander: »Thomas will Lisa poppen. Die Kondome hat er schon.« Hm, muss ich da eingreifen?

ATATÜRK UND ROCK 'N' ROLL

»Wie war denn der eigentliche Name von Atatürk?«, frage ich, und alle türkischstämmigen Schüler reißen den Arm hoch. »Mustafa Kemal«, Orhan sagt es mit stolz geschwellter Brust. Endlich ist er einmal gut. »Er war der Größte, der größte Politiker aller Zeiten«, behauptet er, »größer noch als Hitler«. Aha, Hitler also als Maßstab. Ich lasse Orhan sein Urteil begründen. Anhand meines Textes stellen wir zusammen, was Atatürk geleistet hat: Befreiung des Landes von den äußeren Feinden, Gründung der türkischen Republik,

Reform der Staatsordnung. »Und er hat in der Schlacht von Gelibolu die Engländer besiegt. Er hat die osmanischen Truppen angeführt.« Das steht nicht in meinem Text, aber vielleicht hat Orhan zuhause ein Buch über türkische Geschichte gelesen. Leider muss ich das richtigstellen. Nicht alle Mythen über Atatürk stimmen. »Die eigentliche Leitung hatte aber ein deutscher General.« Sie glauben mir nicht, bis ich es ihnen anhand eines Geschichtsbuches beweise. Endlich interessieren sie sich einmal für die Quellen unseres Geschichtswissens.

Unterricht über Atatürk in einer deutschen Schule? Das dürfte Anfang der 80er Jahre noch recht selten gewesen sein, und im Rahmenplan ist das auch nicht vorgesehen, obgleich mehr als die Hälfte unserer Schüler inzwischen aus muslimischen Elternhäusern kommen. Auf die Sprachdefizite dieser Schüler hat man inzwischen mit der Einführung von Förderunterricht in Deutsch reagiert. Aber ist das genug?

Wir spüren, dass diese Schüler sich emotional hier in Deutschland noch nicht recht zuhause fühlen, dass sie noch nicht ganz angekommen sind. Wie ihre Augen leuchten, wenn sie vom Besuch bei der Oma in der Türkei erzählen. Die Türkei scheint immer noch ihr »Heimatland« zu sein. Schon seit langem wird im Kollegenkreis darüber geredet, »dass man da vielleicht mal etwas machen müsse«, aber es bleibt bei individuellen Ansätzen.

Ich entschließe mich, meinen Geschichtsunterricht um ein Kapitel zum Osmanischen Reich zu erweitern, zumal ich sie mit unseren trockenen, vorgeblich »linken« Unterrichtseinheiten, die wir in den 70ern erarbeitet haben, nie richtig vom Hocker reißen konnte. Ich arbeite mich neben der Schule in dieses Thema ein und merke dabei, wie spannend es ist. Ein völlig anderer Geschichtsverlauf als in der Geschichte Europas. Es ist die Geschichte von 400 Jahren Stagnation bzw. Niedergang einer Gesellschaft, die in dem Versuch Atatürks endet, das, was sich in den europäischen Gesellschaften seit Renaissance und Reformation verändert hat, in einem Gewaltakt zu übernehmen. Die Beschäftigung mit dieser so ganz anderen Geschichte eröffnet mir einen neuen Blick auf unsere, meine Geschichte, und sie erklärt die Ursachen der Migration, die türkische Kinder in unsere Klassenzimmer geführt hat. Also arbeite ich, unter Mithilfe unseres ersten türkischstämmigen Kollegen Mustafa eine kleine Unterrichtseinheit über das Osmanische Reich aus, dazu eine Diaserie und ein umfangreiches Werk mit Quellenmaterial für die Oberstufe. Dabei stoßen wir auf das Problem der Übersetzung. Die osmanische Gesellschaft war so anders als die europäische, dass Begriffe wie Kirche, Mönch, Ritter, Aufklärung sich nicht einfach übersetzen lassen.

Indem ich diese Erkenntnisse in meinen Unterricht einfließen lasse, stellt sich bei mir ein ganz neues Gefühl ein: Ich gebe nicht einfach weiter, was im Lehrplan steht, sondern ich vermittele eigene Erkenntnisse, ich unterrichte etwas, was ich selbst außerordentlich spannend finde. Bald merke ich, dass dies auch meiner Ausstrahlung zugutekommt: Ich trete sicherer und überzeugender auf.

Und doch scheitere ich zunächst, weil ich es ungeschickt anfange. Eigentlich hatte ich erwartet, dass meine türkischstämmigen Schüler den Unterricht über dieses Thema als freundliche Geste der Anerkennung würdigen und sich darüber freuen würden. Aber weit gefehlt. Sie scheinen geradezu bestürzt über das, was sie da lesen: Militärische

Niederlagen der Osmanen, wirtschaftlicher Niedergang, Rückstände in Wissenschaft und Technik. »Stimmt doch alles nicht«, ruft Yusuf, »das Osmanische Reich war das größte Reich der Welt.« Dogan fällt ein, »alle hatten doch immer Angst vor uns.« Andere Schüler haben irgendwo gelernt, dass alle wichtigen Erfindungen von den Moslems gemacht wurden, und die Europäer hätten sie nur geklaut. Nalan weint im Unterricht fast. »Sie machen unser Land so schlecht.« Sibel erzählt von den Schatzkammern im Topkapi Serail. »So reich waren wir.« »Ja, aber«, wage ich einzuwenden, »das ist alles 500 Jahre her.« Gleichzeitig lerne ich zu verstehen: Sie wollen nicht wieder als »Opfer« dastehen, sie wollen, wenigstens in der Geschichte, zu den Siegern gehören, zu den Überlegenen. Täglich erfahren sie Diskriminierung und glauben, oft nicht zu Unrecht, von den »Deutschen« als Menschen zweiter Klasse gesehen zu werden. Sie haben wahrscheinlich im türkischen Fernsehen Spielfilme und Dokumentationen über die Macht und Herrlichkeit des Osmanischen Reiches gesehen. Ich verstehe ihre Reaktion. Aber wie sollen sie begreifen, dass ihre Eltern nach Deutschland auswandern mussten, um Arbeit zu finden, wenn ich die Geschichte der Türkei als beeindruckende Erfolgsgeschichte darstelle? Die Migration, deren Teil sie sind, ist das Ergebnis von 500 Jahren Aufstieg hier, Niedergang dort.

Für den Moment finde ich eine Lösung, indem ich ein Kapitel über Mustafa Kemal Atatürk anhänge. Das gefällt ihnen. Der ist ein Held, mit dem sie sich identifizieren können. Aufgekratzt erzählen sie von seinen Siegen, davon, wie die Griechen flohen, wie Schüsse Atatürk trafen, aber nicht verletzen konnten. Zum ersten Mal werde ich mit den türkisch nationalistischen Mythen konfrontiert. Ich lasse sie erzählen, korrigiere nur hie und da. Ich will ja auch nicht übersteigerten türkischen Nationalismus fördern. Ich entdecke sogar ein neues Aufgabenfeld, nämlich ihr sehr einseitiges Bild von der Geschichte ihres Herkunftslandes mit ihnen zusammen kritisch zu hinterfragen. Im Lauf der Zeit finde ich auch immer bessere Unterrichtsmaterialien, z. B. einen Dokumentarfilm über das Osmanische Reich, der, ohne die kritischen Aspekte auszublenden, die ganze Pracht und Herrlichkeit des Reiches anschaulich zeigt. Endlich läuft dieser Unterricht. Später lerne ich, dass man das, was ich da mache, interkulturellen Unterricht nennt. Ich erlebe ihn persönlich als eine sehr anregende und sinnvolle Herausforderung. Ich lerne nicht nur viel für mich, sondern auch, die innere Welt meiner Schüler besser zu verstehen. Da wächst Verstehen und Vertrauen. Auch der Unterricht zur deutschen Geschichte läuft danach meist besser. Der Erfolg spricht sich herum. Mehrere Kollegen übernehmen meine Einheit, andere zögern, da sie sich auf diesem Gebiet zu unsicher fühlen. – Ein Anfang ist gemacht.

Offensichtlich bewährt es sich, etwas zu machen, was einen selbst begeistert. Da gibt es ja noch eine weitere Leidenschaft, die ich vielleicht in die Schule einbringen könnte: den Rock 'n' Roll. Dieser kraftvolle und sinnliche Tanz, der gleichzeitig so viel Disziplin erfordert, jedenfalls bei der Akrobatik, scheint mir nicht nur all das auszudrücken, was in meinem braven, von Büchern geprägten Leben zu kurz kam, sondern auch das, was unsere wilden Schüler in dieser Anstalt vermissen. Wenn ich die Energie sehe, mit der sie durch den Flur toben, Türen knallen, sich anmachen, kann ich mir vorstellen, dass sie auf ein solches emotionales Angebot ansprechen, auch wenn der Tanz seit 20 Jahren out ist.

Vor einem Jahr hatte ich mir einen Ruck gegeben und im Rahmen meiner ›nachholenden Ich-Entwicklung‹ beim Uni-Sport einen Rock 'n' Roll Kurs belegt. Ich war dann tatsächlich auf diesen Rhythmus so total abgefahren, dass ich mich schon fragen musste, ob hinter meiner schüchternen Fassade nicht doch ein verkappter Macho steckt.

Ich entschließe mich, meinen Schülern einen Rock 'n' Roll Kurs in der Essenszeit anzubieten. Schon beim ersten Mal ist der Raum knüppelvoll. Es sind nicht nur, aber überwiegend türkischstämmige Schüler – sogar eine Schülerin mit Kopftuch ist dabei. Tische und Stühle an die Seite, »Return to sender« aufgelegt und los geht's. Erst mal der Grundschritt: »Tipp-Platz, Tipp-Platz, Rück-Platz«. Wie konzentriert sie mir zuhören, und wie fleißig sie üben. Nur Derya kriegt es einfach noch nicht hin. Dann müssen Pärchen gebildet werden. Sie sind 15 jetzt, und in der Klasse sitzen sie ziemlich nach Geschlechtern getrennt, aber hier zeigt sich, dass sie doch nicht so schüchtern sind. Mit der Partnerwahl beginnt auch das Flirten. Platzwechsel wird geübt, ohne Handwechsel, mit Handwechsel, unter dem Arm durch. Dann das Eindrehen der Frau nach dem Platzwechsel, immer kompliziertere Figuren. Wie schnell und begeistert sie hier lernen. Endlich lerne ich meine Schüler einmal natürlich, unbefangen und begeistert kennen. Bald will der halbe Jahrgang teilnehmen, aber dafür ist der Raum zu klein. Auch ein Kollege will Rock 'n' Roll lernen, aber ich wimmele ihn ab.

Die erste halbakrobatische Figur ist, dass die Männer die hockenden Partnerinnen durch die gegrätschten Beine ziehen müssen, dann herumwirbeln und wieder auf die Füße stellen. Sie haben da überhaupt keine Hemmungen, egal, wie hoch die Röcke fliegen. Die Begeisterung ist so groß, dass ich ihnen noch den »Münchner« vorführe: um den Unterarm des Mannes herum macht die Frau einen Salto rückwärts. Da muss jeder Schritt, jeder Griff exakt sitzen. Kann ich das einfach mit einer Schülerin vormachen? Ich muss meinen Arm über ihren Oberleib legen und sie an der Hüfte packen und drehen. Mit einer türkischen Schülerin? Darüber habe ich mir vorher gar keine Gedanken gemacht. Nevin will unbedingt. »Mit mir, Herr Johann, ich kann das bestimmt.« Nevin ist schwach und unsicher im Unterricht, einmal sitzen geblieben, aber das hier ist ihre große Stunde. Völlig angstfrei und unbefangen macht sie mit meiner Hilfe den Salto rückwärts. Alle klatschen. Ich erkläre alle Schritte und Griffe und lasse üben – noch ohne Salto. Erst als alles sitzt, darf das erste Pärchen mit Hilfestellung von zwei Jungens den Salto versuchen.

Plötzlich steht Erika, die Jahrgangsleiterin, in der Tür. »Was ist denn hier los?«, höre ich sie murmeln, aber jetzt gibt es kein Zurück. Erdal reißt Hatice hoch, bemüht sich sie zu drehen. Aber Hatice ist zu zaghaft gesprungen, es fehlt der Schwung. Kreischend hängt sie, Kopf nach unten, an Erdals Arm, der Rock über ihrem Gesicht. Dann wankt Erdal, er kann sie nicht länger halten, und die Hilfestellung weiß nicht, wie sie helfen soll. Sie stürzen, fallen übereinander, reißen anderes mit, Stühle poltern. Aber alle lachen, johlen vor Vergnügen, und gleich wollen die Nächsten den Überschlag probieren. »Und da kann nichts passieren?« Erika schaut etwas skeptisch zu, wie jetzt Yüksel seine Partnerin durch die Luft wirbelt. Sie kriegen es sogar hin. »Vielleicht solltest du doch den Erste-Hilfe-Kasten aus dem Sekretariat dabeihaben. Na, dann noch viel Spaß«.

Für die Integration ist hier vielleicht mehr erreicht als mit dem Unterricht über Atatürk. Ich glaube, sogar für die Emanzipation der Frau ist etwas dabei herausgekommen, so frei, wie die Mädchen sich hier bewegen. Auch mein Unterricht läuft jetzt besser. Alle, die beim Rock 'n' Roll dabei waren, folgen mir jetzt auch im Unterricht – na ja, nicht aufs Wort, aber viel williger als vorher. Besonders Nevin steigert ihre Leistungen.

Es hat sich bewährt, sich weniger am Lehrplan als an den Interessen der Schüler zu orientieren, weniger zu fragen, was gemacht werden muss, sondern danach, was sie und mich wirklich interessiert. Eine Beobachtung, die auch andere Kollegen in dieser Zeit machen: Petra dreht Filme mit den Jugendlichen, Roswitha gibt einen Schminkkurs, und Mira veranstaltet eine Modenschau mit selbst genähten Kleidern. Andere bemalen die Klassenräume, joggen oder backen Plätzchen mit ihren Schülern. An solchen Schulen muss man einfach mal in seinem Ressourcenkästchen kramen und schauen, was man außer der Fähigkeit zur Stoffvermittlung sonst noch drauf hat.

DER ASBESTSCHOCK

Fünf Jahre dauert der Umbau unserer Schule. Fünf Jahre Bauarbeiten bei laufendem Unterricht. Dann ist die neue Schule endlich fertig. Wir atmen auf, reißen die neu eingebauten Fenster in den bislang nur künstlich beleuchteten Räumen auf und blicken erfreut auf die Blumenrabatten in den Lichthöfen. Endlich ist dieses Gebäude wenigstens ein bisschen menschenfreundlicher geworden. Aber auch wir haben uns verändert in den vergangenen Jahren. Wehe, wenn jetzt noch ein Schüler gegen die Wände tritt, Toiletten demoliert oder Müll rumliegen lässt. Fast euphorisch richten wir uns in den neuen Räumen ein, gestalten die Klassenzimmer mit den Schülern zusammen.

Aber dann kommt der April 1988. »Hast du schon gehört? Wir haben Asbest.« Ein Jahr nach dem Ende der Sanierungsarbeiten eilt dieser Schreckensruf durch die Schule. Asbest, dieses feuerfeste, aber wenn es in die Raumluft gelangt, potentiell tödliche, seit 1979 daher auch verbotene Fasermineral, ist massenhaft in unserem Gebäude verbaut. Bei den Sanierungsarbeiten haben sie es losgerüttelt und jetzt sind, wie eine Routinemessung gezeigt hat, die Asbestwerte in den Räumen viel zu hoch. Aber was macht eine Behörde, wenn sich herausstellt, dass neue Sanierungskosten in Millionenhöhe anstehen, zumal es nicht nur um unsere Schule, sondern um weitere 14 Bildungszentren geht? Sie wiegelt ab.

Im Mai beruhigt uns die Schulleitung und versichert, die angeblich wenigen lokalen Gefahrenstellen würden sofort saniert. Aber Eltern und Lehrer sind alarmiert. Asbest-Arbeitsgemeinschaften werden gegründet und alte Baupläne neu studiert, Grenzwerte und Messverfahren problematisiert. Schon bald sind einige von uns echte Asbest-Experten. In den folgenden Wochen stellt sich heraus, dass Asbest praktisch überall im Schulgebäude lauert.

Auf unseren Druck hin wird mehrfach neu gemessen. Das Schulamt versucht uns zu beruhigen, redet die Gefahr klein. Aber das lassen wir uns nicht gefallen. Auf unseren Konferenzen fliegen die Fetzen. Die meisten von uns sind jetzt über 40. So richtig Lust zum Kämpfen hat keiner mehr. Aber hier können wir nicht nachgeben, schon im Interesse unserer Schüler. Als die Behörde versucht, das Problem durch Abkleben der Wandfugen mit einer Art Tesafilm zu lösen, bricht ein Sturm des Protests los. Jetzt wird, auf Forderung des Kollegiums, endlich der TÜV beauftragt zu messen. Das Ergebnis ist eine Katastrophe. Kurz vor den Sommerferien dann die Kapitulation der Behörde: Das Gebäude wird geschlossen, das Gebäude, das 13 Jahre zuvor erst fertiggestellt und inzwischen schon einmal totalsaniert worden ist. Unser erstes Ziel ist erreicht, aber um welchen Preis?

Eine hektische Suche nach Ersatzquartieren für 1200 Schüler beginnt. Am ersten Tag nach den Sommerferien führen Helga und ich unsere Neunte in ihren Ersatzklassenraum. Wir sind in einem der ältesten Schulgebäude Berlins am Anhalter Bahnhof gelandet. Es stammt noch aus der Kaiserzeit. »Und hier sollen wir jetzt Unterricht machen?«, protestiert Minnie. »Das sieht ja eher aus wie ein Obdachlosenasyl.« »Gibt ja nicht einmal genug Tische und Stühle.« »Jetzt sucht euch erst einmal einen provisorischen Platz. Wir erklären euch gleich alles«, beruhigen Helga und ich. »Habt ihr schon die Toiletten gesehen? Iiih«, höre ich Lydia mosern. »Wo sollen wir mittags essen?«, fragen andere, »und wo sollen wir denn Pause machen, der Hof ist ja winzig?« Stimmt, da wird's in der Pause so eng sein wie in der U-Bahn im Berufsverkehr. Helga und ich haben auf viele Fragen keine Antwort. »Leider haben wir auch noch keine Schulbücher«, muss ich gestehen. »Die werden jetzt erst Seite für Seite vom Asbest entstaubt.« »Gibt es denn hier Fachräume für Naturwissenschaften und so?« Helga erklärt ihnen, dass wir dazu in eine andere Schule müssen, und für Sport auch.

Die Schüler sind überraschend vernünftig, ihre Fragen sachlich. Angesichts der Bedrohung des Lehrbetriebes sind sie ungewohnt diszipliniert und geduldig. Sie verstehen, dass wir Lehrer nicht verantwortlich sind für die Situation. Im Gegenteil: Wir haben einen gemeinsamen Feind, und das scheint zu verbinden.

»Und wo sind die anderen Jahrgänge?«, will Mario wissen. Wir erzählen, dass die Schule auf neun weit auseinanderliegende Standorte verteilt ist. Die Lehrer pendeln zwischen den Filialen. »Können wir da denn nichts gegen machen? Wir könnten doch demonstrieren oder so was«, schlägt Martin vor. »Aber das ist doch verboten«, wendet Hülya ängstlich ein. Stefanie berichtet, dass die Elternvertreter als Geste des Protests so etwas wie ein Hüttendorf auf dem Gelände des »Mutterhauses« planen. Gleich nächste Woche soll es losgehen. »Toll, da mach ich mit«, freut sich Hans Günther.

In den nächsten Wochen jagt eine Konferenz die andere. »Totalsanierung des Mutterhauses« wird jetzt als Forderung formuliert, und – für die Zeit des Umbaus – die »Errichtung eines provisorischen Ersatzgebäudes auf dem Schulgelände«. Aber kampflos werden wir das nicht bekommen.

Der 16. August 1988 ist zum Glück ein sonniger Tag, und auf dem Gelände der 1.O Kreuzberg ist schwer was los. Das Schulgebäude selbst ist gesperrt. Betreten verboten! Aber auf der Wiese vor der Schule laufen jetzt fast 100 Schüler herum und stellen Zelte auf. Nebenan wird ein großes, von den Pfadfindern geliehenes Gruppenzelt errichtet. Eltern und Lehrer helfen tatkräftig. Andere stellen große Transparente auf. »Raus mit dem Asbest«, »Protest gegen die katastrophalen Verhältnisse an der 1.O«, »Wir fordern: Totalsanierung und Ersatzgebäude, sofort«.

Da ist er wieder, der Geist des Protests, der meiner Generation so vertraut ist, diesmal aber getragen von unseren Schülern. Nach einigen Stunden steht ein respektables Zeltdorf, gruppiert um einen Gemeinschaftsplatz, Symbol für das »Ersatzgebäude«, das wir fordern. »Endlich scheinen unsere Schüler einzusehen, wie wichtig Bildung ist«, sage ich zu Jürgen, der mit mir herübergekommen ist, um mitzuhelfen. »Und sie merken, dass Protest auch Spaß machen kann. Ist das nicht eine Art lebendiger Sozialkundeunterricht zu unserem alten Thema: Wer sich nicht wehrt, lebt verkehrt?«

Direktor und Verwaltungsleiter laufen mit säuerlicher Miene zwischen den Zelten herum und überlegen, wie sie das dem Amt gegenüber vertreten können. Aber das Zeltdorf verantworten die Elternvertreter, und über die kann die Behörde nicht so einfach hinweggehen. Eine Mutter spricht uns an: »Endlich läuft hier was. Morgen machen wir Eltern eine Pressekonferenz.« Hans Günther, einer meiner schwierigsten Schüler, kommt begeistert auf mich zu. Er schwänzt seinen Unterricht, scheint aber hier voll bei der Sache zu sein. »Wollen Sie mein Zelt sehen, Herr Johann? Da, das grüne, mit Mike zusammen schlafe ich da heute Nacht. Morgen wollen wir am Kudamm Geld sammeln für den Senat. Weil die doch kein Geld haben für die Sanierung.« So engagiert kenne ich ihn gar nicht. Sonst ist er immer ein Häufchen Elend. Aber da kommt schon seine Mutter angestürmt, ignoriert mich: »Hans Günther, du gehst jetzt sofort wieder in den Unterricht. Wenn du hier bei den

Chaoten übernachtest, kriegst du Senge.« Hans Günther und viele andere Schüler bewachen trotzdem eine Woche lang jede Nacht das Zeltdorf, immer in Angst vor polizeilicher Räumung. Tagsüber kommen immer wieder Lehrer, darunter auch ich, mit ihren Klassen aus den verschiedenen Notquartieren hierher und machen im Hauptzelt »Projekt-Unterricht«.

Während wir uns in den Notquartieren mehr schlecht als recht durchschlagen, wird im »Mutterhaus« angeblich »saniert«. Aber statt den Asbest aus dem Gebäude zu entfernen, wird er lediglich versiegelt, mögliche Austritts-öffnungen abgedichtet. Wir fordern weiterhin die totale Entfernung des Asbests. Der nächste Konflikt ist vorprogrammiert.

Als wir am 28. November im angeblich sanierten Mutterhaus wieder unsere Arbeit aufnehmen sollen, weigern wir uns. Wir stehen einfach auf dem Schulhof, schwenken Plakate und rühren uns nicht von der Stelle. Einige Kollegen haben demonstrativ Gasmasken aufgesetzt. Fast alle haben auch schon schriftlich protestiert. »Wegen der paar Fasern über dem Grenzwert regen Sie sich so auf«, wiederholt der Schulrat ständig und schüttelt den Kopf ob unserer mangelnden Einsicht. Wir sollten auch mal an die Schüler denken. »Deshalb gehen wir da ja nicht rein«, ruft Friedo dazwischen. Man droht uns mit Disziplinarstrafen. Das kennen wir schon von der Friedensbewegung vor sechs Jahren her. Wir bleiben hart, müssen hart bleiben. Hier geht es nicht um Krawall, sondern um unsere Gesundheit und die unserer Schüler.

Dann tut sich etwas. Auch die Schulleitung schwenkt um. Der Druck von Eltern und Lehrern ist zu stark, und die

Schule braucht eine Perspektive, die von allen akzeptiert wird. Im Dezember ändert auch das Bezirksamt seine Meinung und ist plötzlich für Totalsanierung. Nur das Geld vom Senat fehlt noch. Im Januar 1989 ruft uns unsere Schulleitung, wir können es kaum glauben, zu einer Demonstration vor dem Rathaus Kreuzberg auf, während der Unterrichtszeit. Okay, wir sind dabei, und unsere Schüler offensichtlich auch. In allen Filialen werden am nächsten Tag anstelle des Unterrichts Forderungen formuliert, Plakate und Transparente gemalt. Wie Jürgen schon gesagt hat: Das ist praktischer Sozialkundeunterricht. Die Stimmung ist gut.

Die Lehrer haben Stangen, Bettlaken und Plakatkarton mitgebracht, und die Schüler pinseln: »Raus mit dem Scheiß Asbest«, »Ersatzbau her, sofort«. Ich beobachte, wie Sascha liebevoll malt: »Weg mit dem vielen Unterricht.« Aber da schaltet sich schon Hülya ein: »Mensch Sascha, was schreibst du denn für einen Quatsch. Wir sind doch für Unterricht.« »Wirklich?« Sascha ist etwas verunsichert, bis Hülya ihm die Aufgabe gibt, ihr Transparent »Asbest ist tödlich« an die Stangen zu tackern.

Am 13. Januar morgens treffen sich die Demonstrationszüge aus allen Filialen auf der Gneisenaustraße. Fast 1000 Schüler, alle Lehrer, viele Eltern. Sogar der frühere Schulrat, unser alter Erzfeind, demonstriert mit. Wir fühlen uns plötzlich mächtig, dem Sieg nahe. Die Schüler können es kaum glauben, dass man sie auffordert zu demonstrieren. Auch manche besorgten Eltern haben mich am Abend zuvor noch angerufen: »Ist die Demo wirklich genehmigt?« Die kleine Hülya und ich tragen das große Transparent, das sie gestern gemalt haben. Hülya hat natürlich noch nie demonstriert, Demos waren für sie bislang sicher eher etwas für abgefuckte Krawallbrüder. Ab und zu blickt sie etwas ängstlich zu mir herüber. Die Polizisten am Straßenrand machen ihr Angst. »Du brauchst dich nicht zu fürchten«, rufe ich ihr zu, »schau mal, wer da in der ersten Reihe marschiert.« Der Blick auf den Schulleiter beruhigt sie. Wir grinsen uns wieder an. »Komm, Hülya, wir brüllen mal.« »Ersatzbau, sofort.« Ein tolles Erlebnis, so eine gemeinsame Demo. Zum ersten Mal erleben unsere Schüler, dass man in diesem Staat auch laut protestieren und demonstrieren darf.

Die Demo bringt den Durchbruch. Hinter den Kulissen wird gerechnet, und einige Monate später fällt der Beschluss: Die Schule wird totalsaniert, der Asbest kommt raus, und für die Umbauzeit bekommen wir ein provisorisches Ersatzgebäude. Die Disziplinarverfahren werden eingestellt. Es ist ein Sieg, ein hart erkämpfter Sieg, auch wenn einige Jahrgänge noch jahrelang in den Filialen hausen müssen. Er hat uns viel Kraft gekostet, aber auch eine Verbundenheit zwischen Lehrern und Schülern geschaffen, die es vorher nicht gab. Auch das ewige Hick-Hack zwischen Kollegium und Schulleitung endet in diesen Jahren. Angesichts der Größe der Herausforderung ist dafür keine Zeit mehr. Kritik und Protest bleiben Kennzeichen unserer Gesamtkonferenzen, können aber nicht darüber hinwegtäuschen, dass die Schulleitung jetzt fest im Sattel sitzt. Reinhold und andere Kollegen engagieren sich kräftezehrend im Bauausschuss.

Der Umbau dauert acht Jahre, mit enormen Belastungen für Schüler und Lehrer. Als wir 1997 wieder alle im neuen, asbestfreien Mutterhaus vereint sind, ist die Schule 22 Jahre alt. Dreizehn davon waren Umbaujahre.

REVOLUTION

Es ist zehn Uhr, und eigentlich sollte der Unterricht seit fünf Minuten laufen. Aber ich konnte noch nicht einmal anfangen. Erst musste ich Schüler, die noch im Flur standen, in den Klassenraum komplimentieren. Jetzt ist um mich herum ein Pulk von Schülern, die mir dringend etwas sagen, etwas geben oder mich etwas fragen müssen. Als Klassenlehrer muss ich Zeit haben für so etwas. Wenn ich sie jetzt vor den Kopf stoße, habe ich gleich schlechte Stimmung. Ich versuche freundlich zu bleiben, obgleich ich langsam genervt bin, weil sich rundherum schon wieder Chaos auszubreiten scheint.

Um die Fragerei abzukürzen, habe ich schon vor Beginn der Stunde angeschrieben: »Die Französische Revolution 1789« sowie die wichtigsten Fragen, die ich besprechen will, das Datum, die aufzuschlagende Buchseite und wer heute Ordnungsdienst hat. Mario schlüpft noch schnell rein, unter der Jacke das Baguette, das er gleich auspacken wird. Ich notiers auf dem Fehlzettel: Mario V6, und klatsche in die Hände. »So, Leute, jetzt geht's los. Mario setzen, Minnie, hör auf zu quatschen. Ruhe dahinten – »die Revolution«.

Diese Stunde wird schwer genug. Gestern in der neunten Stunde habe ich sie mit Hilfe des Buches und in Partnerarbeit vorbereitende Aufgaben zur Entstehung der Revolution lösen lassen. Anders kann man in einer Neunten Stunde gar nicht arbeiten. Aber richtig verstanden haben sie nicht, was sie da aufgeschrieben haben. Es sind leere Worthülsen und Begriffe. Das Verstehen muss heute kommen, im »fragend, entwickelnden Unterrichtsgespräch«. Ich möchte, dass sie sich nach dieser Stunde die Ereignisse von 1789 wirklich vorstellen können und verstehen, was eine Revolution überhaupt ist.

Und das mit 30 aufgekratzten Pubertierenden unterschiedlichsten Leistungsniveaus. Einige werden sicherlich Abitur machen, andere kaum den Hauptschulabschluss packen. Das ist eben Gesamtschule. In Deutsch, Mathe, Sprachen haben sie Kurse auf ihrem Leistungsniveau, aber in meinem Fach, Gesellschaftskunde, habe ich sie alle zusammen. Die Starken sollen die Schwachen ziehen, jedenfalls in der Theorie.

»Also, die Revolution«, rufe ich. Aber noch brodelt es überall. Manche holen ihre Bücher jetzt erst raus. »Welche Seite denn?« »Hey, du hast mein Buch.« Überall Gemurmel, Unaufmerksamkeit. Ich versuche Blickkontakt mit allen herzustellen, freundlich, lobend bei denen, die bereit sind, strafend bei denen, die noch abgelenkt sind. »Hallo Sascha, hier spielt die Musik, Mario, Brot weg.« Ich schlage auf den Tisch. »Gilt auch für euch«, ich drohe der unruhigen Ecke. Meine Stimme wird scharf. Endlich ist Ruhe. Manchmal erreiche ich das nur, indem ich fuchsteufelswild werde und Strafen austeile, heute scheint es auf die freundliche Art zu gehen.

»Die Revolution«, aber jetzt habe ich vergessen, was ich als ersten Impuls geben wollte. Dabei habe ich es mir in der U-Bahn noch genau vorformuliert. Also frage ich einfach, »Wann war sie?«, eine scheinbar idiotische Frage, es steht ja schon an der Tafel. Aber es zentriert die Schüler wenigstens auf mich und die Tafel, und darauf kommt es jetzt an. Viele Finger gehen hoch, aber da kommt Sven rein und will sich ausführlich entschuldigen. »Auf den Platz«, zische ich, »wir sprechen uns später.« Alle rufen jetzt »1789«. Ich nutze die eingetretene Ruhe, um zu erklären, dass die Französische Revolution die erste in Europa war, dann aber fast alle anderen Völker auch ihre Revolution machten, und dass damals unsere heutige Demokratie entstand. Dann muss ich schnell wieder Fragen stellen, denn lange können sie nicht zuhören. Ich stelle ein paar leichte Wiederholungsfragen zur Situation Frankreichs, zur absolutistischen Monarchie. Manchmal richte ich eine Frage, eine leichte natürlich, auch an Schüler, die sich nicht gemeldet haben, um sie reinzuziehen ins Unterrichtsgeschehen. Dann leite ich über zu dem Bild.

»Schaut Euch jetzt das Bild S. 80 an, was zeigt es?« Draußen auf dem Flur wird es laut, jemand bollert gegen die Wand. Kommt wohl wieder ein Kollege zu spät. Ignorieren, jetzt beim Thema bleiben. Die Revolution muss in Schwung kommen, koste es, was es wolle. Es ist das berühmte Bild von der Ständeversammlung. Gestern haben sie es schon allein bearbeitet, deshalb ist einfacher zu klären, wer hier zu sehen ist und wen die Abgeordneten vertreten. Die Schüler wollen über die Perückenmode sprechen, überhaupt scheint sie die Kleidung der Abgeordneten am meisten zu interessieren. Ich stelle bewusst einfache Fragen, um möglichst vielen das Gefühl zu geben, mithalten zu können.

Aber dann muss ich die schwere Frage stellen: »Was ist an der Zusammensetzung dieser Versammlung so ungerecht?« Nur wenige melden sich, aber überraschenderweise auch die eher schwache Hülya. Ich nehme sie dran und ernte prompt Protest. »Warum nicht ich?, schreit Mike. »Ich habe mich als erster gemeldet.« Ich kann nicht schon wieder mein Prinzip »Die Schwachen haben Vorrang« erläutern. »Schluss, Hülya ist dran.« Wir müssen jetzt beim Thema bleiben, sonst wird das nie was, aber Mike bleibt ungehalten,

»Dann mach ich gar nicht mehr mit.« Ignorieren, später besprechen. Hülya will jetzt aber nicht mehr. »Doch Hülya, erklär 's uns.« »Der Klerus« ist ihre Antwort, sehr rätselhaft, aber hinbiegbar. »Weil sie so viele sind.« Mike lacht hämisch. Ich lasse sie vorlesen, was sie gestern dazu geschrieben hat, und es wird klarer. Ich kann sie loben. Gott sei Dank. Ich lass die Schüler die Grafik mit der damaligen Zusammensetzung der französischen Bevölkerung aufschlagen. »Erklärt mithilfe dieser Grafik die Ungerechtigkeit.« Thomas meldet sich. Was, Thomas? Ich bin erstaunt. »Darf ich aufs Klo? Ich muss dringend.« »Ausnahmsweise Ja.« Ein Konflikt mit ihm würde jetzt alles verderben, und es scheint wirklich dringend zu sein.

»Nochmal: Was ist ungerecht?« Einige kriegen es hin, mühsam, schlecht formuliert, aber immerhin. Andere schalten jetzt ab, weil es ihnen zu kompliziert wird. Gestern habe ich mir überlegt, wie man das Problem veranschaulichen könnte: »Stellt Euch vor, wir müssten hier über den nächsten Wandertag abstimmen, und ich würde die Klasse in drei Gruppen einteilen, Muslime, Katholiken, Protestanten, und jede Gruppe hätte eine Stimme. Wäre das gerecht?« Wir klären, dass es in der Klasse 18 Muslime gibt, 1 Katholiken und 10 Protestanten. Die Muslime müssten also bei einer Abstimmung nach Köpfen eindeutig gewinnen. Steffi bezeichnet sich als Atheistin, und wir müssen erst klären, was das ist. Es wird turbulenter, aber die Beteiligung ist äußerst rege. Ich spiele jetzt den König, lasse Steffi nicht mit abstimmen. Protest. Ich behaupte, ein absoluter Monarch dürfe alles, und Atheismus sei damals sowieso ein Verbrechen gewesen. Erst recht Protest. Ich liebe solche Rollenspiele.

Ich lasse darüber abstimmen, ob wir eine Moschee besichtigen oder eine Kirche. Die 18 Muslime sind für Moschee, aber die Christen haben ja zusammen 2 Stimmen, die Moslems nur 1. Die Christen siegen, und der König ist zufrieden. »Ungerecht«, »Ungerecht«, schreien die Muslime. Vereinzelt ist der Ruf nach Revolution zu hören. Die Christen jubeln. Mühsam muss ich die Ruhe wiederherstellen. »Das ist die Revolution«, erkläre ich. »Die Menschen akzeptieren nicht mehr, was sie Jahrhunderte lang klaglos hingenommen haben.« Ein Blick auf die Uhr, nur noch 15 Minuten. Schnell zu Frage 5 von gestern: »Was forderten die Abgeordneten des Dritten Standes?« Minnie liest vor: »Sie wollten, dass nach Köpfen abgestimmt wird, nicht nach Ständen.« Das ist alles etwas abstrakt, schwierig für die meisten. Ich nehme Mike dran, um ihn aus seiner Verweigerung zu holen. Er will aber nicht mehr, ist beleidigt. Also Muharem. »Sie sollen für sich sprechen, nicht für ihren Stand.« »Für das Volk sollen sie sprechen.« Reingerufen von Mario, aber es passt. »Das muss ich ablehnen als König. Wo kämen wir denn da hin, wenn jeder abstimmt, wie er will?« Ich spiele wieder Ludwig XVI.

Ich weiß nicht, wer damit angefangen hat, aber plötzlich ertönt der Ruf: »Wir sind das Volk«, immer mehr schließen sich an, skandieren, »Wir sind das Volk, Wir sind das Volk.« Sie haben es kapiert. Was sie da rufen, haben sie – es ist Herbst 1989 – in den letzten Tagen in den Nachrichten gesehen, die Montagsdemos in der DDR, und es passt. Ich lasse sie rufen. Aber dann schlagen sie, wie zu erwarten, über die Stränge, schlagen an die Wände, trommeln im Takt auf den Tischen. Alles droht in Klamauk auszuarten. Ich kann noch rufen: »Auf zur Bastille«, dann geht die Tür auf und mein Kollege Reinhold tritt ein, sichtlich empört. »Was ist denn hier los, Kollege?« Und zur Klasse: »Könnt ihr nicht mal ein bisschen ruhiger sein. Ich nehme im Nachbarraum gerade die Französische Revolution durch, ein schwieriges Thema, aber man kann sein eigenes Wort nicht verstehen, bei dem Krach, den ihr macht. So geht das nicht, Herr Kollege«. Er sieht mich strafend an. Dann schließt sich die Tür wieder. Reinhold ist nach wie vor Vertreter eines theorieorientierten abstrakten Geschichtsverständnisses.

Ich beruhige die Klasse, lobe sie aber auch. »Jetzt wisst ihr, was Revolution ist. Das Volk will gehört werden, will alles ändern.« Sevgi will wissen, wann wir endlich mal über die DDR sprechen. Sie hat völlig Recht. »Nächste Woche, versprochen«, improvisiere ich. Aber jetzt will ich schnell noch den Sturm auf die Bastille besprechen, sonst verstehen sie das Aufgabenblatt für die folgende Stunde nicht. »Warum habe ich ›Auf zur Bastille‹ gerufen?« Aber da klingelt es schon zur Fünfminutenpause. Wenn ich jetzt überziehe, gibt's Tumult.

Auch ich gehe einen Moment auf den Flur. Baulich und ausstattungsmäßig sind wir hier in der Filiale fast wieder auf dem Stand der Kaiserzeit. Und doch fühlen wir uns in diesen überschaubaren Verhältnissen mit nur einem Schülerjahrgang in mancher Hinsicht wohler als im riesigen modernen und doch so anonymen Mutterhaus, das derzeit wieder einmal saniert wird. Endlich kennt man jeden Schüler, das Kollegium wird zum echten Team mit einheitlichem pädagogischem Stil. Man könnte fast vom Entstehen eines gewissen Gemeinschaftsgefühls sprechen.

Wieder in der Klasse, schreibe ich die geplanten Merksätze an die Tafel, beantworte Fragen, lass die Fenster öffnen und überschlage schnell, wie ich weitermache. Ich merke, dass der Sturm auf die Bastille noch besprochen werden muss, bevor ich die neuen Arbeitsbogen austeile. Aber es dauert wieder, bis sie alle sitzen und bereit sind zum Unterricht. Wieder kommen viele zu spät, wieder versuchen sie heimlich zu essen. Dann wollen sie von der Tafel abschreiben, und es ist anstrengend sie dazu zu bringen, zuerst noch den Sturm auf die Bastille zu besprechen. Dann endlich lass ich den neuen Arbeitsbogen verteilen. Länger als 30 Minuten läuft hier kein Unterrichtsgespräch. Länger lässt sich die Disziplin, die dazu nötig ist, nicht aufrechterhalten. Jetzt dürfen sie wieder allein oder mit ihren Nachbarn arbeiten. Auch ich brauche jetzt eine Verschnaufpause.

DIE SO GENANNTE STILLARBEIT

Während die Arbeitsbogen ausgeteilt werden, geht mir durch den Kopf, was Arbeitswissenschaftler sagen: Von den Anforderungen her entspreche eine Stunde Unterrichtsgespräch dem, was ein Pilot beim Landen eines Flugzeuges leiste. Für eine Stunde mit meinen Schülern gilt das allemal. So wie der Pilot Kurs, Neigung und Geschwindigkeit der Maschine so koordinieren muss, dass sie punktgenau aufsetzt, muss ich Inhalt, Didaktik und Zeitplan mit pädagogischen Erwägungen in Übereinstimmung bringen. Auch bei mir blinken ständig Warnlämpchen auf, Zeiger neigen dem Anschlag zu, und ich muss ohne lange nachzudenken intuitiv Entscheidungen treffen, und die müssen richtig sein, sonst fährt der Unterricht gegen die Wand. Im Gegensatz zum Piloten habe ich aber keine Bodenleitstation, die meine Fehler bemerkt und mich warnt. Denn irgendeinen der 138 (!) Einflussfaktoren in Lernsituationen habe ich bestimmt übersehen oder falsch gehandhabt. Ich liebe inzwischen das Unterrichten, brenne für die Themen, die ich sorgfältig ausgewählt habe – ganz anders als in den ersten Jahren. Und doch: Abends merke ich, was ich geleistet habe, bin total geschlaucht.

Dieses Mal scheint es gut gegangen zu sein. Sie haben etwas verstanden, zwar eher auf der emotionalen Ebene, aber genau das will ich ja. Ich frage mich, ob ich Mike verprellt habe und was mit dem Drittel ist, das sich gar nicht beteiligt hat. Haben sie überhaupt etwas kapiert? Trauen sie sich bloß nicht? Aber dafür gibt es ja jetzt den Arbeitsbogen. Inhaltlich geht es um die Nationalversammlung und die Menschenrechte. Ich habe einfache Fragen aufgenommen, aber auch Aufgaben, bei denen man vergleichen und urteilen muss. »Fragen zum Nachdenken« nenne ich das, damit sie gar nicht erst nach Antworten im Buch suchen. Es gibt auch »Zusatzaufgaben«, für die, die schnell fertig sind. Sie sind freiwillig, was einen besonderen Anreiz darzustellen scheint. Auch die Schwachen wollen sie unbedingt machen.

Die meisten schreiben schon, aber einige sitzen ratlos vor ihrem Blatt. Ich gehe zu Ayse und Nurgül. »Was sollen wir machen? Herr Johann, wir habens nicht verstanden.« Ich merke, dass sie mit der grammatischen Konstruktion des Einleitungssatzes nicht klarkommen. Es sind brave Schülerinnen, und sie wollen, wie fast alle hier, gute Noten, einen guten Schulabschluss, aber sie verstehen nicht einmal alle Arbeitsanweisungen. Es wird laut, und ich muss erst wieder für Ruhe sorgen. Mario ruft mich, hat eine Frage, ob die Klassenfahrt wirklich stattfindet. »Gehört nicht hierher, das besprechen wir in Tutor am Freitag.« Ich sehe, dass er noch nicht einmal angefangen hat. Jeder hat halt so seine Abwehrmechanismen. Steffi kann heute nicht. Sie sitzt traurig vor ihrem Blatt, ich spreche sie vorsichtig an. Ja, sie hat ein Problem, aber sie will nicht darüber reden. »Vielleicht lenkt es dich ein bisschen ab, wenn du die Aufgaben machst? Versuch es jedenfalls.«

»Herr Johann, kommen Sie, die störn mich immer«. Ich hab schon gemerkt, dass es in der Ecke von »Mäuschen«, unserer kleinen Punkerin, laut ist. Zwei Jungs ärgern sie statt zu arbeiten, und ich muss ihnen mit Strafe drohen. »Ach, ist doch nur Spaß«. Der Unruheherd bleibt, bis ich Mäuschen erlaube, sich woanders hinzusetzen.

Muharem und Ismail sind schon sehr weit, scheinen im Akkord zu arbeiten. Muharem ist ein eher stiller, unauffälliger Schüler, aber er ist ehrgeizig, und immer häufiger fällt mir auf, dass er klar und logisch denkt. »Was heißt denn Verfassung?« Er zeigt auf den unverstandenen Satz. Stimmt, das ist hier nicht erklärt. Überhaupt ist der Text, ja das ganze Buch, ziemlich schwer verständlich für viele meiner Schüler. Aber es gibt keine einfacheren. Ich mache die ganze Klasse darauf aufmerksam, dass der Begriff Verfassung auf S. 83 im Randtext erläutert wird. Schon wird wieder geredet. Ich sehe, dass einige auch heimlich essen und verbiete es noch einmal. Trinken ja, essen nein. Einige Minuten stehe ich nur vorn und sorge durch gezielte Ermahnungen für Ruhe.

Aber viele rufen schon wieder nach mir. Ich weiß gar nicht, wo ich zuerst hingehen soll. Nurgül und Ayse arbeiten brav. Aber sie schreiben nur wörtlich aus dem Buch ab. »Versucht doch mal, das mit eigenen Worten auszudrücken.« Sie sehen mich skeptisch an, fühlen sich überfordert. Eigentlich kann ich für diese Leistung nur eine »ausrei-

chend« geben, aber wenn ich ihnen für das »bloß Abge-
schriebene« nicht wenigstens manchmal eine Drei gebe,
werden sie irgendwann gar nicht mehr mitmachen. Ich lobe
sie noch einmal und gehe zu Erwin und Mario. Was sie geschrieben haben, ist überwiegend Unsinn. Dabei ist Mario
gewiss nicht dumm, von ihm verlange ich viel mehr als von
Nurgül. Sie wollten nur schnell fertig werden. Ich schimpfe
und gebe ihnen ein neues Blatt. Können sie sich nicht konzentrieren oder wollen sie nicht? Mario hat größte Probleme
mit seinen Eltern, und bei Erwin scheint zuhause außer
dem Fernseher nichts zu laufen.

Mir fällt plötzlich ein, dass es ja aus der ersten Stunde
noch einiges aufzuarbeiten gibt. Zuerst schimpfe ich Mike
und Robert aus, weil sie Ordnungsdienst haben und die Tafel wieder nicht gewischt war. Jeder schiebt dem anderen die
Schuld zu, und es gibt eine heftige Debatte. »Ruhe, wir können nicht arbeiten«, rufen jetzt Schüler. Um mich rum ist
schon wieder ein Pulk von Schülern. Manche sind angeblich
schon fertig, aber ich zeige ihnen, wie oberflächlich sie gearbeitet haben und fordere sie auf, verschiedene Aufgaben
noch einmal neu zu bearbeiten. Aber Vorsicht, schnell sind
sie frustriert und schmeißen alles hin. Also immer auch erst
einmal loben.

Ach so, ich muss ja Sven fragen, warum er zu spät kam.
Schon wieder bin ich eine Diskussion verstrickt, während
überall nach Hilfe gerufen wird. Außerdem merke ich,
dass das Abschreiben eingesetzt hat. Die Schwachen und
die Faulen holen sich die Arbeitsbogen derer, die schon weit
sind und schreiben ab, gehetzt, fehlerhaft, oft ergibt es dann
gar keinen Sinn oder ist an der falschen Stelle eingetragen.
Ich muss also wieder vorn stehen und aufpassen, ermah-

nen. Es wird langsam ruhig. Dafür kann ich jetzt niemandem helfen. »Haben Sie nicht gut geschlafen heute Nacht?«, fragt mich Minnie, halb im Spaß. »Wie kommst du darauf?« »Na, Sie schimpfen plötzlich so rum, dabei arbeiten wir doch wie die Wilden.« »Du ja, aber nicht alle.« Mit Minnie sollte man sich gut stellen. Sie ist so eine Art Chefin der Klasse und gibt die Richtung vor. Aber wir verstehen uns eigentlich gut.

Es ist wirklich erstaunlich, wie ruhig sie jetzt arbeiten. Ich merke wieder einmal, dass ich mich wohl fühle in dieser Klasse. Ich bekomme hier für meinen Einsatz auch viel zurück. Das liegt sicher nicht nur daran, dass ich seit den chaotischen Anfangsjahren viel klarer im Auftreten, strenger und sicherer geworden bin, und auch nicht daran, dass an der Schule insgesamt heute mehr Zug herrscht. Die Klasse hat mit ihren Lehrern zusammen das ganze Asbest-Drama mitgemacht. Das verbindet. Wahrscheinlich spielt auch die Klassenfahrt vor einem Jahr eine Rolle. Wie hatten sie sich in den ersten Tagen untereinander und mit uns Lehrern gefetzt. Es war zum Verzweifeln. Aber irgendwie hatten wir dann gelernt, miteinander umzugehen. Ich sehe noch die Szene vom letzten Abend vor mir, als Helga und ich nach oben gegangen waren, weil es plötzlich so beunruhigend still in den Schlafräumen gewesen war. Wie sie da gemeinsam in einem Wust von Bettzeug im Flur auf dem Boden gelegen hatten, alle miteinander kuschelnd, leise Musik im Hintergrund. »Nicht schimpfen, Herr Johann«, hatte Hülya gesagt, »Sie haben den Jungens verboten, abends auf die Mädchenzimmer zu gehen und umgedreht. Deshalb ...« Helga und ich waren ganz gerührt von dieser friedlichen Szene. Leider war gerade in diesem Moment der Hausbesitzer unten aufgetaucht. »Ganz schnell in die Zimmer. – mit Bettzeug«, hatte ich geflüstert, während Helga runtergerannt war, um den Besitzer eine Weile abzulenken.

»Herr Johann, machen Sie doch mal wieder wie Elvis«, ruft Sevgi in die Stille, und ich schrecke aus meinen Erinnerungen hoch. »Ja, wie Elvis, bitte, Herr Johann.« Wie Elvis machen, heißt einen Moment lang »Bababeluna« singen und dazu den entsprechenden Hüftschwung hinlegen. Das habe ich vor Monaten einmal in einem Anfall guter Laune bei irgendeinem Anlass auf dem Flur gemacht, und alle haben gekreischt vor Lachen, ihren Lehrer so zu sehen. Heute habe ich auch gute Laune, aber ich muss den Preis noch hochtreiben. »Vielleicht, aber nur wenn ihr die verbleibenden fünf Minuten noch ganz toll arbeitet.« »Klar, machen wir doch.« »Und ...« »Was und?« »Wenn ihr den ganzen Müll aufgesammelt und in den Papierkorb geworfen habt, der hier jetzt schon wieder rumliegt. Ein Saustall ist das hier.« Einige springen sofort auf, um aufzuräumen. »Nein, natürlich nicht jetzt, erst wenn die Stunde zu Ende ist«. Allgemeines Murren.

War wohl ein Fehler, mich auf den Elvis-Schwung einzulassen. Die Arbeitsatmosphäre ist hin. »Ruhe, arbeiten«, rufe ich. Ich will diese fünf Minuten noch retten. Aber da ist nichts mehr zu machen. »Arbeitsbogen abgeben, Minnie hilfst du beim Einsammeln?« In Windeseile versuchen einige noch irgendwo abzuschreiben. Muharem und Ismail arbeiten stur weiter an der letzten Aufgabe. Beeindruckend. Ich muss ihnen den Zettel aus den Händen winden. »Noch eine Minute, eine Minute brauchen wir.« Aber jetzt muss Schluss sein. Einige gehen schon raus, ich hol sie zurück. »Klasse aufräumen. Keiner geht, bevor es nicht sauber ist.«

»Ist doch nicht mein Müll. Ich weigere mich, den Dreck von anderen aufzuheben.« Ihr Gerechtigkeitsgefühl ist durch diese Zumutung empfindlich verletzt. Sie stehen bei der Tür und warten, dass ich sie gehen lasse.

Es klingelt, aber ich schließe demonstrativ die Tür ab. Darf ich natürlich nicht, aber sonst räumt hier keiner auf. »Bevor nicht aufgeräumt ist …«. Zwei, drei Mädchen sind es dann, die den Müll wegräumen. Ein Thema für Tutor. »Stellt wenigstens noch die Stühle hoch«, rufe ich in das Chaos. Als ich sie gehen lasse, sind schon wieder drei Minuten meiner kostbaren Pause weg. Als letztes gehen die Mädchen, die aufgeräumt haben. »Sie haben doch versprochen, wie Elvis zu machen, Herr Johann.« Erwartungsvoll stehen sie vor mir, und ich mache halt kurz den Hüftschwung, so im Weggehen. Sie kreischen.

MUHAREM

Eigentlich sollte es ja keine Lieblingsschüler geben. Der Lehrer hat alle seine Schüler gleich zu behandeln, auch die, die ihm fremd sind oder unheimlich, sogar die, die ihm feindlich begegnen, und seltsamerweise ist das auch gar nicht so schwer. Wenn lärmende Pubertierende mein U-Bahnabteil stürmen, überlege ich regelmäßig, ob ich nicht das Abteil wechseln soll. Sind einem aber solche Jugendliche als Lehrer, gar als Klassenlehrer anvertraut, entdeckt man doch schnell sympathische Züge und interessante Eigenheiten an ihnen. Man erfährt etwas von ihren Träumen und Hoffnungen, spürt das Potential, das in ihnen steckt, sieht aber auch die Pickel, unter denen sie leiden, die Ängste und Probleme, die sie mit sich herumschleppen. Auf einmal mag man sie, möchte jedem helfen, den bestmöglichen Schulabschluss zu erreichen und als Mensch zu sich zu finden.

Und doch gibt es gelegentlich Schüler, zu denen man einfach keinen Zugang findet und andere, bei denen man spontan Zuneigung und Vertrautheit empfindet, meist weil man sich oder Teilaspekte des eigenen Wesens in ihnen wiedererkennt. Muharem ist ein solcher Schüler.

In den ersten zwei Jahren fällt er mir gar nicht auf. Weil er auch nicht auffallen will. Freundlich aber unauffällig sitzt er in der hintersten Bank und beteiligt sich wenig. Langsam aber sicher wird er dann ein richtig guter Schüler. Er denkt gründlich nach und will alles wirklich verstehen. Er ist einer der Schüler, bei dem sich »fördern« richtig auszuzahlen scheint.

Zu unserer ersten intensiven Auseinandersetzung kommt es beim Thema Religion. Im Wahlpflichtkurs Geschichte bearbeiten wir das Thema »Entstehung der Weltreligionen«. Ich möchte erreichen, dass die Schüler ihre Religion einmal von außen sehen, sich damit beschäftigen, wie Historiker das einschätzen, was sie im Konfirmandenunterricht oder in der Moschee gehört haben. Wir vergleichen z. B. die vier Evangelien und überlegen, wer hier von wem abgeschrieben haben könnte. Wir nehmen die Zweifel der Wissenschaftler an der Existenz eines gewissen Moses zur Kenntnis. Muharem ist sehr interessiert. Schwierig wird es, als wir über die Entstehung des Islam reden.

Gab es christliche und jüdische Einflüsse bei der Entstehung des Korans? Kann man beweisen, dass er eine Offenbarung Gottes ist? Oder kann man das nur glauben? Kann man den Koran unterschiedlich auslegen? Für seinen

Freund Ibrahim ist alles klar: Von Christen lassen wir uns nichts über unsere Religion sagen, scheint seine Einstellung zu sein. Muharem lässt sich auf eine rationale Diskussion mit mir ein, stellt kluge Fragen. Aber es erschreckt ihn auch, wenn die Grundfesten seines Glaubens infrage gestellt werden. Manchmal treffen sich unsere Blicke, und ich merke, wie ich ihn verunsichere. Aber ich spüre auch seine Bereitschaft, sich diesen Fragen zu stellen. Er sucht wirklich nach der Wahrheit, das alles ist nicht nur »Stoff« für ihn. Er imponiert mir. In der Pause erzähle ich ihm, wie wichtig auch mir früher religiöse Fragen waren. Er will mich dann davon überzeugen, dass der Islam die einzige wahre Religion sei. Aber er hört auch mir zu, nimmt meine Einwände ernst.

Ein Jahr später, auf der Klassenfahrt in der Zehnten nach Italien, stehen wir dann nebeneinander in einer Diskothek und schauen den spärlich bekleideten Go-Go Girls auf der Bühne zu. Nicht, dass ich dieses Erlebnis gesucht hätte. Nach zwei Tagen Ausgangsverbot, die Schüler hatten, Muharem eingeschlossen, zu sehr über die Stränge geschlagen, auch zu viel getrunken, hatte ich den Vorschlag aufgegriffen, gemeinsam in die nahe gelegene Disko zu gehen. Da stehen wir nun, und der brave Muharem glotzt mit großen Augen. Dann schaut er mich an, verunsichert. Jetzt geht es ihm genau wie mir, als man mich das erste Mal mit in eine Disko geschleift hatte, geht mir durch den Kopf. Das passte damals auch nicht in mein frommes Weltbild und faszinierte mich doch. Wahrscheinlich hatte er erwartet, dass ich moralisch empört bin und sofort »Raus hier« schreie, was aber sowieso nicht geklappt hätte. Vielleicht wundert er sich auch, dass ich diesen Mädchen durchaus nicht uninteressiert zuschaue. Auch er muss immer wieder hinschauen.

Langsam scheint er sich zu entspannen, bleibt aber immer dicht bei mir. Irgendwie bin ich zu einer Autorität für ihn geworden. An einem der nächsten Tage schließt er sich mir an bei einem Stadtbummel, und wir reden viel über Familie, Religion und Schule. Ich empfinde das Gespräch als sehr angenehm.

In der Oberstufe habe ich ihn nicht als Lehrer, da ich viel Zeit am Kreuzberg Museum verbringe, wo ich als Museumslehrer arbeite. Aber wir reden regelmäßig miteinander. Muharem schafft dann tatsächlich als einer von nur zwei aus der Klasse das Abitur. Auch während seines Studiums bleiben wir in Kontakt. Wir sitzen dann im »Ritz«, trinken ein Bier und plaudern über sein Studium der Luft- und Raumfahrttechnik, oft aber auch über seinen Vater und dessen strenge Anforderungen an Muharems Lebenswandel.

Eines Tages will Muharem kein Bier mehr trinken. Bei einem Apfelsaft schüttet der inzwischen 22-Jährige mir sein Herz aus. »Ich studier gar nicht mehr, ich habs nicht gepackt. Ich habe danach monatelang nur rumgehängt und gekifft. Ich war verzweifelt und sah keine Perspektive mehr im Leben. Mein Vater hat es geahnt, mir aber immer signalisiert, dass er zu mir steht.« Er erzählt, dass er zusammen mit seinem frommen Freund Ibrahim sogar Drogen aus den Niederlanden nach Deutschland geschmuggelt habe. »Sie hätten uns beinah erwischt. Die Zöllner haben das Auto an der belgischen Grenze durchsucht, aber zum Glück den Stoff nicht gefunden. Ich hatte wahnsinnige Angst.« Natürlich bin ich entsetzt. Der sensible Muharem – so tief gesunken.

Wie orientierungslos muss er gewesen sein, dass er sich auf so etwas eingelassen hat. »Ich habe mich selbst angekotzt. Wenn das hier durchgestanden ist, werde ich mein ganzes Leben ändern, habe ich damals beschlossen.« Er erzählt, dass er gerade den Taxischein mache und jetzt auch eine Freundin habe. »Sie ist sehr aktiv in der Moschee, ich jetzt auch«. Also wieder die Religion als Halt. Ich bin diesem Ausweg gegenüber skeptisch, kann aber verstehen, dass er jetzt nach diesem Strohhalm greift.

Auf seiner Hochzeit Mitte der 90er bin ich eingeladen, jedenfalls für den Abend davor. Ich freue mich über die Einladung, ziehe sogar meinen Anzug an. Muharem scheint äußerlich noch ganz der Alte zu sein, aber bald merke ich, dass sich in seinem Leben etwas verändert hat. »Meine Frau kann ich dir leider nicht vorstellen«, erklärt er mir verlegen mit der Schulter zuckend. »Bei uns feiern Männer und Frauen getrennt.« An seinem Blick sehe ich, dass ihm klar ist, wie verwunderlich ich das finde. Mit Befremden stelle ich auch fest, dass ich hier offensichtlich der einzige Deutschstämmige unter rund 50 jungen Türken bin. Was ist hier los, frage ich mich. Der Junge ist hier geboren, hat hier Abitur gemacht. Hat er keine deutschen Freunde? Mir fällt der Begriff »Parallelgesellschaft« ein. Mit der Hinwendung zur Religion war offensichtlich eine Abschottung gegenüber der deutschen Gesellschaft verbunden. Oder lädt er seine deutschen Freunde gar nicht erst ein, weil er weiß, wie skeptisch sie seine Hinwendung zur Religion sehen?

Das Thema Parallelgesellschaft beschäftigt mich den ganzen Abend. Ich spreche mit einigen meiner ehemaligen Schüler darüber. »So ist das halt in Kreuzberg«, erklärt man mir. »Wir finden hier alles, was wir brauchen, bei Landsleuten: Einkaufsläden, Reisebüros, Rechtsanwälte, Banken. Man braucht nicht mal Deutsch zu können, um zurechtzukommen. Außer an der Uni haben wir mit Deutschen kaum zu tun.« Ich finde das bedenklich. Diese abgeschottete Welt mitten in unserem Land beunruhigt mich. Was geht in diesen Köpfen vor, was beschäftigt sie? Wir lesen vermutlich die gleichen Pressemeldungen, beurteilen sie aber ganz unterschiedlich. Wo bleibt der Austausch? Oder, fällt mir ein, lesen sie vielleicht in ihrer türkischen Presse ganz andere Meldungen? Ja, natürlich. Nein, das gefällt mir nicht, was ich hier sehe. Sie sollen sich mit uns auseinandersetzen. Und warum diese Abkapselung? Ist es einfach Bequemlichkeit oder Angst um die eigene kulturelle Identität, Angst vor der Assimilation? Leider ergibt sich an diesem Abend keine Gelegenheit mehr, mit Muharem selbst zu reden.

Jahre später sehe ich ihn plötzlich vor dem Sekretariat stehen. Er will gerade einen Neffen anmelden, und wir treffen uns anschließend bei einem Kaffee. Schnell stellt sich wieder das alte Gefühl von Nähe und Vertrautheit ein. Sein Taxiunternehmen laufe, seine Ehe sei gut, erzählt er. Trotzdem wirkt er angespannt. Nach einer Stunde bricht es dann aus ihm heraus: Das Problem sind die strengen Erwartungen seines Vaters, die auf ihm lasten. »Albrecht, kannst du mir einen guten Therapeuten empfehlen? Ich versuche so zu leben, wie mein Vater es von mir erwartet, ganz nach der Tradition, aber ich glaube, ich halte das nicht durch. Ich kann so nicht leben.«

Für sensible Menschen wie Muharem scheint es keinen einfachen, geradlinigen Weg zur Identität zu geben. Ich spüre wieder die innere Verwandtschaft zwischen uns. Mit einem Bein in der westlichen Gesellschaft, in der individuelle Entfaltung alles ist, mit dem anderen Bein aber noch fest in der traditionellen Herkunftsgesellschaft verankert, in der die Familie alles bestimmt und strenge Unterordnung erwartet wird – dieser Spagat scheint viele junge Einwanderer fast zu zerreißen, besonders so nachdenkliche und selbstkritische wie ihn. Leider reißt der Kontakt dann ab, er meldet sich nicht mehr.

TEIL 3

NEUE HERAUSFORDERUNGEN

DURCHS WILDE KURDISTAN

»Durchs wilde Kurdistan« heißt ein Roman von Karl May. Wie habe ich ihn verschlungen als Jugendlicher. Nächtelang zog ich mit Kara Ben Nemsi und seinem lustigen Freund Hadschi Halef durch die Berge und Schluchten im Grenzgebiet zwischen der Türkei, Irak und Iran, immer auf der Hut vor räuberischen Banditen, wilden Stämmen und manchmal auch vor der osmanischen Armee. Nicht im Traum hätte ich daran gedacht, dass ich später auch in meinem Berufsleben mit Kurdistan zu tun haben würde. Auf der Hut sein muss man aber auch heute noch, schon wenn man das Wort Kurdistan ausspricht. Meine Kollegen haben mich gewarnt, das Thema im Unterricht aufzugreifen. Aber wie kann ich Unterricht über die Türkei machen, ohne auf die Kurden einzugehen? Sie stellen rund ein Fünftel der Bevölkerung der Türkei, und die Auseinandersetzung über ihren Status ist seit Jahrzehnten eines der zentralen Probleme der türkischen Politik. Nach meiner Erfahrung hält sich der Streit, den dieses Thema auslöst, meist in Grenzen.

Heute wird es heftiger, das merke ich schon, als ich das Material, einen relativ neutralen Sachtext über die Kurden, habe austeilen und den Atlas aufschlagen lassen. Vielleicht habe ich unterschätzt, was es heißt, das Thema in einer überwiegend türkischstämmigen Klasse zu unterrichten. »Hier steht Kurdistan«, ruft Ayse erregt, kaum dass sie den Atlas aufgeschlagen hat.» Aber Kurdistan gibt es nicht. Was ist das für ein Scheiß Atlas?«

»Lasst uns erst einmal den Text lesen, dann könnt ihr kritisieren«, kontere ich. Aber da ist Unwillen. »Immer Kurden, Kurden«, entgegnet Mehmet, »wir sollten mal lieber über die PKK reden.« Nicht alle wissen, was PKK ist, deshalb schreibe ich an: »PKK – bewaffnete Organisation der Kurden.« »Sie müssen Terroristen schreiben«, schreit jetzt Emine, »die haben Millionen Türken getötet und vergewaltigen die türkischen Frauen, Verbrecher sind das.«

»Die wollen uns unser Land wegnehmen. Aber das kriegen sie nicht, nie kriegen die das.« Die Mädchen an der Fensterseite echauffieren sich jetzt richtig. »Was wollen die überhaupt, diese Kurden?« Die Stimmung ist aufgekratzt, feindselig gegen mich. Bei Ayse wundert mich das nicht. Sie ist immer egoistisch und setzt ihre Interessen brutal durch. Aber die liebe, sonst so freundliche Emine?

Natürlich weiß ich, dass die Kurden und vor allem die PKK nicht gerade zart besaitet waren im Umgang mit denen, die sie für ihre Gegner hielten. Trotzdem, was ich hier höre, ist blanker Rassismus.

Jetzt müssten sich eigentlich die Kurden zu Wort melden. Es kann nicht sein, dass in dieser Klasse keine kurdischstämmigen Schüler sind. Aber sie trauen sich offensichtlich nicht, angesichts dieser türkisch-nationalistischen Front, und ich will sie nicht zwingen, sich zu outen. Sie sind immer in der Minderheit. Ich schaffe es durchzusetzen, dass die Diskussion über die PKK verschoben und erst der Text gelesen wird, der die Kurden als eigenständiges Volk mit eigener Kultur vorstellt.

Aber einige türkische Schüler rufen ständig dazwischen, regen sich über jeden Satz auf: » Die sind doch gar kein Volk«, ruft Erdal. »Was sind sie dann?« Emine erklärt mir von oben herab, dass die Kurden eigentlich auch Türken seien, »Bergtürken«, es aber nicht wahrhaben wollen. »Die haben ja nicht mal eine Sprache, wie wollen die da ein Volk sein, Ha, Ha ...« Viele stimmen ihr zu. »Die wollen doch nur die Türkei kaputt machen, uns unser Land wegnehmen.«

»Aber das werden die nie schaffen, nie.« Richtige Krawallstimmung ist das. Diesem Kurdenfreund von Lehrer werden wir's zeigen, der hat doch sowieso keine Ahnung. »Leute, man kann durchaus die PKK verurteilen, wegen ihrer Gewalttätigkeit«, bringe ich mich ein, »aber dass die Kurden ein eigenes Volk sind, mit eigener Sprache und Kultur, und dass sie schon lange vor den Türken in Anatolien lebten, das kann man nicht bestreiten, das wird von allen Wissenschaftlern bestätigt, die sich mit den Kurden befasst haben. Hier im Text steht es im zweiten Absatz. Lasst uns ...« Gebrüll unterbricht mich: »Das ist gelogen, die sind Türken.« »Wenn es ihnen nicht passt in der Türkei, sollen sie doch abhauen, irgendwohin.«

»Ja, abhauen, sonst machen wir sie fertig.« Sind hier Anhänger der »Grauen Wölfe« in der Klasse? Ihre radikal nationalistische Organisation ist verboten, deshalb tragen sie ihre Anhänger, anders als früher, meist unter den Kleidern. Was sie hier vortragen, ist jedenfalls deren Gedankengut, das allerdings seit den sechziger Jahren auch von verschiedenen türkischen Regierungen aufgegriffen wurde und teilweise in die Schulbücher einsickerte. Diese Lehre stützt sich auf ein Buch von Mehmet Serif Firhat aus den 40er Jahren, das von allen Wissenschaftlern als Schwachsinn abgetan wird, aber im Kampf gegen die Kurden nützlich schien.

»Woher wollen Sie als Deutscher das denn wissen?«, fragt mich Serpil, »wir als Türken müssen es doch wissen. Sie haben ja keine Ahnung.« Endlich sind sie mal quellenkritisch. Hier wäre jetzt über den Unterschied zwischen Ideologie und Wissenschaft zu reden. Aber in dieser hassgeladenen Atmosphäre?

Ich versuche es wieder mit dem Sachtext, aber als dieser auf die gegenwärtige Unterdrückung der Kurden eingeht (Es ist lange vor den Reformen der Erdogan Regierung), brüllt die nationalistische Front wieder auf: »Alles Lüge, niemand wird in der Türkei unterdrückt, wenn er sich an die Gesetze hält«, und »die deutschen Lehrer wollen immer nur die Türkei schlecht machen.« Als der Krawall abebbt, versuche ich mit Fragen weiterzukommen: »Ihr habt hier alle Türkisch-Unterricht, aber dürfen die Kurden in ihrem Heimatland kurdisch lernen? Dürfen sie auf Ämtern kurdisch sprechen? Ihr schaut hier täglich türkisches Fernsehen. Aber gibt es in der Türkei einen kurdischen Fernsehsender?« Sie finden den Vergleich absurd. »Kurdische Sender in der Türkei? Wo kämen wir denn da hin?« Und wieder »Sollen sie doch abhauen, wenn ihnen was nicht passt.« Natürlich bin ich empört.

Hier fordern sie ihre Rechte, wollen ihre Kultur auch in Deutschland leben können. Aber in ihrem Heimatland soll es nichts geben neben der türkischen Mehrheitskultur. Klar, sie plappern nach, was sie von ihren Eltern aufgeschnappt haben. »Separatismus« nennen sie die Forderungen der Kurden und anderer Minderheiten, und Separatismus ist ein Verbrechen. Trotzdem bin ich entsetzt, wie hier über Minderheiten geredet wird.

Einen Moment hören sie mir wieder zu, als ich ihnen erzähle, dass ihre berühmtesten Schriftsteller, Yasar Kemal und Orhan Pamuk (kennen sie nicht. Wer soll das sein?) schon seit langem zugeben, dass im Kampf gegen die Freiheitsbestrebungen der Kurden von der türkischen Armee zahlreiche Verbrechen begangen wurden, dass über 30 000 Kurden in diesen Kämpfen starben und drei Millionen Kurden zwangsumgesiedelt wurden. Ich erzähle natürlich auch, dass diese Kritiker dafür nach § 301 verurteilt wurden. »Ist doch richtig, wenn die die Türkei verraten und solche Lügen in die Welt setzen«, schallt es mir entgegen. Ich höre etwas von Todesstrafe.

Ich merke, dass ich gegen eine Wand rede. Dann kommt mir Rainer – einer der wenigen deutschstämmigen Schüler, die bisher schweigend das Hick-Hack verfolgt haben – mit einer klugen Frage zu Hilfe: »Warum hat die PKK, die das Problem offensichtlich mit Gewalt lösen will, denn überhaupt so viel Zulauf?« Natürlich weiß die nationalistische Front gleich die Antwort: »Weil sie Verbrecher sind. Weil sie verrückt sind.« Aber mir kommt eine Idee für den morgigen Unterricht. Als sich die Wogen wieder gelegt haben, gebe ich bekannt, dass der Arbeitsbogen, den ich heute mit ihnen bearbeiten wollte, jetzt leider Hausaufgabe für morgen ist, aber dass wir auch einen fünfzehnminütigen Filmausschnitt sehen werden, der zumindest diese Frage anschaulich beantwortet.

In meiner umfangreichen Sammlung von Video Mitschnitten befindet sich ein Film mit dem Titel »Ein Lied für Beko«, der auf der Berlinale von 1991 einen Preis gewonnen hatte, und zeigt, wie eine Razzia der türkischen Armee in einem Kurdendorf in den 80ern ablief, welche Reaktion er provozierte und wie ein junger Kurde den Anschluss an die PKK sucht.

Ich bin frühzeitig in der Klasse, lege den Film ein und erkläre der Klasse, dass dieser Film zwar von einem Kurden gedreht worden sei, gerade dadurch aber zeigen könne, wie die

Kurden das Vorgehen der türkischen Armee erlebt hätten. »Erst ansehen, dann kritisieren«, gebe ich als Motto aus. Natürlich kommt gleich, »Wenn der Film von einem Kurden ist, wollen wir ihn nicht sehen.« Ich starte ihn trotzdem.

Die meisten Schüler sind sehr interessiert, aber als man sieht, wie die Soldaten den Hausrat der kurdischen Familien mutwillig zerschlagen und alles aus den Fenstern werfen, Frauen rau anfassen, die Kurden bewusst demütigend behandeln, kommen schon die Zwischenrufe: »Alles gelogen«; »Sowas würden türkische Soldaten nie machen« und »Der Film ist gegen die Türkei«.

»Wir wollen den Film nicht sehen«, rufen jetzt immer mehr Schüler. Eine ganze Mädchengruppe hält hysterisch die Hände vor die Augen und stört durch Zwischenrufe. Sie beginnen auf die Tische zu klopfen. »Nicht hingucken«, geben sie als Parole aus. Ich breche die Vorführung mehrfach ab, verweise auf die anschließende Diskussion und starte neu.

Warum lasse ich hier nicht einfach locker, schießt mir zwischendurch durch den Kopf. Bringt dieser Kampf eigentlich pädagogisch noch etwas? Aber ich kann das nicht. Klein beigeben würde heißen, dass das dumpfe Vorurteil gesiegt hätte. Empört sein, sich aufregen, kann auch einmal eine pädagogische Haltung sein. Wütend sein, heißt auch, sie ernstnehmen als Heranwachsende, die einstehen müssen für das, was sie daherreden. Vielleicht hinterlässt die Frage, warum sich ein sonst durchaus beliebter Lehrer hier so aufregt, unterschwellig doch bei dem einen oder anderen eine Spur von Selbstzweifeln.

Aber es läuft nicht. Ich muss früher abbrechen als vorgesehen. Die Diskussion wird chaotisch. Alles, was der Hassfront nicht passt, ist gelogen. Kein Schüler wagt dagegen anzugehen. Schließlich formuliere ich meine Sichtweise so: »Wenn die Kurden in ihrem Heimatland die Rechte hätten, die ihr als Einwanderer in Deutschland habt, dann wären sie mehrheitlich zufrieden, dann hätte es die PKK nie gegeben.« Einen Moment lang wissen sie nichts zu entgegnen. Immerhin – ist da gar so etwas wie Betroffenheit? Aber dann klingelt es, und die Stunde ist zu Ende.

Solche Stunden gehen mir noch lange durch den Kopf. Hätte ich die Schreihälse gleich zu Beginn knallhart abbügeln sollen? Vielleicht hart bestrafen? Aber die Vorurteile und der Hass mussten ja erst einmal raus. Was hätte ein ruhiger Unterricht mit möglichst neutralem Tafelbild zum Thema gebracht? Hätte der die Vorurteile auch nur angekratzt? Ich glaube nicht. Dieser Dualismus, hier das, was der Lehrer sagt, da das, was wir wirklich denken, ist doch der Bankrott jeder Pädagogik. Manchmal muss es einfach knallen, jedenfalls in meinen Fächern. Nur in solchen heftigen Auseinandersetzungen kann sich, wenn überhaupt, etwas bewegen. Unterricht zu solchen Themen ist eben auch eine emotionale Angelegenheit. Und: Muss ich meine Empörung über diese Doppelmoral wirklich zurückhalten? Eindeutig: Nein.

Am nächsten Morgen muss ich zum Schulleiter. Er hat in den letzten Jahren sehr an Statur gewonnen, seine Autorität ist seit der Asbestkrise unangefochten. »Was ist da los, bei ihnen in der 9ıı?« Er gibt mir einen Zettel, auf dem etwas in Türkisch steht und dazu eine Übersetzung auf Deutsch. »Ist mir heute Morgen von Emine aus der 9ıı vorgelegt worden. Mustafa hat ihn mir dann übersetzt. »Meine Tochter«, lese ich, »darf nicht mehr an Unterricht von Herrn J. teilnehmen, weil Unterricht ist total gegen Türkei und alles gelogen. Mit türkische Botschaft habe ich Kontakt aufgenommen wegen türkenfeindlichen Unterricht.«

»Und, was war das für ein Unterricht?« Ich lege ihm das Arbeitsblatt vor und erzähle von dem Film. »Ein Lied für Beko? Kenn ich, guter Film.« Er schaut sich den Textbogen an. »Na, so ganz neutral ist der nun auch nicht«. »Kann man da ganz neutral sein, wo es um grundlegende Menschenrechte geht?«, frage ich. Wir reden noch ein bisschen über unsere Kurden und Türken. »Informieren Sie mich, falls Emine wirklich ihren Unterricht schwänzt.« Er wünscht mir einen guten Tag.

Ein Gespräch mit Emine muss dann doch noch sein. Ich behalte sie nach der folgenden Stunde kurz da. »Emine, sag mir, was würde in der Türkei passieren, wenn ein kurdisches Kind mit einem kurdisch geschriebenen Zettel zum Direktor gehen und sich beklagen würde, der Unterricht sei kurdenfeindlich?« Sie schaut mich betreten an, weiß nichts zu sagen.

Sie sind noch sehr mit den Problemen ihrer Herkunftsländer beschäftigt, meine Schüler, auch jetzt in der dritten Generation noch. Sie wissen wenig über diese Länder, die sie nur aus dem Fernsehen, den Gesprächen ihrer Eltern und gelegentlichen Urlauben kennen. Dort ist dann alles schön, während hier in Deutschland die schwierige Auseinandersetzung mit der Realität läuft. Folglich wird das vermeintliche »Heimatland« mystifiziert und verklärt, und alles soll dort schön geordnet und überschaubar sein. Bloß nicht multi-kulti, die Türkei hat türkisch zu bleiben, unsere Heimat eben.

Aber nicht alle Schüler machen diesen Kurs mit. Als mit der Einführung des Mittleren Schulabschlusses und den Reformen im Abitur die Möglichkeit geschaffen wird, Präsentationen und Hausarbeiten zu selbstgewählten Themen einzubringen, stürzen sich unsere muslimischen Schüler geradezu auf Themen, die sich auf ihre Herkunftsländer und -kulturen beziehen. Auch für uns Lehrer ist das eine große Herausforderung. Viele dieser Arbeiten sind überraschend kritisch. »Die Stellung der Minderheiten in der Verfassung der Türkei seit 1923«, heißt z.B. das Thema einer Doppelpräsentation im Abitur von Dilan und einem Mitschüler. Klingt eher langweilig, aber was uns die beiden präsentieren, hält uns prüfende Lehrer geradezu in Atem.

Dilan und ihr Mitschüler sind Kurden, Dilan ist zudem Alevitin, also auch bezüglich ihrer Religion Angehörige einer Minderheit. Ich habe sie seit drei Jahren im Unterricht und kenne sie als sehr engagierte und kluge Schülerin. Schon im 11. Jahrgang, als wir in Erdkunde über die gewaltigen türkischen Staudammprojekte in Ostanatolien arbeiteten, hat sie mich mitgeschleppt zu einem internationalen Tribunal zum umstrittenen Ilisu Staudamm. Gemeinsam lauschten wir den kritischen Vorträgen zu den Folgen dieses Projektes. »Wenn die meine Heimatstadt unter Wasser setzen und zigtausende Kurden vertreiben, muss ich mich doch wehren«, begründete sie ihr Engagement.

Der Vortrag der beiden ist außerordentlich faktenreich, differenziert und spannend wie ein Krimi aufgebaut. Minutiös beweisen sie uns, dass trotz mannigfacher Verfassungsänderungen den ethnischen und religiösen Minderheiten in der Türkei grundlegende Menschenrechte verweigert werden. Hinterher spreche ich mit Dilan. »Wissen Sie, Herr Johann, die Schüler, die sich türkisch fühlen, neigen dazu, die Türkei zu idealisieren und Deutschland eher zu kritisieren. Aber wir Angehörigen der Minderheiten wissen, was wir an Deutschland haben. So kritisch könnte ich mich an einer türkischen Schule nie äußern.«

Am meisten staune ich aber, als Sirin, eine türkischstämmige Schülerin meines Leistungskurses Politik, die keiner Minderheit angehört, sich in ihrer Facharbeit der Armenierfrage widmen will. Ich kenne sie seit der siebten Klasse. Damals war sie gerade erst aus Anatolien gekommen und noch sehr konservativ in ihren Anschauungen. Einmal kündigte sie mir an, dass sie später natürlich ein Kopftuch tragen werde. Aber sie war auch interessiert und sprach schnell ausgezeichnet deutsch. Jetzt legt sie eine überragende Arbeit vor. Monatelang hat sie Berge von Literatur studiert, in Archiven Dokumente gewälzt und alle Seiten des Problems gründlich untersucht. Alle Vorwürfe gegen die osmanische Regierung treffen zu, ist ihr Ergebnis: »Es war eindeutig Völkermord, und die Türkei muss sich dem endlich stellen.« Ein Tabubruch, aber Sirin steht dazu und trägt ihr Ergebnis auch im Kurs vor. Den Schülern, die den Vorwurf relativieren wollen, bleiben angesichts von Sirins Kenntnissen die Argumente im Halse stecken, und sie werden sogar nachdenklich. Glaube ich wenigstens.

Sie muss wohl sein, diese Auseinandersetzung mit der Herkunftskultur. Wenn sie kritisch ist – und dafür können wir sorgen, sofern wir bereit sind, uns gründlich in diese Themen einzuarbeiten –, dient sie der Auflösung vorhandener Mythen und Glorifizierungen und ermöglicht so erst eine innerliche Ablösung von der Herkunftskultur. Der Krug geht eben so lange zum Wasser bis er bricht.

DER SCHREI NACH FREIHEIT

Jedes Mal, wenn ich das Thema »Aufklärung« durchnehme, lasse ich Immanuel Kant lesen. Jahrzehntelang konnte ich mich darauf verlassen, dass sein Aufruf »Habe den Mut dich deines eigenen Verstandes zu bedienen« und sein Appell, sich von fremden »Vormündern« zu befreien bei den Schülern auf begeisterte Zustimmung stoßen. Diesmal läuft es anders. »Das kann man doch nicht einfach auf andere Kulturen übertragen«, behauptet Nassiem. Anlass war unsere Diskussion darüber, wie viel Raum zur persönlichen Entfaltung jungen Musliminnen zustehe, ob sie z. B. ohne männliche Begleitung ausgehen dürfen. Sogar viele der 16-jährigen Mädchen geben Nassiem Recht.

Dass es bei unseren Schülern einen anderen kulturellen Hintergrund gibt, andere Vorstellungen vom Verhältnis der Geschlechter zueinander, vom zuträglichen Maß an Freiheit für heranwachsende Mädchen, haben wir natürlich schon lange bemerkt. Mädchen dürfen, wenn sie 15 Jahre alt sind, oft nicht mehr mit auf Klassenfahrt, die Zahl der Kopftücher nimmt zu, Mädchen und Jungs sitzen zunehmend getrennt, geflirtet wird kaum noch, und Pärchen sind selten zu sehen.

Lange Zeit habe ich angenommen, diese Einschränkungen beträfen nur den kleinen Anteil der stark religiös erzogenen Schülerinnen mit Kopftuch und langen, dunklen Mänteln. Aber dem ist nicht so. Da ist z. B. Damla, 20 Jahre alt, modern und locker gekleidet, eine meiner besten Schülerinnen in Politik. Mit 18 hat sie ein Auslandsschuljahr in den USA absolviert. Sie wirkt ehrgeizig, ja kämpferisch, und ihr Denken scheint sich nicht von dem gleichaltriger

Deutschstämmiger zu unterscheiden. Wir haben wunderbar zusammengearbeitet in den letzten zwei Jahren.

Auf dem Abiturball fordert sie mich zum Tanzen auf. Es werden dann mehrere Tänze, wir plaudern nett dabei, und es scheint mir fast, als ob sie, spielerisch, ein wenig mit mir flirte. Plötzlich sehe ich, wie sich ihr ganzer Gesichtsausdruck ändert, die Mundwinkel gehen nach unten, und sie rückt instinktiv etwas von mir ab. Ein junger Mann hat sich zu uns gesellt, drängt sich zwischen uns, will mit uns tanzen. »Mein Bruder«, stellt ihn Damla missmutig vor. Er tanzt mit uns, bis ich mich entnervt setze und weicht den ganzen Abend nicht mehr von ihrer Seite. Irgendetwas hat ihm nicht gefallen am Tanz seiner Schwester mit mir. Später tätschelt Damla im Vorbeigehen unauffällig meinen Rücken und flüstert etwas von »tut mir echt leid, aber ich kann nichts machen« zu. Ich kann es kaum glauben: Die selbstbewusste Damla beugt sich der Überwachung durch ihren Bruder.

Mir fallen die Abiturbälle aus den 80er Jahren ein. Was da alles lief zwischen Schülern und Schülerinnen. Unsere Schülerinnen experimentierten damals mit ihrer Rolle als Frau, suchten geradezu neue, aufregende Erfahrungen. Fehlt da nicht heute etwas? Das Verführen, Flirten, Ausprobieren. Gehört das nicht zum Erwachsenwerden? Oder überhaupt zum Leben? In wenigen Jahren werden sie verheiratet sein, und dann geht sowieso gar nichts mehr. Damals brannte hier die Luft. Heute, darüber können auch die freizügigen Dekolletees der Schülerinnen nicht hinwegtäuschen, schwebt über allem das Tabu, »es darf nichts passieren.« Ab Mitternacht warten unten schon die Väter in den Autos.

Das modische, teils regelrecht anmachende Outfit und

das lockere Verhalten vieler muslimischer Schülerinnen täuschen offenbar. Die Tradition sitzt tief, und die Grenzen der persönlichen Entfaltung sind eng gesteckt. Nirgends ist der Graben zwischen christlich und muslimisch geprägten Deutschen tiefer als bei der Frage des Verhältnisses der Geschlechter zueinander und den damit zusammenhängenden Fragen der Ehre, auch der Familienehre, den Rechten und Pflichten der Eltern und der Brüder. Aber auf keinem Gebiet ist auch der Reiz des »deutschen Modells« stärker.

Im Kern geht es dabei, wie es auch Necla Kelek und Seyran Ateş in ihren Büchern beschreiben, um das Gebot der Keuschheit vor der Ehe, natürlich nur für die Mädchen, und das entsprechende Verhalten, das keinerlei Zweifel an dieser Haltung aufkommen lassen darf. Unerbittlich droht jedem Mädchen, das dagegen verstößt, der Ruf, eine »Schlampe« zu sein, eine, die es wahllos »mit jedem treibt«. Zwischen Jungfrau und Schlampe scheint es nichts zu geben. Die Zwänge, die sich aus dieser so genannten Erziehung zur »Keuschheit« ergeben, zeigen sich schon bei unseren Siebt- und Achtklässlern. Manche erscheinen auch im Hochsommer mit Mänteln, die bis auf die Erde reichen, und im Schwimmunterricht verhüllen sie sich, sofern sie überhaupt teilnehmen, mit phantastischen Ganzkörper Badeanzügen. Manchen ist das peinlich, andere stehen voll dazu, sind stolz auf ihre überlegenen moralischen Maßstäbe. Und die Jungs? Na, die müssen sich doch die Hörner abstoßen. Für muslimische Jungs scheint es keine einengenden Vorschriften zu geben. Sie dürfen sich austoben.

Dass dieses Keuschheitsgebot in den Seelen der Mädchen verankert ist, gar keines äußeren Zwangs mehr bedarf, merke ich erst im Lauf der Zeit. »Ich fühle mich total integriert, besser geht kaum, bin eigentlich ganz deutsch in meinem Denken und Fühlen«, bekennt die kluge und so sinnliche Nihal einmal ganz offen im Politikkurs, als wir über Integration sprechen, »aber Sex vor der Ehe, nein, das geht nicht bei mir. Ich kann es mir nicht einmal vorstellen.« Sie sagt das fast bedauernd, zuckt die Schultern dabei. Es ist nicht die Religion, die ihr diese Haltung gebietet. Nein, Religion bedeutet Nihal wenig, nie würde sie ein Kopftuch tragen. Es ist eine kulturelle Grenze, die sie einfach nicht überschreiten kann.

Welches Leiden muss damit verbunden sein. Dieses Wartenmüssen, dieser Zwang zum Triebaufschub. Es bedeutet ja auch, keinen Freund haben zu dürfen bzw. nur eine platonische Beziehung. Aber ist das realistisch? Wie verlockend mag ihnen, wenn sie älter werden, manchmal das »deutsche Modell« erscheinen, das sie täglich bei ihren Mitschülerinnen beobachten können: abends ausgehen, flirten, einen Freund haben, Sex haben. Welche Zweifel mag das auslösen, welche Ambivalenz? Aber bei Experimenten droht der Verlust der Ehre. Nihal studiert heute in den Niederlanden, weit weg von den Eltern. Ob sie immer noch die traditionellen Regeln einhält?

Manche Schülerinnen scheinen auch kein Problem mit dem Verzicht auf Sexualität zu haben, wirken ausgeglichen und scheinen charakterstarke Persönlichkeiten zu sein. Sie warten eben, was oft auch ihren Leistungen zugutekommt. Eine Schülerin, die ich für ihre überaus ausführlichen Hausaufgaben lobe, erklärt mir den Zusammenhang: »Was soll ich denn sonst machen am Wochenende? Ich darf ja doch nicht ausgehen.«

Ich bewundere den Mut der jungen Frauen, die sich einfach nicht an die traditionellen Vorgaben halten. Cagla ist so eine. Schon in der 12. Klasse hat sie, was sehr selten vorkommt, einen Freund. Sie bringt ihn sogar mit zu Exkursionen, und die beiden wirken zusammen sehr harmonisch und liebevoll. Aber sie fehlt ein Drittel der Zeit, wirkt, wenn sie wiederkommt, oft krank und hohlwangig. Wenn ich ihre Tutorin darauf anspreche, höre ich, welche Probleme sie sich damit zuhause eingebrockt hat. Mit dem Vater ist sie völlig verkracht, von der Mutter fühlt sie sich im Stich gelassen. Immer wieder gibt es nächtelange Auseinandersetzungen, nach denen Cagla oft tagelang nicht mehr nachhause geht, mit Plastiktüten voll Sachen bei ihrem Freund einzieht. Weil sie kein Geld mehr hat, muss sie aber irgendwann doch wieder zurück. Angesprochen auf ihre Fehlzeiten, bricht sie oft in Tränen aus. Am meisten hat sie empört, dass ihr türkischer Arzt dem Vater auf Anfrage mitgeteilt hat, dass sie keine Jungfrau mehr ist. Ein Skandal eigentlich.

Als Thema für ihre Abitur-Hausarbeit wählt sie die Entstehung der erotischen Malerei in der Renaissance. Wir haben diesen Akt der Befreiung der Kunst aus dem engen Korsett der mittelalterlichen Moral und der Bevormundung durch die Kirche im Unterricht kurz angerissen. Eine bemerkenswerte Themenwahl, finde ich, die natürlich auch mit Caglas persönlichen Konflikten zu tun hat. Deshalb erkläre ich mich bereit, sie zu betreuen, obgleich dies eher Sache der Kunstlehrerin wäre. Da Cagla, wie ich merke, kaum Ahnung von Kunstgeschichte hat, ein gotisches Bild kaum von einem Renaissancebild unterscheiden kann, biete ich ihr an, mit ihr in die Staatliche Gemäldegalerie zu gehen. Das findet sie prima.

Am Tag des Museumsbesuchs dann die Überraschung.

Cagla schickt mir eine SMS: »Kann nicht kommen. Eltern haben mir Museumsbesuch verboten, vermuten schlimme Absichten bei Ihnen.« Die rebellische Cagla unterwirft sich hier ihren Eltern?

Am folgenden Tag treffen wir uns zufällig in der Mensa. Cagla schaut mich böse an: »Wir müssen reden. Alle, auch meine Freundinnen, sagen, ein Lehrer, der mit dir ins Museum gehen will, hat natürlich unsittliche Absichten. Haben Sie?« Sie hat ihre Freundin als Zeugin dazu geholt und hält mir einen Vortrag, in dem sie klarstellt, dass sie mit mir nichts am Hut hat, und wenn ich irgendwelche Absichten hätte, müsse sie sofort die Schule wechseln. Trotz aller Aggressivität klingt der Vortrag eher wie auswendig gelernt und abgespult. Sie schaut mich auch nicht an dabei. Ich glaube langsam zu verstehen. Von selbst wäre sie angesichts meines zurückhaltenden Verhaltens – und auch meines Alters – nicht im Traum auf unsittliche Absichten meinerseits gekommen. Aber dem Weltbild ihrer Eltern und Mitschülerinnen zufolge muss mein Angebot solche Absichten beinhalten, und sie will auf keinen Fall in den Ruf geraten, sich auf so etwas einzulassen. Dadurch, dass sie einen Freund hat, ist ihr Ruf eh schon gefährdet. Weitere Experimente darf sie nicht wagen. Sie muss sich also, vor Zeugen, glaubhaft von mir distanzieren. Nachdem ich geschworen habe, keine »Absichten« zu haben, darf ich Cagla weiter betreuen. Der Museumsbesuch ist natürlich gestorben.

Müsste nicht das Thema »Studentenrevolte 1968« bei meinen Schülern auf besonderes Interesse stoßen? Insbesondere der Aspekt der sexuellen Befreiung, des Aufbegehrens gegen die elterlichen Moralvorstellungen und gegen die restriktiven Gesetze? Ich biete es als Referat im Geschichtskurs an, und Zehra übernimmt es begeistert. Zehra ist aserbaidschanische Jüdin. Sie hat mit ihrer Familie schon in der Türkei, in Russland und Israel gelebt, bevor sie nach Deutschland kam. Sie wirkt offen und sehr erwachsen. Einige Tage vor dem Vortrag spricht sie mich an: »Glauben Sie, ich könnte meinen Vortrag mit der Forderung beenden, die Muslime, jedenfalls hier in Deutschland, bräuchten genau so eine sexuelle Revolution, wie sie damals in Deutschland stattfand?« »Hältst du das denn für notwendig?« »Na und wie. Die mit ihrem verklemmten Jungfrauenideal.« Ich lasse sie gewähren, empfehle ihr noch das Buch »Der Islam braucht eine sexuelle Revolution« von Seyran Ateş.

In ihrem Vortrag beschreibt Zehra dann das jugendliche Aufbegehren gegen die strengen elterlichen Normen, den langsam einsetzenden Wertewandel danach, aber auch all die Verrücktheiten und Exzesse der Hippiebewegung, der Kommune 1, von der Lust am puren Sex ohne Beziehung. Der Satz »Wer zweimal mit der gleichen pennt, gehört schon zum Establishment« fällt. Schon seltsam, ein Referat von einer Jugendlichen über eine Zeit zu hören, die ich selbst so stark als Befreiung erlebt habe. Die Reaktion des Kurses ist sehr verhalten. Selbst Cagla zieht die Mundwinkel nach unten, als Zehra erzählt, wie die Röcke immer kürzer wurden. Neslihan äußert ihr Befremden: »Warn die alle verrückt, oder was?« Die »Schlampe« schwebt schon wieder über der Diskussion.

»Was ist denn eigentlich gegen Ehe und Treue zu sagen?«, fragt Illgim. »Einfach heiraten, den Traummann, Kinder haben.« Zehras Plädoyer für einen freieren Umgang mit Sexualität bei den Muslimen findet keine Zustimmung. Horrorszenarien werden erzählt, man kenne da eine, mit freiem Sex habe es angefangen, jetzt sei sie auf Drogen. Alle nicken. Das wollen sie nicht, auch wenn sie unter den rigiden Einschränkungen ihrer Eltern leiden. »Aber sehen Sie doch einmal all die Möglichkeiten, die sich seit '68 durchgesetzt haben«, wende ich ein, »Sexualität vor der Ehe ist kein Problem mehr, uneheliche Kinder, Schwulenehe, ein Leben als Single, Wohngemeinschaft, das alles ist im Grunde heute akzeptiert.« »Aber Sie sind doch auch verheiratet. Also finden Sie Ehe doch gut«, bemerkt Neslihan irritiert. Nein, '68 ist kein Vorbild für sie. Wie brav sie sind. Schwingt da nicht sogar ein bisschen Stolz mit, dass sie nicht so verderbt sind wie manche deutschen Mädchen? Sie scheinen andere Probleme als die Jugendlichen von '68 zu haben. Am meisten scheinen sie unter der ewigen Kontrolle und Überwachung zu leiden, durch Väter, Mütter, Brüder, Ehemänner.

Wie viele männliche Muslime ihre Aufgabe als Ehemann und Bruder sehen, erklärt mir Tolga, 16 Jahre alt, als wir auf einer dreitägigen Klassenreise in Heiligensee abends auf der Terrasse sitzen. Stundenlang plaudern wir entspannt über Gott und die Welt. Tolga ist einer meiner undiszipliniertesten Schüler. Er hat sich überhaupt nicht unter Kontrolle, ist aber sehr fromm. »Wenn das Holz krumm wächst, muss der Mann es gerade biegen.« Das hat er als Merksatz in der Moschee gelernt. »Der Mann hat eine Verantwortung für seine Frau, auch der Bruder für die Schwester.« Aber so richtig kommt auch ein muslimischer Mann heute damit nicht mehr durch. »Gerade du«, meint die Kopftuch tragende und auch sehr fromme Sevim, »gib mal acht, dass du nicht gerade gebogen werden musst.« Heute sind die beiden verheiratet.

Die ewige Dominanz der Männer in der patriarchalischen muslimischen Gesellschaft, dieses ewige Misstrauen, Überwachen, das scheint den muslimischen Mädchen am meisten aufzustoßen. Die Emanzipation der Frau brennt ihnen unter den Nägeln, vor allem im Sinn von Freiheit von Bevormundung. Immer häufiger taucht das Thema in den Präsentationen zum Mittleren Bildungsabschluss und zum Abitur auf: Die Problematik der Zwangsehe, die Geschichte der Frauenbewegung, die Rolle der Frauen, die Diskriminierung der Frau im Berufsleben.

Mir steht noch die Präsentation von drei Mädchen vor Augen, die sich bei der Diskussion im Geschichtskurs über die Ereignisse von '68 sehr zu Ehe und Treue bekannt haben. Sie haben einheitliche T-Shirts übergestreift, auf denen in Riesenlettern »Freiheit« steht, und sie zitieren Texte aus der europäischen Literatur vom Mittelalter bis zum 20. Jahrhundert, in denen das Leiden der Frauen unter der Männerherrschaft deutlich wird. Nach jedem Text recken sie die Fäuste empor und schreien überzeugend »Freiheit, Freiheit«. Das ist ihr Anliegen, nicht freie Sexualität oder Beziehungsexperimente.

Aber von der Theorie zu praktischen Erfolgen ist es ein weiter Weg. Ob sie jetzt eine schöne Reise mache, frage ich Naciye nach bestandenem Abitur. »Na, ja, in die Türkei halt, an den Strand, mit zwei Freundinnen.« Nach einer Pause dann schulterzuckend: »Aber meine Mutti kommt mit, zum Aufpassen.« Sie schaut mich unglücklich an. »Sie wissen ja selbst, wie gefährlich das ist, da an den Stränden und mit all den Männern.« Es scheint tief verankert zu sein, das Bild von den gefährlichen Männern und der Hilflosigkeit der Frauen, und der Weg zur sexuellen Selbstbestimmung scheint eher im Zickzack zu verlaufen als geradlinig. Mal fordern sie, begehren auf, dann fügen sie sich wieder.

Und immer wieder das Thema Zwangsheirat, arrangierte Ehe, und im Zusammenhang damit, der Ehrenmord. Wir kriegen als Lehrer nicht immer alles mit, aber Zwangsheirat scheint auch an unserer Schule vorzukommen, was man oft erst hinterher von Mitschülerinnen erfährt oder wenn muslimische Schülerinnen dieses Thema in Präsentationen aufgreifen, was häufig geschieht. Ich bringe es meist als Vorschlag für ein Referat in Politik im 11. Jahrgang ein.

Diesmal hält Selma, die schon ein sehr engagiertes Referat über die Aufklärung vorgetragen hat, das Referat, zusammen mit Ismet, einem sehr vernünftigen und reifen Mitschüler. Selma hatte mir erst vor wenigen Wochen erzählt, wie schwer es ihr gefallen war, an unserer Nachtwanderung teilzunehmen. »Mein Bruder wollte mich einfach nicht lassen, wissen Sie. Er hat es mir verboten, und erst als ich gelogen habe, das sei alles wichtig für den Unterricht, mit Protokoll und Noten und so, hat er mich gehen lassen.« »Wie alt ist denn dein Bruder?« »Ein Jahr jünger als ich.«

Sie fangen mit einer Darstellung des Falles Hatun Sürücü an, der sich vor einigen Jahren in Berlin ereignete. Sie beschreiben mitfühlend das Schicksal der jungen Türkin, die sich einer Zwangsheirat entzogen hatte, von zuhause weggelaufen war, eine Berufsausbildung angefangen hatte und ein intimes Verhältnis mit einem Deutschen eingegangen war. Ihr Bruder hatte sie wegen »Verletzung der Familienehre« auf offener Straße erschossen, ein klassischer Ehrenmord. Natürlich denke ich jedes Mal bei diesem Thema an Reyhan, meine Schülerin aus den 70ern.

»Nehmt mal dazu Stellung«, fordere ich sie auf. Sie be-

kunden großes Mitleid mit Hatun, finden den Mord absto-
ßend und ein Verbrechen. Auch die Zwangsehe lehnen sie
entschieden ab. Das würden sie nie mit sich machen lassen. Trotzdem bleibt ein »aber« im Raum hängen. »Wo liegt
denn das Problem?«, frage ich. »Na ja, ...«, improvisiert
Selma, »ein bisschen übertrieben hat sie ja schon, die Hatun, natürlich war das ein Schock für die Familie. Die Brüder mussten halt was machen.« Niemand widerspricht.
Ismet schaut ebenfalls unsicher drein. Er ist erst als Kind
hierhergekommen, und als Kurde lastet die Tradition auf
ihm sicher besonders stark. »Ein Mord ist ein Verbrechen,
das darf nicht sein. Vielleicht hätten sie länger mit ihr reden
sollen ...« Eine Weile herrscht Schweigen, bis Selma ein-
wirft: »Also, ich hab ja auch einen Bruder, der auf mich
aufpassen soll, irgendwie versteh ich auch, dass er sich verantwortlich fühlt.« Sie schaut Ismet an, der verlegen zurück-
lächelt. »Und ich hab halt eine kleine Schwester, auf die ich
aufpassen muss ...«. »Und, würdest du sie umbringen,
wenn sie mit 18 einen deutschen Freund hat?«, fragt sein
Freund Tom. »Nein, nein, natürlich nicht ...«. Ismet ist entsetzt. »Aber ...« Er weiß nicht recht weiter, hebt hilflos die
Arme. Unsicher schaut er zu mir herüber.

HIGH NOON

Es gibt Tage, da ist man schon um zehn Uhr genervt. Unsere
Oberstufenleiterin hat mir gerade das 200 Seiten starke
Bündel mit Abiturarbeiten wieder hingeknallt: »Das korri-
gierst du alles noch mal. Hast zu viele Fehler übersehen.«
    Ich eile zu meiner Klasse, in der ich eine Doppelstunde in
Erdkunde habe. Die Klasse ist seit Wochen in einer Krise.

Von allen Lehrern kommen Klagen über ihr Arbeitsverhalten, und auch bei mir und Monika, mit der zusammen ich Klassen leite, seit sie Mitte der Neunziger an unsere Schule kam, sind sie unwillig, unkonzentriert und laut. Wut runterschlucken, nichts anmerken lassen, sag ich mir.

Die Klasse ist ziemlich aufgekratzt. »Wir haben zwei Stunden Ausfall gehabt«, höre ich, »Frau M. hat gefehlt und keine Vertretung.« Das passiert in letzter Zeit häufig. Die Schulen haben keine Vertretungsreserven mehr, und bei hohem Krankenstand reichen die zwei Stunden, die jeder Lehrer Vertretung geben muss, einfach nicht aus, um alle ausfallenden Stunden abzudecken. Also haben sie zwei Stunden in der Mensa rumgehangen, Karten gespielt und sich gegenseitig geärgert.

Es ist sehr schwer Ruhe herzustellen. »Schlagt bitte die Aufzeichnungen von gestern zum Thema Treibhauseffekt auf. Ich stelle dazu jetzt Wiederholungsfragen.« Kein sehr origineller Einstieg, aber ich muss anknüpfen an die Ergebnisse von gestern. Es wird einfach nicht ruhig, nur wenige packen ihre Sachen aus. Sie albern herum, lachen, besonders in der Jungensecke um Turgut, Olcay, Jens. »Nun aber mal dalli«, ich klatsche auffordernd in die Hände. »Dalli, dalli«, äfft Olcay mich nach, »ein alter Mann ist kein D-Zug.«

»Der Treibhauseffekt. Nennt mal seine wichtigsten Auswirkungen auf unser Leben.« Ich fange einfach an, obwohl es noch unruhig ist, manchmal klappt das, aber jetzt anscheinend nicht. »Können wir nicht mal was anderes machen?«, ruft Jens, »was Schönes?« Andere mosern ebenfalls. »Aber das ist doch ein wichtiges Thema. Das wird gleich deutlich werden bei den Antworten.«

My Linh hat sich gemeldet, ich nehme sie dran und, sie erzählt von Temperatur- und Meeresspiegelanstieg. Aber keiner versteht etwas, alles geht unter in Lärm und Gegacker. Irgendwer in der Jungensecke muss eine Zote gerissen haben. Warum klappt es nicht heute? Ich fordere Olcay, der am lautesten lacht, auf zu wiederholen, was My Linh gesagt hat. »Wiederholen? Bin ich ein Papagei oder was?« Beifall heischend schaut er sich um. Alle lachen.

Ich setze mich, warte ab, bis es ruhig ist. Dann versuche ich einen Neustart. Ich frage, was los sei, warum sie nicht arbeiten wollen. »Sie waren doch auch mal jung«, erklärt man mir »manchmal hat man eben keinen Bock«. »Okay, gebongt, aber jetzt ist eine Viertelstunde um, und es könnte ja mal losgehen mit Unterricht.« Ich frage nach der Ursache des Temperaturanstiegs, aber jetzt zanken sich Olcay und Turgut um einen Walkman, es gibt Gerangel. »Lass deine dreckigen Finger von meinem Apparat, du Opfer du.« Mir langt es: »Ihr beide schreibt jetzt ein Stundenprotokoll, zwei Seiten, bis morgen. Verstanden?« »Immer wir. Der beleidigt mich, und da machen Sie nichts. Was sind Sie überhaupt für ein Lehrer?«, schreit mich Olcay an.

So geht das seit Wochen mit Olcay. Er ist 15, ein bisschen dick, obgleich er eifrig Fußball spielt. Mal macht er mit, mal stört er, vor allem aber zeigt er nie Einsicht bei Ermahnungen. Er träumt vom Abitur und überschätzt ständig die Qualität seiner Mitarbeit, fühlt sich ungerecht beurteilt. Bei Kritik ist er sofort beleidigt. Eine Mischung aus Unsicherheit, Größenwahn und Weinerlichkeit. Seine Leistungen sind nicht schlecht bei mir, aber durch sein selbstbezogenes Verhalten legt er oft den ganzen Unterricht lahm.

»Olcay, das reicht. Du machst jetzt endlich ruhig mit, oder

ich schmeiß dich raus. Hast du verstanden?« Natürlich darf man eigentlich niemanden rausschmeißen, aber zur Beruhigung vor die Tür schicken ist ein beliebtes, weil wirkungsvolles Mittel bei allen Lehrern. Oft hilft einfach nichts anderes. »Immer ich. Jeder hier weiß ...«, er dreht sich demagogisch zur Klasse um, »dass Sie etwas gegen mich haben. Warum nie die Mädchen? Wo haben Sie bloß ihren Lehrerjob gelernt?« »Genau, er hat doch recht«, grummeln seine Freunde. Jetzt lachen sie wieder. Olcay hat mir eine draufgegeben, das finden sie gut. So geht das seit Wochen, auch bei anderen Lehrern. Hier bahnt sich ein Machtkampf an, und Olcay fühlt sich wohl in der Rolle des Protagonisten. Er grinst.

Mit Hilfe einiger williger Schüler, die meisten sind längst genervt von dem Gezicke der Jungen, kriege ich den Unterricht wieder einigermaßen in Gang. Methan und Kohlendioxid werden als Ursachen des verstärkten Treibhauseffektes genannt. Das passt den Jungs nicht, und sie buhen störend bei einem von mir gelobten Beitrag von Tuba. »Arschkriecherin«, ruft Olcay unter dem Gejohle seiner Kumpels Tuba zu, »willst dich bei Herrn Johann einschleimen, was?«

Ich schlage mit der rechten Hand donnernd auf das Pult. Plötzlich ist Ruhe. »Weißt du, was ich jetzt gerne machen würde, Olcay, was ich liebend gerne machen würde? Ich würde dir gerne eine knallen für diese fiese Bemerkung, so fest ich kann.« Jetzt habe ich eskaliert, war auch höchste Zeit. Ich muss ihn bestrafen, und zwar sofort. Irgendeine Drohung mit Verweis, Klassenkonferenz usw. hilft jetzt nichts. Hier muss etwas passieren. Ich hoffe, Olcay läuft ins Messer. Und er tut mir den Gefallen. »Mir eine knallen? Sie mir?« Beifall heischend dreht er sich zur Klasse hin. »Passen Sie mal auf, gleich knall ich Ihnen eine.« Die Klasse erstarrt, schaut mich an, man könnte eine Stecknadel fallen hören.

Irgendetwas muss ich falsch gemacht haben, dass es so weit kam, aber das zählt jetzt nicht. In den nächsten zwei Minuten muss ich hier meine Autorität zeigen, sonst habe ich sie auf lange Zeit oder für immer verloren. Hier ist jetzt High Noon. Jetzt muss es knallen, und ich muss gewinnen. Garantiert ist ein Sieg in solchen Situationen bei mir auch nach 25 Jahren als Lehrer nie. Ich bin oft ungeschickt in solchen Situationen.

Ich setze mich, deute auf Olcay. Jedes Wort betonend, sage ich »Du-kommst-jetzt-mit. Zum Schulleiter.« Ich habe das erst einmal in meiner Zeit als Lehrer gemacht. Andere Kollegen schleppen jeden Monat einen Delinquenten zum Rektor. Aber jetzt muss etwas Theatralisches her, eine Art Show. »Was habe ich denn gemacht? Ich? Habe ich was gesagt? Sie müssen sich verhört haben.« Wie billig, wie ungeschickt. »Du – kommst – jetzt – mit. Zweite und vorletzte Aufforderung.«

Und was mache ich, wenn er sich weigert? Vor zwei Jahren hatte ich die gleiche Situation mit David aus der Parallelklasse. Er weigerte sich mitzukommen. Also hatte ich ihn am Kragen aus der Bank gezogen und quasi auf den Flur geschleift. Die Klasse fand das ziemlich eindrucksvoll, danach war Ruhe. Aber dann kam von seiner Mutter die Rechnung für den angeblich eingerissenen Pullover und ein Gespräch mit dem Schulleiter. »Auf keinen Fall anfassen«, hatte er mich formell belehrt, »auch nicht die Kleidung.«

»Ich zähle jetzt bis drei«. Olcay schaut sich hilfesuchend um, aber seine Kumpels schauen jetzt lieber weg, die Sache wird ihnen zu heiß. Endlich, kurz vor »drei«, quält sich Olcay aus der Bank hoch, kommt nach vorne. »Äh, also, Herr Johann, können wir nicht ...« Ich halte ihm die Tür auf. »Ihr lest im Buch S. 12 und macht die Aufgaben dazu, Klassensprecher, also Samia, du schreibst auf, wer stört.« Wir treten auf den Flur. Was mach ich, wenn der Chef jetzt nicht da ist, schießt mir durch den Kopf.

In diesem Moment kommt unser Sozialarbeiter um die Ecke. Er ist einer der wenigen, die wir noch haben und stellvertretend zurzeit auch für meine Klasse zuständig. Nein, der Chef sei nicht da, habe eine Konferenz. Ob er helfen könne. Ich erzähle ihm kurz den Vorfall, und er übernimmt Olcay für den Rest der Stunde.

In der Toilette mache ich mich kurz frisch, atme tief durch, dann gehe ich wieder in die Klasse. Ich habe gewonnen, ein Glück, aber ich bin geschlaucht. Der Rest der Stunde verläuft sehr ruhig.

Abends telefoniere ich mit Monika. »Eine Unverschämtheit«, ist ihr Kommentar. »Dem müssen wir eine draufgeben, sonst kommt die Klasse nie raus aus ihrer Krise.« Wie oft haben wir beobachtet, dass Klassen vor die Hunde gingen, weil die Lehrer in Krisen nicht schnell und entschlossen gegensteuerten. Aber einen Termin für die notwendige Klassenkonferenz finden wir erst in der übernächsten Woche, die nächste ist schon voll mit Konferenzen. Eigentlich bräuchten wir eine sofortige Reaktion.

Meine Frau merkt natürlich, dass ich aufgeregt bin. »Ach, wieder mal Olcay, aber ich glaube, du hast alles richtig gemacht.« Sie ist selbst Sozialarbeiterin, arbeitet mit Jugendlichen, die im zweiten Bildungsweg den Realschulabschluss nachholen wollen. Sie kennt das alles, kennt aus meinen Erzählungen auch alle meine schwierigen Schüler. »Was ist das für ein Beruf«, entfährt mir, »in dem man sich dauernd so anmachen und beleidigen lassen muss, in dem man jeden Tag als Person in Frage gestellt wird?«

Manchmal kommt mir die Arbeit, die wir hier machen, so hart vor wie die Arbeit auf einem Bergungsschlepper. Plötzlich habe ich dieses Bild vor Augen, von den verrosteten und verbeulten Arbeitstieren der Meere, diesen kleinen Kraftpaketen, die bei Wind und Wetter rausmüssen, um einen Havaristen auf den Haken zu nehmen. Harte Arbeit, bei der man Fingerspitzengefühl braucht.

An solchen Tagen gehen die Fragen, die man sich stellt, oft auch tiefer. Vielleicht rebellieren Schüler wie Olcay auch so leicht gegen mich, weil sie meine ständigen Selbstzweifel spüren, meine Angst vor Konflikten, meine Abhängigkeit von ihrer Zuneigung. Schüler spüren alles. Auf lange Sicht kann man nichts vor ihnen verbergen.

Ich gebe meinen Schülern häufig die Gelegenheit, mir ein Zeugnis auszustellen. Insgesamt sind die Urteile durchweg positiv. Sie schätzen mich als einen freundlichen und zugewandten Lehrer, bei dem der Unterricht interessant ist. Bis auf das Problem des sich Durchsetzens. Unlängst schrieb ein Schüler: »Manchmal hat Herr Johann die Klasse nicht im Griff, was sich dann zu seinem Nachteil entpuppt.«

Ich bin nicht der Einzige. Frau B. soll schon vor der Klasse geweint haben, Herr E. steht oft hilflos mitten im Getöse, und Kollege G. mit den grell karierten Sakkos murmelt allzu häufig, »die krieg ich auch noch klein.« Bei Reinhold dagegen würde kein Schüler auch nur im Traum an eine Revolte denken. Sie fürchten ihn. Aber will ich das? Ich habe mal eine Klasse von ihm übernommen und schnell gemerkt, dass sie jedes Interesse an Geschichte verloren hatten. Geschichte war für sie ein Horrorfach geworden.

Zwei Wochen später dann die Klassenkonferenz. Der Klassenraum ist nicht ganz so dreckig wie sonst. Der Ordnungsdienst der Klasse hat ausnahmsweise mal seine Pflicht getan. Ein Elternvertreter erscheint, Herr Ö., eine Klassensprecherin, Samia, aber von den zwölf Lehrern Olcays nur sechs. Blamabel. Alle sind verpflichtet hier teilzunehmen, aber sie haben Entschuldigungen vorgelegt: Arbeitsüberlastung, andere Konferenzen, Weiterbildung, Krankheit. Auch ich drücke mich vor manchen Konferenzen, anders geht es nicht. Aber so eine Konferenz sollte für die Delinquenten auch ein eindrucksvolles Erlebnis sein und wenn so wenige Lehrer kommen, entsteht der Eindruck, das sei alles gar nicht so wichtig.

Monika eröffnet die Konferenz. Ich stelle den Fall dar und beantrage einen Verweis. Olcays Vater ist uns keine Hilfe. Er ist Taxifahrer, auf vergangenen Elternabenden haben wir ganz gut miteinander geredet. Jetzt verteidigt er seinen Sohn. Olcay sei ein guter Junge und wenn ich ihn so provoziere, könne es ja mal passieren, dass der Sohn sich missverständlich ausdrücke. Und Olcay sei es ja auch nicht alleine gewesen, wo denn die anderen Schüler seien. Immer Olcay, Olcay, das sei auch nicht gerecht.

Samia kann als Klassensprecherin wenig sagen. Ja, Olcay störe oft, aber als Kumpel sei er okay. Die Kollegen berichten von Olcays ständigen Störungen und Respektlosigkeiten. Da bleibt kein gutes Haar an dem Jungen. Alle meinen, da müsse endlich mal »eine Reaktion« her. Aber ich sehe auch, wie sie heimlich schon auf die Uhr schauen. »Wegen dem Kerl müssen wir jetzt hier zwei Stunden rumhängen«, denken sie, »wir haben schließlich auch noch Familie.« Als Olcays Vater wieder das Wort ergreift und fordert, die Schule solle generell strenger sein, aber gegenüber allen Schülern, greift Herr Ö. ein, der gewählte Elternsprecher. Er ist türkischstämmig und arbeitet bei der Drogenberatung. Ein toller Elternsprecher, überhaupt haben wir gute Erfahrungen mit türkischstämmigen Elternsprechern.

»Olcay, siehst du ein, dass du ziemlich, ich betone, ziemlich respektlos warst?« Olcay murmelt etwas von ja, aber ... »Wenn du, sagen wir, in Istanbul zur Schule gingst, was glaubst du, wie deine türkische Schule reagiert hätte?« Olcay sagt nichts. »Du wärst am nächsten Tag von der Schule geflogen und hättest in der ganzen Türkei keine Schule mehr gefunden, die dich aufgenommen hätte. Sei froh, dass du hier zur Schule gehst und so nette Lehrer hast wie deine Klassenlehrer.«

Olcay bekommt einstimmig einen Verweis. Da er sich in den folgenden Monaten etwas bessert, kommt der Verweis nicht einmal aufs Zeugnis. Aber Olcay bleibt trotzdem Olcay, ein schwieriger Schüler.

Ein Jahr später, Zeugniskonferenz der 10. Klassen. Die Zeugniskonferenzen für einen Jahrgang, also für neun Parallelklassen, dauern immer vier bis sieben Stunden. Montags sind die 7. und 8. Klassen dran, dienstags die 9. und so weiter, fünf Tage lang. Eine enorme Belastung, und doch hat man nur wenige Minuten für jeden Schüler. Jeder Lehrer, der auch nur einen Schüler der Klasse unterrichtet, ist teilnahmeverpflichtet.

Der Raum quillt geradezu über vor Leuten, und ich kenne keineswegs alle. Die Fluktuation ist groß in den letzten Jahren. Um 17.23 ruft Frau N., die Leiterin der Konferenz, Olcay Z. auf. »Olcay ...«, alle starren auf die an die Wand projizierten Noten. »Soweit ganz gute Noten, aber ich sehe, der Computer hat nur einen Realschulabschluss ausgerechnet.« Das bedeutet, dass ihm der Besuch der Oberstufe verwehrt ist. »Woran liegt's denn? Aha, die Hauptfächer sind okay, aber in den nicht leistungsdifferenzierten Fächern fehlt ihm noch ein Punkt. Die Frage ist, ob man da noch was machen kann. Der Junge scheint ja nicht dumm zu sein. Sollte man ihm nicht doch den Besuch der Oberstufe ermöglichen? Was sagen die Klassenlehrer?«

Monika und ich sehen uns an. Auch für uns sind die Noten neu, der Computer hat sie erst vor wenigen Stunden ausgespuckt. »Tja, Olcay«, ich räuspere mich »intelligent genug ist er, das Problem ist seine eingeschränkte Leistungsbereitschaft und sein Verhalten.« »Er tut nur das Notwendigste und stört dauernd«, ergänzt Monika. Frau N. schaut skeptisch. »Verhalten zählt hier aber nicht. Die Frage ist eher, ob er es packen könnte in der Oberstufe.« »Dann müsste er seine Arbeitshaltung aber entscheidend verbessern«, ruft eine Kollegin von ganz hinten. Frau N. wird jetzt ernst. »Kollegen, es geht nur um einen Punkt. Wenn wir ihm die Gymnasialqualifikation verweigern, wird er wahrscheinlich die Zehnte wiederholen wollen. Und die sind jetzt schon überfüllt. Einen einzigen Punkt. Herr N., wie siehts in Bio aus, sehen Sie da eine Möglichkeit, einen Punkt höher zu gehen?« Kollege N. schüttelt energisch den Kopf: Auch die Kunstlehrerin windet sich. Wir wissen, welche Folgen dieses ›Augen zudrücken‹ hat, wenn es sich bei den Schülern herumspricht, und dass wir als Gesamtschule sowieso im Verdacht stehen, bei der Notenvergabe zu »pädagogisch« zu sein.

»Herr Johann, wie sieht es in Erdkunde und Geschichte aus? Wie gesagt, es geht ja nur um einen einzigen Punkt, und wir wissen alle, wie schnell heute geklagt wird.« Jetzt winde ich mich. Ich will ja auch nicht, dass jemand wegen eines Punktes ein Jahr wiederholen muss. Aber ausgerechnet Olcay? Andererseits, so punktgenau sind unsere Noten auch nicht, und vielleicht ändert er ja sein Verhalten in der Oberstufe. Um Zeit zu gewinnen, tue ich so, als ob ich meine Noten überprüfen müsse. »Okay, machen Sie aus den 10 Punkten in Geschichte 11.« Olcay darf in die Oberstufe.

Zwei Jahre später habe ich Olcay dann wieder im Grundkurs Geschichte. Er nervt weiterhin mit seiner Mischung aus Größenwahn und Empfindlichkeit, aber es ist viel besser geworden, und seine Abiturarbeit über den Widerstand gegen Hitler ist dann richtig gut. Als er sein Abiturzeugnis ausgehändigt bekommt, drücke ich ihn auch an meine Brust. »Haben eine Menge miteinander erlebt, was?«

Bei solchen Gelegenheiten fällt mir auch wieder das Bild vom Bergungsschlepper ein, diesmal als Symbol für die Gesamtschulen. Die Gymnasien schaffen es, dreißig Prozent der Schüler eines Jahrgangs zum Abitur zu bringen. Sie kriegen die eindeutig Leistungsstarken. Die weiteren zehn Prozent Abiturienten, die die Gesellschaft auch dringend braucht, müssen die Gesamtschulen beisteuern. Ihre Schüler sind die Intelligenten, die Verhaltensprobleme haben, die, bei denen man nicht so recht weiß, ob sie es packen könnten, die, die eine Krise haben und solche wie Olcay, klug, aber labil. Mit einem Wort: die Problemschüler. Wir, die Gesamtschulen, vor allem in den Brennpunktkiezen, sind es, die diese vom Scheitern Bedrohten von den Klippen wegziehen, die Faulen von den Sandbänken holen. Ohne unsere massive Schlepphilfe würden die wenigsten unserer Schüler das Abitur schaffen. Mühsam lotsen wir sie immer wieder ins Fahrwasser. Wir sind stolz auf diese Leistung, aber es ist auch verdammt harte Arbeit.

9/11 UND DIE BÄRTIGEN IM HINTERGRUND

Es ist der 12. September 2001. Gestern Abend war ich mit meinem Kollegen Jürgen in der Kneipe, als uns die Meldung von den Attentaten auf das World-Trade-Center und das Pentagon wie ein Faustschlag traf. Unglaublich, schrecklich. Der Fernseher wurde eingeschaltet, und wir starrten entsetzt auf die grauenhaften Bilder von den einstürzenden Türmen. So viele Tote. Welcher menschenverachtende Hass hatte sich hier entladen, Hass auf die westliche Welt.

Auch im Lehrerzimmer an diesem Morgen Bestürzung, Angst, Entsetzen. »Leute«, beginne ich meinen Geschichtskurs im 12. Jahrgang, »ich glaube, wir müssen heute über das Ereignis von gestern sprechen.« Ich habe diesen Kurs, in dem 80 Prozent Migranten sitzen, erst seit drei Wochen, kenne die Schüler also noch nicht gut. Über das, was dann an Beiträgen kommt, bin ich regelrecht entsetzt. Natürlich sei das schlimm mit den vielen Toten, aber es sei auch richtig, »dass die arroganten Amis endlich mal eine auf die Schnauze bekommen haben«, meint Ibrahim. »Sie wollen doch die ganze Welt beherrschen, haben all die korrupten Regimes in der muslimischen Welt zu ihren Marionetten gemacht, und dann das Verbrechen von Hiroshima damals, das ist eben jetzt die Vergeltung, die sie verdient haben.« Allgemeines Nicken, keiner widerspricht. Ich versuche durch Fragen ein bisschen Empathie zu wecken für die Opfer, vergeblich. »Die Amis haben diese Regierung doch gewählt. Jetzt dürfen sie sich über die Folgen nicht wundern.« Ich spüre so etwas wie Schadenfreude gegenüber den Amerikanern. Auch Manuela, eine linke Deutschstämmige, unterstützt diese Sicht: »Die Amerikaner wollen doch den Islam ausmerzen. Das sieht man schon an ihrer Politik der Unterstützung Israels, trotz all der Verbrechen gegen die Palästinenser.« Auch hier allgemeine Zustimmung. Bin ich hier der einzige, der Mitleid mit den Opfern fühlt und entsetzt ist? »Und was denkt ihr über diese Attentäter und ihre Hintermänner bei Al Quaida?« »Aber das war doch nicht Al Quaida.« Zübeyde ist empört, »niemals würde ein Moslem so etwas tun. Das war Präsident Bush selbst oder der CIA, um einen Vorwand für Kriege gegen die Muslime zu haben.« Jemand weiß ganz sicher, dass gestern kein Jude an seinem Arbeitsplatz im WTC erschienen ist. »Kann das Zufall sein?« Ich frage nach ihren Quellen. Es sind private Sender aus dem Nahen Osten. »Sie glauben echt, was die Presse hier im Westen sagt?«, fragt mich Ibrahim, »die ist doch von der Regierung gesteuert. Sie sind ja naiv.«

Ein erschreckender Graben scheint mir hier aufgebrochen, zwischen dem, was die Mehrheitsgesellschaft gerade glaubt und diskutiert, und dem, was meine Schüler für wahr halten. Leben wir in getrennten Welten? Ich bin immer von einem grundlegenden Konsens ausgegangen: Demokratie ist gut, Diktatur schlecht, Kriege und gewalttätige Lösungen sind abzulehnen, Attentate zu verurteilen. Unsere Medien, da glaubte ich mich einig mit meinen Schülern, müssen kritisch hinterfragt werden, sind im Kern aber einigermaßen verlässliche Informationsquellen. Aber von diesem Konsens scheint nichts mehr übrig zu sein. Ich fühle mich plötzlich wie auf brüchigem Eis.

Ich gehe entsetzt aus der Stunde. Der 11. September, ein weiteres Verbrechen der USA oder gar der Juden? Gestern Abend scheint die muslimische Community hier in unserer Stadt vor den Fernsehern zu diesem Ergebnis gekommen zu sein. Weil sie sich aus anderen Quellen informiert als die Mehrheitsgesellschaft? Oder einfach, weil sie nicht zulassen will, dass irgendein Makel auf den Islam fällt? »Von uns war's keiner«, sofort alles leugnen. Eine kindische Reaktion in meinen Augen, aber die gleiche, wie sie aus den Städten im Nahen Osten berichtet wird. Sicher denken nicht alle Migranten so, beruhige ich mich, aber die, die es anders sehen, wagen derzeit nicht, ihre Skepsis kund zu tun. Diese Kluft zwischen Migranten und Mehrheitsgesellschaft erschreckt mich fast genauso wie das Attentat selbst. Was kann ich als Pädagoge tun?

In den letzten Jahren habe ich mich, gerade in Hinblick auf meine muslimischen Schüler, intensiv mit dem Islam und der islamischen Geschichte beschäftigt, was mir jetzt zugutekommt. Nach allem, was ich gelesen habe, sind die Attentate Ausdruck eines tiefsitzenden Ressentiments der muslimischen Welt gegen die in den letzten Jahrhunderten stets gewachsene Überlegenheit und Dominanz der westlichen Welt. Die muslimische Zivilisation ist nach ihrem Höhepunkt im Mittelalter in Stagnation verfallen und konnte auf fast allen Gebieten nicht mithalten mit den Fortschritten im sich dynamisch entwickelnden Abendland. Aber anstatt die Ursachen bei sich selbst zu suchen, verzehren sich die zunehmend einflussreicher werdenden Islamisten in Hass auf den Westen und sein Gesellschaftsmodell. Gleichzeitig wird die eigene Vergangenheit glorifiziert. So sehen es auch moderne muslimische Wissenschaftler.

Ich nehme mir vor, in meinem Kurs stärker auf diese Entwicklungen einzugehen, auch wenn es im Curriculum so nicht vorgesehen ist. Da wir gerade die Entstehung der mittelalterlichen Welt besprechen, greife ich das Thema »Ausbreitung des Islam« auf. Aber schnell tun sich auch hier Gräben auf. »Der Islam hat sich immer nur friedlich ausgebreitet«, doziert Ibrahim. »Von Mekka bis Frankreich, ohne Krieg?«, kontere ich. »Die Ungläubigen haben die Moslems angegriffen, da mussten diese sich ja wehren.« »Und was ist mit dem Dschihad?«, frage ich. Man belehrt mich, dass Dschihad geistige Auseinandersetzung bedeute. Die Deutung als Glaubenskrieg sei eine falsche westliche Unterstellung. Historisch ist das Unsinn. Wo haben meine Schüler das gelernt? Ich erzähle ihnen, dass der osmanische Sultan noch 1914 den Dschihad gegen die Entente ausgerufen hat.

In meinen Unterricht über das Mittelalter baue ich ein Referat über Ibn Sina ein, den auch im Abendland sehr geschätzten muslimischen Universalgelehrten der sogenannten islamischen Aufklärung vom 9. bis zum 11. Jahrhundert. Sana hält das Referat. Sie stellt seine medizinischen und naturwissenschaftlichen Erkenntnisse vor. Dass sie seine von Aristoteles abgeleitete Weltsicht nicht recht verstanden hat, verzeihe ich ihr, sie ist auch schwer verständlich. Aber als sie anfängt, seine Frömmigkeit und Glaubensstrenge zu loben, muss ich eingreifen. Ich frage sie, ob sie nichts gelesen habe über seine Neigung zu Frauen und Wein, und davon, dass seine philosophischen Schriften von den orthodoxen muslimischen Geistlichen verdammt und verboten wurden, weil sie angeblich den rechten Glauben gefährdeten und auf den Schriften eines heidnischen Philosophen aufbauten? Nein, davon steht nichts in ihren Quellen, die sich als dubiose Internetseiten und eine fromme Broschüre herausstellen, die ihr ein Hodscha in der Moschee in die Hand gedrückt hat. Sie behauptet im Gegenteil, dass Ibn Sina alle seine Erkenntnisse aus dem Koran geschöpft habe. Sie wirkt geradezu begeistert, als sie uns darüber aufklärt, dass im Koran, wenn man ihn nur recht zu lesen verstehe, alles Wissen dieser Welt, auch die neuesten wissenschaftlichen Erkenntnisse, bereits angelegt sei. Mit strahlenden Augen will sie uns das an Beispielen beweisen. Was sie hier vorträgt, ist die Theorie von Sayyid Qutb, einem Vordenker des Islamismus und dezidiertem Gegner der westlichen Moderne. Das ist ihr nicht klar, aber ihr Hodscha hat ihr Qutbs Gedankengut in Form der Broschüre über muslimische Philosophie untergejubelt. Ibrahim verteidigt Sanas Referat gegen meine Kritik: »Die Erkenntnisse der großen muslimischen Gelehrten wurden im Abendland aufgegriffen und als eigene, christliche Erkenntnisse ausgegeben. Es wurde geleugnet, dass sie von den Arabern kamen.« Die kulturellen Leistungen Europas – eigentlich nur von den Muslimen geklaut? Auch das ist Qutb.

Manchmal würde ich gerne Mäuschen spielen in den hiesigen Moscheen.

Einige Hodschas, die keinerlei wissenschaftliche Ausbildung haben, scheinen unseren jungen Migranten ein Weltbild zu indoktrinieren, das diese geradezu aufhetzt gegen die westliche Gesellschaft. Wie soll da Integration laufen? Die Schüler erfahren dort nichts über die Widersprüche im

Koran, über den Gegensatz zwischen mekkanischen und medinensischen Suren, nichts über die jahrhundertelangen Auseinandersetzungen im Islam über das Wesen des Korans und seine Auslegung. Jeder kleine Hodscha verkündet seine Auslegung als alleingültig und unanfechtbar.

Je mehr Themen ich aus der islamischen Geschichte aufgreife, desto mehr merke ich, dass einige Schüler geradezu eine Schulung durchlaufen haben, die sie gegen westliches Gedankengut immunisieren soll. Sie kennen die Entstehungsgeschichte der Bibel in allen Einzelheiten und alle Argumente, die dafür sprechen, dass sie »Menschenwerk« ist. Kein christlicher Schüler kennt diese Details. Widersprüche im Koran? Nein, so etwas gibt es nur bei den Christen. Sie wissen, dass Muslime in der Geschichte nie Kriege angefangen haben und immer tolerant waren. Plünderung und Vergewaltigung bei der Eroberung Konstantinopels? Sklaverei im Osmanischen Reich? Alles Lüge, ein Versuch, die Muslime schlecht zu machen. Sie schwärmen von der Religionsfreiheit in Andalusien und im Osmanischen Reich, wissen aber nichts von der untergeordneten Stellung der »Ungläubigen« in diesen Reichen.

Von uns lernen sie eine selbstkritische Sicht auf die deutsche und europäische Geschichte. Sie lernen, dass die Geschichte Europas viele fragwürdige Seiten aufweist: Die Kreuzzüge, der Kolonialismus, der Sklavenhandel, gar nicht zu reden von den Weltkriegen und den Verbrechen der Nationalsozialisten. Da gibt es vieles, für das wir uns heute geradezu schämen. Was ihnen dagegen in ihren Moscheen und auch in populären Videos und in Broschüren über die Geschichte ihrer Herkunftskultur untergejubelt wird, strotzt von unwissenschaftlichen Mythen und ist von keinerlei Selbstzweifeln angekränkelt. Die Moslems waren immer die Guten, jetzt sind sie die schuldlosen Opfer der Brutalität des Westens. Nicht gerade ermutigend für Schüler, die in ihre westlich geprägte neue Heimat hineinwachsen wollen.

Zum Glück haben nicht alle Migranten dieses Weltbild aufgesogen, eher eine Minderheit. Die Kemalisten, die Anhänger Atatürks also, und die Aleviten scheinen geradezu immun dagegen zu sein, und viele andere interessiert diese Sicht kein bisschen. Einige wenige dafür umso mehr.

In einer Klausur über die Kreuzzüge lege ich ausnahmsweise mal eine muslimische Quelle vor, einen Text von Sultan Saladin, dem Gegner der Christen beim Dritten Kreuzzug. Am Ende seiner Rede fordert Saladin die Gläubigen auf, gegen die Christen zusammenzuhalten und »die verdiente Strafe Gottes über sie zu bringen«, damals eher eine Floskel. Ein Schüler gerät bei der Interpretation dieser Stelle aber geradezu in Euphorie. Ja, so müsse es laufen, schreibt er. Die Muslime müssten auch heute endlich gemeinsam mobil machen gegen den Westen, ihn schlagen, vernichten, dann sei ihnen das Paradies sicher. Von mir zur Rede gestellt, entschuldigt er sich stammelnd für diesen Ausfall. Er wisse auch nicht, was ihn da geritten habe. Es sei natürlich Unsinn. Muss ich ihn dem Staatsschutz melden? Aber das wäre ein Tabubruch. Ich warte ab. Vier Wochen später wird er der Schule verwiesen, weil er im Streit eine Mitschülerin »Christenschlampe« genannt hat.

Dass wir auch Fundamentalisten an der Schule haben, merken wir spätestens, als eine Gruppe von Schülern in der Mensa zu missionieren beginnt, Broschüren verteilt, Schüler beschimpft, die das Fastengebot im Ramadan nicht streng einhalten. Der Schulleiter stellt sie zur Rede, da der Schulfriede gestört ist. Die stundenlangen Diskussionen im Rektoratszimmer enden mit einem Polizeieinsatz.

Im Erdkunde Unterricht in der 11. Klasse will ich über den verheerenden Tsunami in Südostasien sprechen. Als es um die Ursachen geht, trägt Ali, ein bärtiger muslimischer Schüler, den ich als hoch intelligent kenne, vor, dass die vielen Toten »die Strafe Allahs für das zuchtlose Sexleben der Thailänder und der europäischen Sextouristen« gewesen seien. Allerdings wollen seine Mitschüler dann doch nicht darüber diskutieren.

Als ich einmal Darwins Evolutionstheorie erwähne, glaubt Ayse mich hinterher triumphierend darüber belehren zu müssen, dass »natürlich kein einziger muslimischer Schüler diese Theorie glaube.« »Und sagt ihr das auch eurem Biologielehrer?«, frage ich. »Natürlich nicht, wir wollen doch unser Abi schaffen. Es langt ja auch, wenn wir sie kennen.«

Abgründe aus meiner Sicht, das läuft ja auf ein verlogenes Doppelleben hinaus. Da brodelt etwas unter der Oberfläche, und das muss raus, ans Licht. Darüber muss diskutiert werden.

Gelegentlich sind es auch nicht Inhalte und Aussagen, die mich beunruhigen, sondern Verhalten. Sumaya, eine ehemalige Schülerin, taucht als Praktikantin wieder an der Schule auf. Sie ist in der Ausbildung zur Lehrerin und trägt Kopftuch. Warum nicht. Aber als sie meine freundlich entgegengestreckte Hand nicht ergreift, frage ich sie, warum sie das macht. »Das verbietet mir meine Religion.« »Ist dir klar, dass das hier als grobe Unhöflichkeit gilt?« Sie schaut mich betreten an, nickt.

In meiner Phantasie sehe ich schon, wie zum ersten Mal

eine in eine Burka gehüllte Mutter beim Elterngespräch vor mir sitzt. Würde ich überhaupt mit ihr reden? Meine Kollegin Marion, die sich intensiv um deutsch-türkische Kontakte bemüht, ist viel unaufgeregter als ich. »Das darfst du nicht so streng sehen«, meint sie, »das sind doch Jugendliche, die noch ihren Weg suchen, und es sind wenige, die so orientiert sind.« Sicher, auch ich hatte als Jugendlicher meine religiöse Phase, aber aus heutiger Sicht bezweifle ich, dass ihnen diese dogmatisch geprägte religiöse Sicht bei der Orientierung in dieser Gesellschaft hilft. Ich spüre aber auch, wie beschränkt meine Möglichkeiten sind, auf sie in diesen Fragen einzuwirken. Religiöse Fragen sind heikle Fragen. Der Islam ist für unsere Schüler nicht einfach eine Religion, wie für uns, sondern gerade hier in der Diaspora, ein Teil ihrer kulturellen, ja ihrer persönlichen Identität. Er ist wichtig als Abgrenzungsmerkmal gegen eine als bedrohlich empfundene Umwelt. Auch ihre ganze Moral hängt an dieser Religion.

Aber mitunter tun sich plötzlich Chancen auf, wo man es am wenigsten vermutet. Die kluge Tülin hat gerade das beste Referat über Martin Luther vorgetragen, das ich je gehört habe. Sogar auf die theologische Auseinandersetzung zwischen Luther und Professor Eck ist sie eingegangen. Was interessiert eine Muslimin an einer innerchristlichen Auseinandersetzung? Das wird schnell deutlich. »Kann man denn«, fragt Hayrije, »eine Religion einfach so ändern? Es gibt doch die heiligen Texte?« »Die kann man aber unterschiedlich auslegen«, entgegnet Yunus, erntet aber gleich Widerspruch: »Die Bibel vielleicht, aber der Koran ist Gottes Wort und muss wörtlich genommen werden.« »Okay, aber was diese Worte heute konkret bedeuten, das kann doch diskutiert werden.« Schon sind wir in der Diskussion. Andere bringen ein, dass vieles angeblich Islamische ja bloß auf Tradition beruhe. »Das hat Luther ja auch dem Papst vorgeworfen«, ruft jemand dazwischen. Sie finden Beispiele dafür: die Beschneidung von Frauen, die Unterordnung der Frau unter den Mann. Ich halte mich völlig zurück und freue mich, nicht nur, weil ein Thema, das unsere Schüler in den letzten Jahrzehnten immer totlangweilig fanden, wieder so aktuell zu sein scheint, sondern vor allem darüber, dass hier eine Diskussion über eine zeitgemäße Auslegung des Islams in Gang kommt.

Im Lehrerzimmer erzähle ich davon, stoße aber bei Reinhold eher auf Ablehnung. »Und das lässt du zu? Wir haben doch vom Islam keine Ahnung. Bei mir werden die Aufklärung und die Menschenrechte gründlich durchgenommen. Das ist unser Erbe, dazu sollten wir stehen.« Auch Uli meint, wir sollten eher die Rolle der Religion an sich in der Geschichte problematisieren. »Religion als Opium des Volkes womöglich«, entgegne ich. »Du kannst da nicht frontal angreifen. Wenn du den Islam oder Religion an sich direkt in Frage stellst, fühlen sie sich sofort angegriffen, selbst die kaum Religiösen. Sie halten dich dann für so einen Islamophoben, einen Rassisten gar, fühlen sich persönlich missachtet. Dann ist schnell alles Vertrauen verspielt, was du aufgebaut hast. »Da hast du Recht«, stimmt mir Uli zu, »wir dürfen nicht mal kritische Bemerkungen zum Kopftuch machen, das dürfen nur Muslime.« »Ihr wisst doch«, nehme ich meinen Faden wieder auf, »welche Interpretationsspielräume alle Religionen lassen. Da muss man ansetzen, ihnen Gelegenheit geben, über eine moderne Auslegung des Islams zu diskutieren.« »Du meinst, die interpretieren sich ihren Islam so lange zurecht, bis alles an Freiheit reinpasst, was sie zum Leben brauchen«, assistiert mir Uli. »Genau, man muss bloß Gelegenheit geben, darüber zu sprechen.« Reinhold winkt ab: »Die leben nun mal hier in Deutschland, also haben sie sich mit unserer Geschichte und mit unseren Werten auseinanderzusetzen.« Es fehlt bloß noch, dass er »Basta« sagt.

Dieser Prozess der immer freieren Interpretation des Islam lässt sich tatsächlich täglich an der Schule beobachten, auch bei vielen Kopftuchträgerinnen. Während Sumaya mir die Hand verweigert, will Cagla ihre Abiturarbeit unbedingt über die Befreiung der Kunst aus der Kontrolle der Kirche am Ende des Mittelalters schreiben. Ayse, die Darwin so vehement ablehnt, ist andererseits eine kämpferische Verfechterin der Frauenemanzipation. Sie schreibt über die Rolle der Frauen in der Französischen Revolution.

Und da ist Sirin. Sie ist eine kluge Iranerin, die auch im heißesten Sommer nicht nur ein Kopftuch trägt, sondern auch einen dicken Mantel, der vom Hals bis zu den Füßen alles verhüllt. Sirin will unbedingt das Referat über die Aufklärung halten, weil sie, wie sie sagt, eine glühende Anhängerin dieser Richtung sei. In ihrem Referat zeigt sie, dass sie das Anliegen der Aufklärung wirklich verstanden hat. »Freiheit von Bevormundung«, das ist ihr persönliches Thema. »Und du siehst da keinen Widerspruch zu deiner Religion?«, werfe ich ein. »Aber wieso denn? Aufklärung und Islam sind keine Widersprüche. Der Islam fordert geradezu das selbstständige Denken. Man muss den Koran nur richtig interpretieren.« Immerhin. Orthodoxe behaupten ja, der Koran könne gar nicht interpretiert werden. Ihre Haltung ist damit ausgesprochen »aufgeklärt«.

DAS EISERNE KREUZ

Im Geschichtsunterricht der elften Klassen steht die Systematisierung und Vertiefung des Wissens über die deutsche Geschichte auf dem Plan. Aber der Unterricht läuft nicht gut in dieser Klasse, in der fast nur Einwandererkinder sitzen. Sie lernen halt unter Druck ein paar Fakten zur deutschen Geschichte. Aber ist das der Geschichtsunterricht, den ich mir vorstelle?

Eines Tages – haben wir über Ehrenzeichen gesprochen oder über Helden, ich weiß es nicht mehr – erwähne ich im Unterricht eher nebenbei, dass mein Vater das Eiserne Kreuz verliehen bekommen habe. »Ihr Vater? Das Eiserne Kreuz, und wofür? Sind Sie stolz auf Ihren Vater?« Plötzlich ist Geschichte etwas Persönliches und stößt auf Interesse. Das muss ich nutzen. »Okay, wenn Sie wollen, machen wir einfach mal eine Stunde zum Eisernen Kreuz meines Vaters. Nächste Woche.«

»Deutsche Geschichte für Einwanderer«, das ist ein besonderes Kapitel. Früher, als wir noch überwiegend deutschstämmige Schüler hatten, war die Geschichte Deutschlands »unsere Geschichte«, und wir konnten an das anknüpfen, was unsere Schüler schon in der Familie gehört hatten, an Sendungen, die sie im Fernsehen gesehen hatten, auch an ein gemeinsames Bewusstsein bezüglich der Fragwürdigkeit von Kriegen und Großmachtambitionen. Aber seit wir Schüler vor uns sitzen haben, die z.T. erst seit wenigen Jahren in Deutschland sind und sich eher noch mit der Geschichte ihrer Herkunftsländer identifizieren, ist das anders geworden. Manchmal versuche ich, unseren sehr selbstkritischen Unterricht zur deutschen Geschichte aus ihrer Perspektive zu sehen und spüre dann, dass es nicht leicht ist, sich mit einem Land zu identifizieren, dass seine eigene Geschichte mit so viel Skepsis sieht, sich zu Schuld und Sühne bekennt. Immer wieder habe ich in Diskussionen gehört: »Die Deutschen lieben ihr Land ja selbst nicht richtig. Sie sind gar nicht stolz auf ihre Geschichte.«

Die Türkischstämmigen erzählen begeistert von Macht und Größe des Osmanischen Reiches, vom unfehlbaren Helden Atatürk. Armeniermorde? Alles Lüge. Militärputsche und Unterdrückung der Kurden? Wo soll da das Problem sein? Man kann mit Recht stolz sein, ein Türke zu sein. Aber ein Deutscher zu sein, ist ein Problem. Das spüren sie, und das macht es ihnen nicht leicht, mit der deutschen Staatsbürgerschaft auch ein positives Gefühl zu verbinden. In Frankreich, dieser »Grande Nation«, wäre das anders. Frankreich stand immer an der Spitze der europäischen Demokratiebewegung, die Franzosen haben Widerstand geleistet gegen die Nazis. Auch in Großbritannien, dieser urdemokratischen einstigen Weltmacht, fällt es leichter, sich zur Geschichte des Landes zu bekennen. Aber in Deutschland?

In den letzten Jahren habe ich als Reaktion auf dieses Dilemma mehr und mehr die positiven Aspekte der deutschen Geschichte, die es ja auch gibt – vor allem seit 1945 – hervorgehoben. Trotzdem führt kein Weg an diesen schrecklich quälenden Stunden zu den Verbrechen der nationalsozialistischen Zeit vorbei: An dem Video zum KZ Buchenwald, der Lektüre der Texte des Kommandanten von Auschwitz, der Verlesung der Deportationslisten von Kreuzberg. Spätestens nach dem dreißigsten Namen ruft jemand, »das reicht«, und das war doch nur ein einziges Prozent der deportierten Juden, allein aus Kreuzberg.

Die Migranten sind sehr interessiert an diesen Themen. Oft frage ich mich, ob dahinter nicht auch die heimliche Angst steckt, der Rassismus könne unausrottbar in diesen unheimlichen Deutschen stecken. Immer wieder taucht die Frage auf: »Glauben Sie, dass so etwas noch einmal in Deutschland passieren kann?« Sie brauchen Erklärungen, für das, was damals in Deutschland geschah, um diese Angst abzubauen. Die Arbeit mit Texten, Zahlen und Filmen hilft weiter, aber sie reicht nicht, um die seltsamen Wendungen der deutschen Geschichte, des deutschen Wesens, wirklich zu verstehen. Wir deutschstämmigen Lehrer haben dabei eine wichtige Vermittlungsfunktion.

In der folgenden Woche bringe ich das Eiserne Kreuz meines Vaters mit. Einige Jahre vor seinem Tod hatte er es mir mit verlegenem Lächeln anvertraut. Ich halte es hoch, lasse es anfassen, lasse auch die angesengte und vergilbte Urkunde herumgehen. »Im Namen des Führers ...«, lesen sie fast andächtig. Mit dem zerknitterten Dokument gehen sie wie mit einer Reliquie um. Mit der zugehörigen Geschichte beginne ich bei meinem Großvater, dem Müllersohn.

Ich erzähle ihnen, dass er sich sein ganzes Leben lang als Versager gefühlt hatte, weil er im Ersten Weltkrieg schon nach wenigen Wochen erkrankt und nach Hause geschickt worden war. »Damals griff Deutschland das erste Mal nach der Weltmacht, aber mein Opa glaubte, es sei darum gegangen, Deutschlands Untergang abzuwehren.« Ich erzähle, dass Opa immer wieder nach Verdun gefahren war, wo seine Kameraden begraben lagen. Dann lese ich aus einem Text meines Vaters vor: »Meine Klassenlehrer waren alle von diesem Krieg schwer gezeichnet, genauer gesagt verstümmelt.

Den verlorenen Krieg konnten sie nicht verwinden, und so gaben sie an uns das Gift weiter, das hieß: Deutschland über alles ...« Ich beschreibe, wie langweilig meinem Vater das Leben als Bäckerlehrling in einer Kleinstadt während der Weltwirtschaftskrise vorgekommen war. Und dann war endlich wieder Krieg, endlich die Chance auf Revanche. Mein Vater meldete sich freiwillig und stellte einen Antrag nach dem andern, um dahin zu kommen, wo wirklich gekämpft wurde. Sie haben Fragen über Fragen: »War Ihr Vater ein Nazi?« »In mancher Hinsicht. Jedenfalls glaubte er auch, der Krieg sei notwendig.« »Und er wollte unbedingt an die Front? Warum denn? Das ist doch verrückt.« Ich versuche zu verdeutlichen, was meinen Vater daran reizte: Action, zeigen, was man kann, etwas tun für das Vaterland, rauskommen aus der Enge der Kleinstadt. Das interessiert sie. Sie hören gespannt zu. Was das Geschichtsbuch nur abstrakt vermitteln konnte, wird jetzt nacherfahrbar.

Irgendwie irre, denke ich. Methodisch ist das unter aller Kanone. Lehrervortrag! Eine Methode aus dem vorigen Jahrhundert. Heute macht man Gruppenarbeit, Textanalyse, Quellenkritik. Die Schüler sollen sich möglichst alles selbst erarbeiten, bloß nichts fertig vorgesetzt bekommen. Aber es funktioniert.

»Wofür hat er denn nun den Orden bekommen?« Merve drängelt. Wieder erzähle ich: Wie mein Vater aufblühte, als er endlich 1943 in Russland an die Front kam, wie ihm gar nicht klar war, was für ein Verbrechen dieser Krieg war. Ich beschreibe, wie seine Kompanie im Februar 1945 nach wochenlanger Flucht vor den Russen quer durch Ostpreußen endlich einen Bauernhof gefunden hatte, in dem sie glaubten, wenigstens eine Nacht in Ruhe verbringen zu können, und wie dann in den frühen Morgenstunden der Alarmruf durch das Haus gellte: »Die Russen kommen, die Russen kommen.«

Sie hängen an meinen Lippen: Das Geräusch der Panzerketten draußen, man sieht die drei T 34 über die Schneefläche heranbrausen, alle hauen durch die Hintertür ab, rennen in den Wald, um sich zu retten. Und mein Vater? Er schnappt sich die Panzerfaust, schnell noch die weiße Tarnweste über, und schleicht sich im Schnee von der Seite an die Panzer heran. »Wenn die mich sehen, bin ich erledigt«, fährt ihm durch den Kopf. Dann anlegen, zielen, wie er es gelernt hat. Zwei Schüsse, beide Treffer. Die Panzer brennen, Menschen springen heraus, brennend. Aber auch die Jacke meines Vaters brennt. Er wälzt sich im Schnee, um das Feuer zu löschen. Der dritte Panzer dreht von selbst ab. »Puh, das war mutig«, entfährt es Ahmed, »Sie sind sicher stolz auf Ihren Vater?«

Dass ich zögere, verstehen sie nicht recht. »Einerseits ja ...« »Wieso einerseits? Das war doch toll. Er hat etwas getan für sein Land, während die anderen gekniffen haben.« Osman ist richtig empört. So kennen sie das: Ein Mann muss mutig sein und für sein Land kämpfen. »Wäre es Ihnen lieber, er hätte sich unter dem Bett verkrochen?«, fragt Kübra.

»Jetzt sind wir genau beim Dilemma der Deutschen in den letzten hundert Jahren«, versuche ich zu erklären. »Die Deutschen haben viele hervorragende Leistungen vollbracht, nicht nur als Soldaten, immer wieder, aber für welche Ziele? Mein Vater war mutig, aber für was? Er war auf der falschen Seite, auf der Seite der brutalen Angreifer, der rassistischen Besatzer. Hitler wollte Russland versklaven. Stellen Sie sich vor, alle wären so tapfer gewesen wie mein Vater, und Deutschland hätte auch noch den Krieg gewonnen. Das Unrecht hätte gesiegt. Vielleicht würde ich in Uniform vor Ihnen stehen, und Sie müssten die Hacken zusammenknallen. Und das hat mein Vater ja auch Jahrzehnte später eingesehen ...«

Aber sie wollen noch über diese Situation sprechen. »Sie sind Deutscher und halten hier doch zu den Russen, echt?« Ich nuschele etwas von Ambivalenz, aber es fällt ihnen schwer, sich in die Situation eines Deutschen zu versetzen. Sie schütteln die Köpfe. Lirie will wissen, wer eigentlich den Krieg angefangen hat. »Ach so, die Deutschen, na dann ...« Mein Gott, Abgründe. Eine Weile sind wir mit der Frage beschäftigt, ob Heldentaten immer Heldentaten sind, oder ob das auch davon abhängt, für welche Ziele sie erbracht werden, und überhaupt, wie man in Deutschland zu den »Leistungen« im Weltkrieg steht. Rojda sieht nicht ein, dass mein Vater sich schämen soll: »Der wusste doch wahrscheinlich gar nichts von den KZs und so. Der war doch ein kleiner Bäckerlehrling, hat sich vielleicht gar nicht für Politik interessiert.« »Eben, das war ja das Problem«, entgegne ich. Ganz langsam scheinen sie zu verstehen, warum es nicht so einfach ist, stolz auf Deutschland zu sein, aber einige hören jetzt schon nicht mehr zu, weil es zu abstrakt geworden ist. »Ich bin schon stolz auf meinen Vater«, verkünde ich am Ende der Stunde, »aber nicht wegen dieser Tat, sondern wegen einer anderen Leistung, fast vierzig Jahre später.«

Darum geht es dann in der folgenden Stunde, nachdem ich kurz von den Nachkriegsjahren erzählt habe, wie die Deutschen hungernd und frierend zwischen den Trümmern saßen und wie mein Vater, wie fast alle Soldaten, in ein schreckliches »Schwarzes Loch gefallen war«, wie er das selbst nannte. Noch zehn Jahre nach dem Krieg schrie er oft im Schlaf »Die Russen kommen.«

»Irgendwann, vielleicht in den 6oern oder den 7oern, begannen die Deutschen offen über die ganze Sache mit den Nazis, der Judenvernichtung, dem Krieg, die sie 20 Jahre verdrängt hatten, nachzudenken, unter anderem auch meine Eltern. Das war endlich einmal eine gute Leistung«, setze ich fort. »Wann kommt denn endlich die Leistung Ihres Vaters, auf die Sie stolz sind?« »Okay, das war die Sache, wo mein Vater seinen ersten Prozess hatte, wegen Widerstandes gegen die Staatsgewalt.«

Aber damit sie das verstehen, muss ich zunächst einen Überblick über die Entstehung der Friedensbewegung in den 8oer Jahren geben, diese massiven Proteste gegen die sogenannte »Nachrüstung« mit Hunderten von neuen, gegen Russland gerichteten Raketen, die wir als ernsthafte Bedrohung des Friedens ansahen. Ich erzähle, wie auch Lehrer und Schüler unserer Schule sich engagiert hatten und zum Teil dafür bestraft wurden. »Aber während wir hier bloß den Verkehr am Südstern lahmlegten, beteiligten sich meine alten Eltern an der Blockade eines der vorgesehenen Raketenstützpunkte in Mutlangen.«

Wieder versuche ich die Szene spannend auszumalen, wie Hunderte von Demonstranten auf der Straße sitzen, eingehakt »We shall overcome« singend, während die Laster mit den Raketen anrollen und dann nicht weiter können. Wie die Polizei vergeblich versucht, die Straße frei zu machen. »Und dann rücken die Wasserwerfer an, richten den eiskalten Strahl auf die Demonstranten. Die erste Reihe, in der meine Eltern sitzen, trifft der harte Strahl mit voller Wucht.« »Und dann nimmt Ihr Vater seine Panzerfaust und schießt zwei Wasserwerfer ab«, kann Mert sich nicht enthalten einzuwerfen. Alle lachen. »Das nicht, mein Vater war ja inzwischen Pazifist.« Ich lasse das Wort kurz erklären. »Angeführt von dem alten Russlandkämpfer blieben sie einfach sitzen, bis die Polizei sie abführte. Aber ich denke schon, dass mein Vater da einen Zusammenhang gesehen hat. Vielleicht war diese zweite Heldentat für ihn eine Art Wiedergutmachung für die Tat im Krieg. Der alte Russlandkämpfer setzt sich jetzt für Frieden ein. Aber diesmal kriegte er keinen Orden dafür, sondern eine Gerichtsverhandlung und eine empfindliche Geldstrafe. Vor Gericht hat er dann eine Rede gehalten, in der er darlegte, wie er nach dem Krieg in schmerzhaften Denkprozessen zu dem Ergebnis gekommen war, seine Generation habe sich schuldig gemacht und von deutschem Boden dürfe nie wieder Krieg und Rassismus ausgehen. »Und deswegen sind Sie jetzt stolz auf Ihren Vater?« Meine Schüler sehen mich etwas verunsichert an. »Ja, darauf, dass die Deutschen sich selbstkritisch mit ihrer Vergangenheit auseinandergesetzt haben, dass sie friedlich, demokratisch und im Großen und Ganzen auch antirassistisch geworden sind.« »Sind Sie da sicher?«, fragt Nassiem.

Ich höre, wie Mert Tülin zuflüstert: »Erst kriegt er von der Regierung einen Orden und schämt sich dafür. Dann kriegt er eine Strafe und ist stolz darauf. Also, diese deutsche Geschichte ...« »Sag's laut«, ermuntere ich ihn. Ich spüre, dass sie endlich etwas verstanden haben von der Schwierigkeit ein Deutscher zu sein.

DIE JUDEN

Sommer 2006. Heute, am zweiten Tag nach den Sommerferien, soll der Unterricht endlich richtig losgehen. Ich bin,
wie immer nach den Ferien, noch etwas unsicher. Im Postfach stapeln sich schon wieder die Papiere, meist von der
Behörde. Eines nennt sich »Hinweise zur sprachlichen Kor-
rektur von Abiturarbeiten«. »Fehlende Umlaute« lese ich,
»sind in der Regel als Einzelfehler zu werten ... es sei denn,
sie treten durchgängig auf, in welchem Falle sie ...«.

Tief in Gedanken über die Bedeutung fehlender i-Punkte
in der Reifeprüfung versunken kämpfe ich mich gegen den
Strom der Schüler durch das schon wieder vermüllte Treppen-
haus in den ersten Stock hoch. Da kommen mir schon Hanan und Nariman aus der Zehnten, in der ich gleich Unterricht habe, entgegen. »Herr Johann, Herr Johann«, schreien
sie, »wir können jetzt keinen Unterricht machen. Wir müssen über den Krieg sprechen.« Über den Krieg zwischen Hisbollah und Israel, der gerade tobt, ich verstehe. Die beiden
sind Palästinenserinnen und waren in den Sommerferien
gerade im Libanon, als der Krieg ausbrach. Gestern Abend
habe ich die Bilder von den angreifenden israelischen Jets
und den Rauchwolken über den libanesischen Städten gesehen. Klar, wenn sie das selbst gerade erlebt haben, müssen
wir darüber sprechen. Wie kann ich in so einer Situation einfach über die Gründung der Bundesrepublik sprechen, als
wäre nichts geschehen. Was immer in den Herkunftsländern unserer Schüler passiert, schwappt herüber in unseren
Unterricht. »Können Abbas und Nabil mit reinkommen? Sie
sind auch im Libanon gewesen und haben gerade Ausfall.«
Ich kenne die beiden aus der elften Klasse. Okay, sie dürfen.

Mir ist klar, dass das jetzt eine heftige Stunde wird. An der Klassentür stellt sich mir eine neue Schülerin vor. »Wir sprechen uns nach der Stunde«, vertröste ich sie. Ich begrüße die Klasse, begründe die »Aktuelle Stunde« und lasse die vier Schüler, die gerade aus dem Libanon kommen, erst einmal erzählen. Die Schilderungen lassen an Drastik nicht zu wünschen übrig.

»Die Israelis haben unser ganzes Land bombardiert. Tausende von Frauen und Kindern sind jetzt tot.«

»Sie haben extra auf Zivilisten geschossen.«

»Ich hab die Düsenjäger selbst gesehen, wie sie über unser Dorf geflogen sind. Alle mussten fliehen, alle wollen weg aus dem Süden, wo die angreifen.«

»Wir kamen gar nicht in unser Dorf, wahrscheinlich ist es ganz zerstört jetzt, und wir wissen nicht, ob mein Opa noch lebt. Das Telefon geht ja nicht.«

»Bei uns ist ein Krankenhaus, ständig wurden Verletzte eingeliefert.«

»Immer schießen sie auf Frauen und Kinder, diese Schweine.«

»Halt«, rufe ich, »so nicht. Ich verstehe eure Erregung und Wut, aber man muss auch versuchen, beide Seiten zu sehen.« Trotzdem gehen die Klagen und Wutausbrüche der Palästinenser und Libanesen zunächst weiter, ergänzt von den Berichten der anderen muslimischen Schüler über das, was im Fernsehen zu sehen war. Auch sie haben im türkischen Fernsehen oder in Al Dschasira die Bilder gesehen von den Bombenangriffen, die Nahaufnahmen der Verletzten, die Bilder von den weinenden Müttern mit den zornig geballten Fäusten. Von den Raketen der Hisbollah und den israelischen Opfern haben sie wahrscheinlich nicht einmal gehört.

»Diese Juden wollen uns Palästinenser auslöschen, das wollen sie schon immer«, schreit Abbas. Ein Türke erzählt, dass sie bewusst Krankenhäuser bombardieren, die Libanesen berichten von Flüchtlingen: »Alles haben sie verloren, nur die Hisbollah hilft ihnen.« Es ist eine Mischung aus selbst Gesehenem und nur Gehörtem, von Fakten, Legenden und Vorurteilen. Ständig muss ich gegenhalten, Fakten ergänzen und zurechtrücken, vor voreiligen Schlüssen warnen.

Wer sonst? In der Klasse sind nur zwei deutschstämmige Jungen und deren Situation ist prekär, zumal ihre Leistungen weit über dem üblichen Niveau der Klasse liegen. Sie gelten, zu Unrecht, als Streber und sind ziemlich isoliert. Sie wollen bei diesem Konflikt nicht in die Schusslinie geraten. Die »Neue« kann ich noch nicht einschätzen. Die anderen muslimischen Schüler glauben allzu gern jede Schandtat, die den Juden zugeschrieben wird. Sie solidarisieren sich mit ihren Glaubensgenossen im Libanon. Von den Juden haben sie nur Schlechtes gehört.

Als auf einer Nachtwanderung letztes Jahr verdächtige Lichtsignale zu sehen waren, schrie ein Schüler gleich, »Das sind die Juden, schlagt sie.« Eine muslimische Oberstufenschülerin erzählte mir, in ihrem Heimatland Jordanien werde jeder Stromausfall, jede Unterbrechung der Wasserleitung automatisch den Juden angelastet. In meinem Oberstufenkurs Geschichte behauptet eine Schülerin hartnäckig, die Juden seien von Grund auf schlecht, das stehe schon im Koran. Auf meine Aufforderung hin, dies konkret zu belegen, legt sie mir ein zehnseitiges, handgeschriebenes Papier mit Koranzitaten und Erläuterungen vor, die diese These zu beweisen scheinen. Ich habe den Eindruck, dass bei diesem Papier ihr Hodscha in der Moschee mitgewirkt hat.

Allerdings muss ich sagen, dass ich bei der Behandlung der nationalsozialistischen Verbrechen und des Holocausts niemals von muslimischen Schülern auch nur eine abfällige oder gar antisemitische Äußerung gehört habe. Bei diesem Thema solidarisieren sie sich eher mit den Opfern, den Juden. Sie stellen viele Fragen zur Religion, zu Herkunft und zur Stellung der Juden in der deutschen Gesellschaft und sind empört über den Rassismus der Nazis. Ich habe mit muslimischen Schülern »Stolpersteine« für ermordete Juden verlegt. Die Schüler haben sich dabei intensiv auf die Schicksale dieser Menschen eingelassen und waren genauso entsetzt über deren Verfolgung wie die deutschstämmigen Schüler. Aber hier geht es um Israel, und Israel scheint bei allen muslimischen Schülern verhasst zu sein. Dagegen ist schwer anzukommen.

»Und warum haben die Israelis die Hisbollah angegriffen? Was wisst ihr da?« frage ich. »Weil sie uns hassen, weil sie uns vernichten wollen«. Genaueres wissen sie nicht. »Wisst ihr nichts von den täglich hundert Angriffen mit Raketen auf israelische Städte und Dörfer, also auch auf Frauen und Kinder? Wisst ihr, dass die Hisbollah seit Jahren Israel beschießt und sich damit brüstet, noch 13 000 Raketen zu haben?«

Davon haben sie nichts gehört, tendieren dazu, das als Lüge des Westens abzutun. »Israel ist das am stärksten bedrohte Land der Erde«, behaupte ich. »In drei Kriegen haben die Nachbarländer versucht, die Israelis ins Meer zu treiben, und palästinensische Terroristen haben hunderte von Anschlägen in Israel gemacht, Busse und Diskotheken in die Luft gesprengt, seit Jahren. Könnt ihr euch vorstellen, wie man sich fühlt, wenn man ständig davon bedroht ist?« Aber ich stoße auf eine Mauer von Ablehnung.

»Die sollen unschuldig sein? Die verteidigen Sie?«, bricht
es aus Nabil heraus. »Die haben uns doch unser Land weggenommen, die Juden. Was suchen die überhaupt in Paläs-
tina?« Nariman erzählt von ihren Großeltern, die 1948 angeblich oder wirklich vertrieben wurden. »Sie konnten fast
nichts mitnehmen und leben seither in einem Lager. Die
sind so gemein, diese Juden, die sollen endlich mal unser
besetztes Land freigeben.« Allgemeine Zustimmung. Das
sind einseitige, vorurteilsbeladene Äußerungen, aber es
sind eben auch die Urteile von Betroffenen. Ich kann sie
nicht einfach abbügeln. Auch sie haben ein Recht auf Empathie.

»Aber Israel ist seit 50 Jahren ein von der UNO anerkann-
ter Staat, und die Juden wohnen da seit mehr als 80 Jahren.
Der frühere Palästinenserführer Arafat hat schon vor Jahren das Existenzrecht Israels anerkannt, indem er mit Israel
den Oslo-Vertrag schloss. Da könnt ihr doch nicht einfach
das Existenzrecht Israels bestreiten.« Meine muslimischen
Schüler scheinen entsetzt zu sein über meine Ignoranz.
»Gestohlen haben sie dieses Land, und uns haben sie vertrieben. Das ist palästinensisches Land. Israel muss weg«,
schreit Abbas. »Wie können Sie diese Verbrecher verteidigen?« »Und wie wollt ihr die Juden wegkriegen, etwa mit
Gewalt?« Sie zucken die Schultern. »Sie haben es uns ja
auch mit Gewalt weggenommen.«

»Aha, jetzt verstehe ich, ihr fordert hier die gewaltsame
Vertreibung der Juden, findet es richtig, wenn die Hisbollah
Israel beschießt, aber wenn die dann zurückschlagen, seid
ihr die unschuldigen Opfer und fordert Hilfe.« Auch ich bin
jetzt erregt über diese einseitige und gewaltbejahende Haltung meiner Schüler. Aber ich bin auch wütend über die

harte und wenig friedensbemühte Politik der Israelis. Ständig ärgere ich mich beim Lesen der Zeitung über die Meldungen zu ihrer brutalen Besatzungs- und Siedlungspolitik. Auch das ist ein Hintergrund für die Situation, in der ich mich befinde, für die Wut meiner Schüler. Aber Israel hier und jetzt zu kritisieren, hieße Öl ins Feuer gießen, das geht nicht.

»Herr Johann«, Hanan ist wirklich wütend, »Sie sind eigentlich ein sehr beliebter Lehrer hier bei uns. Ich verstehe einfach nicht, wie ein netter und intelligenter Mensch wie Sie diese Verbrecher verteidigt und es gar nicht versteht, dass wir unser Land wiederhaben wollen. Ich verstehe das nicht. Wir sind jetzt alle enttäuscht von Ihnen.« Luay erklärt es ihr: »Der muss doch so reden. Deutschen Lehrern ist es verboten, Israel zu kritisieren, weißt du doch, wegen Auschwitz.« »Alle Deutschen sind immer gegen uns, halten immer zu Israel, egal, was die machen. Was können wir denn für Auschwitz?«, ruft jemand.

»Aber Leute, natürlich darf ich als deutscher Lehrer Israel kritisieren, schließlich haben wir Meinungsfreiheit.« »Und warum hat dann die Schule einen jüdischen Namenspatron?« Nariman hat das gefragt. Da ist sie wieder, diese uralte Legende, diese Latrinenparole, die ich vor zehn Jahren schon gehört habe und die einfach nicht auszurotten ist. Ich weiß, wie sie weitergeht: ›Und warum hat sie einen jüdischen Schulleiter? Und warum ist sie in den israelischen Nationalfarben blau-weiß gestrichen?‹ Wir, insgeheim eine jüdisch gesteuerte Schule?

»Aber das ist doch Unsinn. Schaut euch um. Die Schule ist überwiegend rot-gelb, sie hat keinen jüdischen Direktor, und der Namenspatron war christlicher Deutscher.« Skeptisch schauen mich meine Schüler an. »Das muss er ja jetzt sagen«, höre ich flüstern. Es klingelt. Aufatmend entfliehe ich den Schülern, die hinter mir herlaufen und weiter diskutieren wollen. Schnell eine Pfeife, abschalten, verdrängen, umstellen. In fünfzehn Minuten muss ich in einer Siebten über Alpenpässe unterrichten.

Am nächsten Morgen fängt mich der Schulleiter schon auf dem Flur ab. »Sie kommen mal gleich mit in mein Zimmer, Herr Kollege.« O je, wenn er mich schon Kollege nennt. »Da haben Sie mir ja was Schönes eingebrockt«, er legt los, noch ehe er seine Jacke aufgehängt hat. »Antisemitische Äußerungen im Unterricht ...« Ich falle aus allen Wolken, antisemitisch? »Und das in Anwesenheit einer jüdischen Schülerin, die gerade ihre ersten Stunden an unserem Institut verbringt, was haben Sie sich eigentlich dabei gedacht?« Jüdische Schülerin? Sollte die Neue ...? »Aber ich wusste ja gar nicht, dass in der Klasse ...« »Sie wussten nicht, sie wussten nicht. Sprechen Sie nicht erst einmal ein paar Takte mit einer neuen Schülerin?« Er packt seine Pfeife aus und beginnt sie zu stopfen. Und was war das mit diesem Ausruf »Tod den Juden?« Ich kann nur stammeln: »Tod den Juden? Wenn ich das gehört hätte, mein Gott, das hätte ich doch nicht durchgehen lassen. Aber ich habe nichts gehört, gar nichts.« Das kann höchstens jemand ganz hinten und ganz leise gerufen haben, vielleicht in dem Chaos am Ende der Stunde. »Ach, Sie haben nichts gehört. Hören Sie in letzter Zeit schlecht?« Ich versuche ihm die Situation klar zu machen, den dringenden und verständlichen Wunsch einiger Schüler, über den Krieg zu reden, die nachvollziehbare Emotionalität der betroffenen Schüler, die aufgeregte Stimmung.

»Herr Johann, können Sie sich vorstellen, dass ich meinen wohlverdienten Feierabend gerne anders verbringe als mich mit Journalisten, Sie können sich ja denken, welche Zeitung aus dem Boulevardbereich ich meine, herumzuschlagen, die von mir eine Stellungnahme zu den antisemitischen Vorfällen in Herrn Johanns Unterricht haben wollen. Die hatten ihre Information übrigens nicht von der jüdischen Schülerin. Wer da angerufen hat, weiß ich nicht.« Immerhin setzt er sich jetzt, zündet seine Pfeife an. »Habe sie abwimmeln können, indem ich meine Hand für Sie ins Feuer gelegt habe. Mein Gott, ist Ihnen denn nicht klar, dass wir als Deutsche, und gerade Sie als Sozialkundelehrer ... Schreiben Sie mir einen ausführlichen Bericht, bis morgen.«

Der Unterricht in der Klasse läuft gut in den folgenden Wochen, als hätte dieser offen ausgetragene Konflikt die Beziehung zwischen der Klasse und mir eher gefestigt. Immerhin hat sich jemand ernsthaft mit ihnen auseinandergesetzt. Manchmal müssen sie eben sein, diese Stunden, in denen die Fetzen fliegen, ohne Rücksicht, nur an der Sache orientiert.

Einige Monate später hält Hanan, die Palästinenserin, ein Referat über Willy Brandt. Sie betont seinen Mut, alte, überholte deutsche Ansprüche und Forderungen aufzugeben, um Frieden und Freundschaft mit den Nachbarstaaten zu ermöglichen. Am Ende zögert sie, als wolle sie noch etwas ergänzen. »Willst du noch etwas sagen?«, frage ich. »Na, ja ich habe halt darüber nachgedacht, ob wir Palästinenser nicht vielleicht auch so einen Willy Brandt bräuchten.«

IDENTITÄT ODER:
WIE WIRD MAN DEUTSCHER?

Immer wieder in diesen Jahren stelle ich fest, wie stark meine Schüler noch von den Problemen und Sichtweisen ihrer Herkunftsländer geprägt sind, obgleich die meisten bereits in Deutschland geboren wurden und die deutsche Staatsangehörigkeit besitzen. In wie weit haben sie eigentlich Deutschland als neues Heimatland angenommen, frage ich mich oft. Als was fühlen sie sich? Was ist ihre Identität?

Das Problem fängt schon mit unseren Bezeichnungen für sie an, die ja irgendwie zu ihrem Selbstverständnis passen sollten. Anfangs waren sie einfach Türken oder Araber für uns. Später kamen diese nicht ganz falschen aber äußerst bürokratischen Bezeichnungen auf, wie »Deutsche mit Migrationshintergrund« oder »NDH Schüler, Schüler nichtdeutscher Herkunftssprache«, oder gar »die nicht muttersprachlich Deutschen.« In den letzten Jahren kam dann für die »Altdeutschen«, wie ich sie gern nenne, also die Deutschen, die auch abstammungsmäßig Deutsche sind, die schreckliche Bezeichnung »Biodeutsche« auf. Meine türkischstämmigen Kollegen scheinen sie zu lieben. Aber was sind sie dann? »Nichtbiodeutsche«, oder was?

Ich finde eigentlich »Neudeutsche« als Bezeichnung für die Zuwanderer am treffendsten, oder »türkische Deutsche«. Dann läge die Betonung auf Deutsche, während »deutsche Türken« eher die Herkunft betont. Mit unseren Bezeichnungen ordnen wir sie ein, schieben sie vielleicht sogar irgendwo hin, wo sie keineswegs verortet werden wollen. Manchmal stoßen wir sie auch zurück mit diesen Bezeichnungen. Völlig integrierte Einwanderer, wie der Schriftsteller Navid Kermani oder die Journalistin Hatice Akyün regen sich auf, wenn man sie nach ihrer Herkunft fragt. Frau Akyün antwortet dann immer »Duisburg«. Und wenn man sie für ihr perfektes Deutsch lobt, kontert sie leicht provokativ mit »Sie sprechen aber auch gut Deutsch.« Der Wunsch, den sie damit zum Ausdruck bringt, ist völlig berechtigt, aber schneidet man, wenn man sie einfach als »ganz normale Deutsche« sieht, nicht auch etwas ganz Entscheidendes von ihrer Identität, ihrer Lebensgeschichte ab? Den ganzen Prozess des Hineinwachsens in diese Gesellschaft, die Auseinandersetzung mit den unterschiedlichen kulturellen Normen und Wertesystemen im Prozess der Selbstfindung? Diesem sensiblen Thema widmen sie ja auch einen großen Teil ihrer Veröffentlichungen, weil es ein spannender, schwieriger, aber auch ein bereichernder Prozess ist, der ihre Persönlichkeiten entscheidend prägt.

Wir Lehrer in Kreuzberg und in anderen von Migranten geprägten Vierteln beobachten diesen Prozess täglich in seinen unterschiedlichen Stadien und Phasen. An einem Tag, an dem die Türkei in einem Fußball-Länderspiel steht, scheinen sie mit Leib und Seele Türken zu sein. Viele tragen rote T-Shirts mit Halbmond und Stern, bringen türkische Flaggen mit und brüllen im Hof lautstark »Türkye, Türkye«. Am nächsten Tag im Sozialkundeunterricht ist dann Frau Merkel wieder »unsere Kanzlerin«, und wenn Deutschland gegen England spielt, schreien sie alle für Deutschland. Aber wenn Erdogan in Deutschland zu Besuch ist, nennen sie ihn auch wieder »unseren Ministerpräsidenten«.

Was mich interessiert ist weniger, wo sie ihre Zukunft sehen, das ist in der Regel Deutschland, sondern eher, als was sie sich fühlen. Das ist wichtig für die Gestaltung meines Unterrichts, vor allem über Deutschland, seine Gesellschaft, Geschichte, Politik. Ich möchte wissen, aus welcher Perspektive sie unser Land sehen, welche Ängste, vielleicht auch Vorurteile hier im Spiel sind. Immer wieder ergeben sich im Unterricht Situationen, in denen wir auf dieses Thema kommen, z. B. in der lieben, braven 823, als wir über die Trennung von Staat und Religion seit der Französischen Revolution reden.

»Was bedeutet das für euch muslimische Einwanderer heute?«, frage ich, die zwei Deutschstämmigen in der Klasse ignorierend. »Religionsfreiheit«, meint Üveys, »dass wir unsere Religion hier haben können.« »Richtig, aber vielleicht noch mehr, nämlich dass ihr genauso Deutsche seid, wie die Christen, ungeachtet eurer Religion. Religion ist eben Privatsache.«

Einen Moment herrscht nachdenkliches Schweigen, bis sich Ebru, ein Mädchen mit sehr engem schwarzem Kopftuch meldet: »Sie haben uns eben Deutsche genannt, aber wir sind doch eigentlich keine richtigen Deutschen, also, äh, wir sind ...«, sie sieht sich hilfesuchend um. » Also ich fühle mich als Türkin.« »Ich bin Palästinenserin«, schreit Nermin. Sie einigen sich auf »Ausländer«, »wir sind Ausländer«.

»Welche Staatsangehörigkeit habt ihr denn?« »Na ja, die deutsche«, höre ich; einige haben nur eine Duldung, andere haben nichtdeutsche Staatsangehörigkeiten. »Das ist halt der Pass, aber deswegen sind wir ja noch lange nicht Deutsche«, sagt Mariam. »Für mich seid ihr Deutsche«, wiederhole ich, »die neuen Deutschen eben«. »Aber wir sind doch Muslime.« Zeyneps Bemerkung klingt fast wie ein Hilferuf. »Na und, jetzt gibt es eben auch muslimische Deutsche.«

Sie sehen mich ungläubig an. Finden sie es eine Zumutung, richtige Deutsche zu sein? Oder sind sie geschmeichelt, dass ihr Lehrer ihnen das zutraut? »Halten Sie uns wirklich für Deutsche? Ich meine richtige Deutsche?« Ebru kann es nicht recht glauben. »Wo wir doch ganz anders leben als die Deutschen?« »Nur weil ihr anders geschlachtetes Fleisch esst?« Ich provoziere sie ein bisschen. »Wissen sie«, erklärt mir Üveys, »für uns spielt die Religion eine viel größere Rolle. Die Deutschen glauben ja nicht mehr richtig an die Religion, aber wir schon.« »Und wir wollen alle viele Kinder, die Deutschen mögen das nicht so.« Von allen Seiten kommen jetzt Beobachtungen zu kulturellen Differenzen. »Und bei uns sind die Mädchen auch anders, sie wissen ja, nicht so kurze Röcke, und wir dürfen nicht so rummachen mit Jungs.« Ist da wieder das Vorurteil von den deutschen Mädchen als »Schlampen«? Ich habe das schon oft gehört, auch das Wort »Nutte« tauchte dann schnell auf.

»Aber viele türkische und arabische Mädchen tragen doch jetzt auch kurze Röcke und schminken sich«, wende ich ein. Montaha meint, »Weil sie schon halb deutsch sind«, aber das macht Büsra wütend: »Das ist doch Quatsch, auch als muslimisches Mädchen kannst du kurze Röcke tragen und einen Freund haben.« Aha, wahrscheinlich kemalistisches Elternhaus. Streit bricht aus über dieser Frage. Ich spüre bei Vielen Angst davor, im Lebensstil zu »deutsch« zu werden. Deutsch hieße dann gefährlich frei, modern oder gar emanzipiert? Da könnte man eigentlich stolz darauf sein, wenn man nicht wüsste, dass sie es mehr als Bedrohung wahrnehmen. So zu sein würde bedeuten, die eigene Tradition zu verraten, in gewisser Weise also auch die Familie, die Eltern, Schutz zu verlieren in dieser komplizierten Welt.

»Kennt ihr eigentlich viele christliche Deutsche?« »Na ja, Sie und unsere anderen Lehrer.« Sie lachen verschämt dabei. Kübra erzählt, »In der Kita hatten wir drei Deutsche. Mit einer war ich sogar befreundet und auch mal bei ihr zuhause.« »Das dürfte ich gar nicht«, flüstert Zeynep ihrer Nachbarin zu. Es kommt heraus, dass sie nur wenige »richtige Deutsche« kennen. Wahrscheinlich ist die Schule der einzige Ort, wo sie Deutsch reden müssen. Untereinander höre ich immer dieses Kauderwelsch aus Deutsch und Türkisch, das sie selbst schon kaum noch bemerken.

Jedenfalls verbinden sie Deutschsein mit der Übernahme der deutschen Kultur und Sprache, und das ist ihnen mit ihren vierzehn Jahren doch noch schwer vorstellbar. Es wäre wie ein Sprung über tiefes Wasser. Aber sie sind durch mein Insistieren auch verunsichert. »Sind wir wirklich richtige Deutsche für Sie?«, werde ich immer wieder gefragt. Eine sehr ungewohnte Vorstellung für meine Schüler. »Müssen wir dann auch Currywurst essen?« Üveys bringt es auf den Punkt, lachend.

Die Frage, mit welchem Land und mit welcher Kultur man sich identifiziert, stellt sich im Politikunterricht natürlich häufig. Im 11. Jahrgang habe ich sogar explizit »Migration« als Unterrichtsthema, und vor mir sitzen dann Schüler, die selbst fast alle Migranten sind. Im Leistungskurs Politische Wissenschaft habe ich diese Gruppe fünf Stunden jede Woche, zwei Jahre lang. Da kann Vertrauen wachsen, zumal ich einige meiner Schüler schon seit der 7. Klasse kenne. Die Zusammensetzung des Kurses ist international: Eine Nigerianerin, ein Amerikaner, ein Tamile, sogar ein Deutschstämmiger gehören dazu, die meisten Schüler sind türkischstämmig, aber hier geboren.

In meinen Augen verhalten sie sich nicht anders als die deutschen Schüler. Einige sind sehr ehrgeizig, andere weniger. Viele an Politik sehr interessiert, andere, meist Mädchen, wissen noch nicht so recht, wollen es aber mal probieren mit der Politik. Wir sprechen viel über Deutschland und seine Probleme, seine Politik, und Deutschland ist dann ganz klar ihr Land, in dem sie auch ihre Zukunft sehen. Murat, Vater Türke, Mutter Deutsche, ist derart beschlagen in allen politischen Fragen der deutschen Politik, dass ich immer aufpassen muss, um von ihm nicht wegen mangelnder Faktenkenntnis belehrt zu werden. Islamisten gibt es keine in diesem Kurs, alle sind überzeugte Demokraten. Gemeinsam jubeln wir über Obamas Wahl.

Aber die politischen Entwicklungen in der Türkei interessieren sie ebenfalls brennend, und in den von den Schülern gestalteten »Aktuellen Stunden«, die wir jede Woche haben, greifen sie oft Themen aus ihrem Herkunftsland auf und diskutieren sie sehr kontrovers. Beim Thema Nahostkonflikt geben sie auf Befragen zu, dass sie emotional ganz klar auf der Seite der Palästinenser stehen, was sich aber nach einigen Wochen Unterricht nicht mehr so sagen lässt.

In einen Loyalitätskonflikt geraten sie, als es um die Frage der Aufnahme der Türkei in die EU geht. Aus deutscher Perspektive nimmt sich die Problematik natürlich ganz anders aus als aus türkischer, und ich lege Wert darauf, dass sie das Problem wirklich aus beiden Perspektiven beschreiben können und sich ihr Urteil in dieser Frage nicht nur an ihrem brennenden Wunsch orientiert, die EU möge endlich die Türkei aufnehmen. Einer der wichtigsten Aspekte der europäischen Skepsis gegen einen Beitritt der Türkei ist, so lernen wir aus Texten und Umfrageergebnissen, die Angst der europäischen Bevölkerung vor unkontrollierter muslimischer Zuwanderung bei einem Beitritt. Das ist hartes Brot für meine Schüler. Sie fühlen sich dadurch als Person abgelehnt. Warum wollen die uns nicht, fragen sie sich.

Natürlich muss ich die Frage stellen: »Warum, glaubt ihr, lehnt eine Mehrheit der europäischen und auch der deutschen Bevölkerung eine starke Ausweitung der Einwanderung aus der Türkei ab?« Natürlich weiß ich, was jetzt kommt: »Weil sie Rassisten sind«, wagt sich Ferhat vor, aber er grinst dabei, ist nicht so ernst gemeint, will er sagen. »Nein, das sind nur einige, aber viele mögen uns halt nicht so oder sie haben Angst«. »Angst, wovor genau?« Jetzt sind wir beim Thema. »Angst vor dem Islam und vor Terroristen« kommt, und »Angst vor mehr Kriminalität«. Wir haben uns in der elften Klasse schon die Kriminalstatistik angeschaut, und sie haben geschluckt ob des hohen Anteils von Migranten, aber auch die Rolle der Presse bei der Skandalisierung solcher Meldungen problematisiert. Das ist doch alles Unsinn, möchten sie jetzt ausrufen. Wir hier sind doch nicht kriminell, wir sind gute, brave Bürger. Sehen die Deutschen das denn nicht? Aber sie bleiben auf dem Pfad, den ich vorgegeben habe. »Dass ihre Heimat hier nicht mehr das alte Deutschland ist, das sie kennen, wenn da so viele Türken wohnen«, versucht es Selda.

Ich nicke, aber ich will es noch konkreter: »Was macht denn einer älteren Frau in Neukölln, in einer Straße, in der fast nur Migranten wohnen, Angst, oder was ärgert sie?« Es ist sehr schwierig für sie, diese Perspektive einzunehmen, ohne in Vorurteile zu verfallen und beleidigt zu sein. »Sie kriegt ihre gewohnten Sachen nicht mehr zu kaufen, überall nur türkische Waren.« »Sie versteht nicht, was die Leute um sie herum reden, auch nicht die Plakate auf Türkisch.« »Sie weiß nicht, was in den türkischen Männercafés gemacht wird, was die da reden und denken.«

»Und sie fragt sich, woher die jungen Leute das Geld für ihre dicken BMWs haben, an denen sie schon vormittags lehnen, an einem Zahnstocher kauend, jedenfalls nicht arbeitend.« Ich provoziere gerne ein bisschen, aber das geht auch nur in diesem Kurs, in dem sie wirklich Vertrauen in mich haben. »Ja, ja«, das verstehen sie. Sie grinsen ein bisschen. »Wahrscheinlich beunruhigen sie auch die Burkas, und sie fragt sich, was der bärtige Mann mit dem Turban über sie denkt, dass er sie vielleicht als Ungläubige verachtet.« Langsam wächst ein Bild von Angst vor Überfremdung, Angst vor Verlust der »Heimat«, Angst davor, die eigene Umgebung nicht mehr zu durchschauen, das nicht gleich als rassistische Fremdenfeindlichkeit abgetan werden kann.

Eine skurrile Situation, fällt mir zwischendurch ein: Mitten in Deutschland werbe ich um Verständnis für die Deutschen, und um Verständnis für Einstellungen, die gewöhnlich, jedenfalls von Journalisten, die in gutbürgerlichen Vierteln mit geringem Ausländeranteil wohnen, als »rechts«, als xenophobisch eingeordnet werden. Ich, der sich eigentlich eher links einordnet.

Aber ich sehe das als meine Aufgabe an, ich fühle mich als Vermittler zwischen zwei Welten, die beide von denselben Ängsten geprägt sind, Ängsten vor dem Verlust der kulturellen Identität. Wer sonst könnte diese Vermittlungsaufgabe übernehmen? Ich selbst wohne in einer solchen Umgebung, und so sehr ich die Migranten als Bereicherung begreife, habe ich doch auch manchmal diese Ängste. Wie soll Integration gelingen, wenn man die andere Seite nicht verstehen kann? Stünde ich vor einer Klasse im Ostteil der Stadt mit geringem Ausländeranteil, würde ich genauso um Verständnis für die Situation und die Ängste der Migranten werben, aber hier habe ich Einwandererkinder vor mir und deren sicher nicht unberechtigtes Misstrauen gegenüber der Mehrheitsgesellschaft muss angegangen werden.

Die Stunde endet nachdenklich, ohne Missklang. »Na, ja, irgendwie kann man es verstehen, dass die Deutschen nicht immer noch mehr Zuwanderer wollen«, fasst Sirin zusammen. Das kleine Pflänzchen des Zugehörigkeitsgefühls zur deutschen Gesellschaft ist wieder etwas gewachsen.

Einige Wochen später sind wir wieder bei diesem Thema, ausgelöst durch den Wirbel um das Buch »Deutschland schafft sich ab«, vorgelegt von unserem früheren Finanzsenator Thilo Sarrazin. Ein Buch, in dem er die Migranten als dumme, integrationsunwillige Faulenzer darstellt, die vor allem dem deutschen Sozialsystem zur Last fallen.

»Was sagen Sie zu Sarrazin?« fragen mich meine Schüler, kaum dass ich die Klasse betreten habe. Sie begreifen das Buch und den Anklang, den es zu finden scheint, als Affront gegen sich persönlich, und das ist auch nicht unberechtigt. Wo bleibe ich da, fragen sie sich, ich, der ich mich so anpasse, perfekt Deutsch spreche, hier Abitur mache und alle Gesetze einhalte? Sieht er mich nicht? Schon scheint es wieder verkümmert, dieses kleine Pflänzchen des Zugehörigkeitsgefühls. Die alten Fronten sind wieder aufgebrochen: Hier wir, dort sie, die Deutschen.

Natürlich muss ich mich von Sarrazins Thesen distanzieren, sonst hätte ich hier nichts mehr zu melden. Das fällt mir aber leicht. »Und, wollen wir ihn mal lesen?«, schlage ich vor. Sie wollen. Als wir die Stelle lesen, an der er behauptet, wenn »unsere« Einwanderer in den USA mit ihrem nur rudimentären Sozialsystem leben würden, dann würden sie sich ganz anders anstrengen, um im Arbeitsleben Fuß zu fassen und sich zu integrieren, meint Erdem: »Da hat er doch Recht. Ich kenne hier so viele, die einfach auf Hartz IV vertrauen und gar nicht arbeiten wollen, das finde ich auch nicht in Ordnung.« »Hartz IV, und der Tag gehört Dir«, höre ich murmeln. »Vielleicht sind die Sozialhilfesätze zu hoch«, bringt Selda ein. Schon sind wir in der schönsten Sachdiskussion.

Drei Jahre kann ich verfolgen, wie sie sich in die Probleme der deutschen Gesellschaft, ihrer Gesellschaft, einarbeiten und, so scheint mir, täglich ein bisschen deutscher werden, im Fühlen, Verhalten, Denken. Schließlich, in den Wochen nach den Abiturprüfungen, wage ich dann eine, selbstverständlich anonyme, Umfrage zur Identität. Sie sollen ankreuzen, als was sie sich fühlen, als Deutsche, türkische Deutsche, deutsche Türken oder Türken. Warum hoffe ich, dass viele sich als »Deutsche« fühlen? Ist es verletzte Eitelkeit? Sind es Zweifel an ihrer zukünftigen Loyalität meinem Land gegenüber, als Lehrer, Polizisten, Soldaten? Womöglich beides. Vor allem aber wünsche ich mir, dass sie ihre unter Umständen lähmende Ambivalenz diesem Land gegenüber aufgeben und aktiv mitarbeiten an der Gestaltung unserer Gesellschaft, weil sie diese auch als die ihre erleben.

Das Ergebnis macht mich betroffen: Keiner bezeichnet sich als Deutscher, einige als türkische Deutsche, die meisten aber als deutsche Türken, mit Betonung auf Türken. Einige wenige können sich gar nicht zuordnen, machen ein großes Fragezeichen auf das Blatt.

Am beeindruckendsten aber sind die teils umfangreichen Kommentare. »Ich trage eine große Last«, schreibt eine Schülerin, »weil ich nicht weiß, wo ich mich einordnen soll.« Ein anderer: »Ich halte mich für perfekt integriert, ich bin gerne in Deutschland, weil mir dieses Land viele Freiheiten und Rechte gibt. Ich bin auch bereit zur Bundeswehr zu gehen und für dieses Land zu kämpfen. Aber ich spüre, dass ich trotzdem Türke bin.« Eine schreibt: »Das ist eine gute Frage, aber ich weiß auch nicht, ich sehe das jeden Tag anders.«

Im anschließenden Gespräch merke ich den Unwillen der Schüler, über dieses Thema zu sprechen. »Warum fragen Sie uns das?«, höre ich. »Warum ist das wichtig? Hauptsache ist doch, wir benehmen uns gut und gliedern uns ein.« Aysel erzählt, dass sie sich hier meist als Türkin fühlt, aber kaum ist sie in der Türkei, fühlt sie sich eher als Deutsche. »Dann habe ich richtig Heimweh nach Kreuzberg« Die anderen nicken.

»Aber ihr seid doch nun mal objektiv Deutsche, was hindert euch denn daran, euch dazu auch zu bekennen?«, wende ich ein. Sibel versucht es mir zu erklären. »Wissen Sie, das wäre ein Bruch mit dem Elternhaus, mit der Familie. Das würde uns irgendwie trennen von unseren Eltern.« »Es wäre fast wie Verrat«, ergänzt Özkan. »Und irgendwie merken wir ja auch, dass es uns nichts nutzen würde, die Deutschen würden uns doch nicht wirklich als Deutsche sehen«, sagt Erdem. »Man sieht uns ja immer noch an, wo wir herkommen, und dann die Namen.« Deniz formuliert die Angst: »Sie würden uns irgendwie akzeptieren, aber doch nicht als richtige Deutsche, sondern als »Deutsche mit Migrationshintergrund.«

Deniz hat Recht. Sie werden ihr »türkischstämmig« wohl nie los, also warum sich nicht offensiv dazu bekennen? Und mir wird klar, dass dieses Fragen nach der Identität eine Zumutung ist. Sie wissen es ja selber nicht. Ihre Identität ist hybrid, wie man heute sagt. Lass sie einfach hineinwachsen in unsere Gesellschaft. Mit jedem Tag werden sie sowieso ein wenig deutscher. Uni und Arbeitsleben werden bald dazu beitragen, und irgendwann sind sie dann einfach Deutsche, auch ihrem Gefühl nach, spätestens ihre Kinder. Bei den Hugenotten hat es über hundert Jahre gedauert. Bei meinen Schülern wird das schneller gehen, aber es lässt sich auch nicht über das Knie brechen. Dauerndes Fragen nervt nur und stört den Prozess.

IN DER TÜRKEI

Die Tür des Rektorzimmers öffnet sich. Frau Kaya kommt heraus, lächelt und macht mit den Fingern das V-Zeichen. Gewonnen, wir können fahren. »War angeblich alles nur ein Missverständnis«, erzählt sie. Frau Kaya ist eine gebildete, emanzipierte türkischstämmige Frau, die ihre Tochter allein groß gezogen hat. Sie hat die gleichen Vorstellungen von Erziehung wie Monika und ich und ist eine sehr engagierte Elternsprecherin.

Vor Monaten schon hatte uns Marion, die die Schulkontakte zur Türkei aufgebaut hat, die Einladung unserer türkischen Partnerschule in Ürgüp, Kappadokien, zugespielt. Warum nicht einmal eine Klassenfahrt in die Türkei machen? Die Klasse ist begeistert. Nur der Schulleiter hatte sich quer gestellt, weil wir mangels eigener Sprachkenntnisse Fatma, eine türkischsprachige junge Kollegin dabei haben wollten. Er könne sie angeblich nicht freigeben, sie werde in der Schule gebraucht. Aber unsere Frau Kaya hat das Problem nun gelöst. Über Elternwünsche setzt sich ein Schulleiter nicht so leicht hinweg wie über Forderungen von Lehrern.

Es kann losgehen: Programm entwickeln, Finanzierungsplan aufstellen, mit dem Sozialamt wegen der Zuschüsse telefonieren, Eltern informieren, Elternabend, Schwimmzeugnisse kontrollieren, Packliste aufstellen, und, und, und ... Drei Monate später sitzen wir im Flieger. Monika und mir ist etwas mulmig zumute. Wir sprechen die Sprache nicht und in unserer Klasse sind viele Chaoten. Monika ist kurz vor der Wende aus dem Osten »rübergemacht«, und wir leiten schon die zweite Klasse gemeinsam, weil wir gemerkt haben, wie gut wir uns ergänzen: Ich der liebe »Papi«, sie die eher Strenge, die auch mal brüllen kann, dass die Wände wackeln.

Monika erzählt von den Klassenreisen in der DDR – Hinfahrt auf LKWs der Nationalen Volksarmee und Eltern als freiwillige Helfer dabei. »Kannst du dir das hier vorstellen?« Ich erzähle, wie ich auf meiner ersten Klassenreise eine Schülerin künstlich beatmen musste. »Sie hat nach einer Art Hyperventilation einfach nicht mehr geatmet. Die ganze Klasse stand um uns herum, und ich hatte alles vergessen, was ich in Erste Hilfe gelernt hatte.« Dann fallen uns die Geschichten von Türkeireisen ein. Von dem Schüler, den sie auf der Rückreise nicht ins Flugzeug gelassen hatten, weil seine Aufenthaltsgenehmigung für Deutschland abgelaufen war; von der Schülerin, die auf einer türkischen Hochzeit von einer Kugel getroffen wurde; von der Klasse, die ein Erdbeben erlebt hatte. Wir sind etwas verkrampft und nervös, wie zu Beginn jeder Klassenreise.

Unsere Partnerschule ist eine sehr fromme Schule. Abends kommen die Lehrer oft zu uns ins Hotel, und Fatma ist es sehr peinlich, wenn wir dann gerade Bier oder Wein trinken. Keiner spricht Deutsch oder Englisch, Fatma muss immer übersetzen. Ob wir verheiratet seien und Kinder hätten, wollen sie wissen. Sie sind sehr für Moral, was sich dann auch in der Vorführstunde zeigt, an der wir teilnehmen. Isa, unser Ansprechpartner, ein sehr netter älterer Mann, hält die Stunde. Natürlich reiner Lehrervortrag, seine Schüler schreiben fleißig mit. Er stellt uns die drei großen Buchreligionen vor: Judentum, Christentum, Islam. Das seien die drei »wirklichen« Religionen, die auch gemeinsame Moralvorstellungen hätten. Eigentlich sei es egal, welcher der drei Religionen man angehöre, Hauptsache, man glaube an den gemeinsamen Gott. Bedenklich sei aber, wenn jemand gar keine Religion habe. Der habe dann auch keine Moral.

Ein revolutionärer, von großer Toleranz geprägter Vortrag sicherlich – aus Isas Sicht – erklärt er die Christen doch damit als gleichberechtigt. Umso irritierter ist er, als unsere muslimischen Schüler kritische Fragen stellen. Allein dass sie fragen, scheint hier schon unerhört. Isas Schüler erstarren, als unsere sich melden. Was denn mit dem Buddhismus sei, will Hülya wissen, das sei ihrer Meinung nach auch eine richtige Religion. Nacije will wissen, was er über Atheisten denkt. »Können die nicht in den Himmel kommen? Ich kenne in Berlin viele Atheisten, auch unter den Lehrern«, sie dreht sich zu uns um, ich versinke vor Verlegenheit fast in meinem Sitz. »Und die sind auch ziemlich okay, ich glaube, die haben auch eine Moral, genau wie wir Moslems.« Isa ist peinlich berührt, murmelt etwas von Ausnahmen, die es natürlich auch gäbe. Zum Glück klingelt es.

Abends dürfen unsere Schüler in Ürgüp ausgehen. Meist treffen sie sich in Gruppen mit Schülern der Partnerschule und hängen in harmlosen Cafés herum und geben damit an, wie toll das Leben in Berlin ist. Alkoholprobleme, wie wir sie früher reichlich hatten, gibt es bei unseren muslimischen Schülern zum Glück nicht. Dafür gibt es Verständigungsprobleme, weil unsere Schüler zu ihrer eigenen Verwunderung nicht genug Türkisch können. Bei den Treffen entstehen natürlich auch »Kontakte«, da finden sich schon mal zwei Hände. Um 23 Uhr müssen sie dann alle am Treffpunkt sein, und einer von uns Lehrern bringt sie gemeinsam ins Hotel zurück, vorbei an Isas Haus.

Am dritten Tag erscheint Isa ganz aufgeregt im Hotel, »wir müssen reden.« Er habe gestern von seinem Fenster aus gesehen, dass eine seiner Schülerinnen Hand in Hand mit einem unserer Schüler gegangen sei. Was wir dagegen zu unternehmen gedächten. So ein Vorfall dürfe sich nicht wiederholen. Seine Schülerin habe er schon zur Schnecke gemacht. Kein einfaches Gespräch. Von da an ordne ich beim Rückmarsch kurz vor Isas Haus immer einen kleinen Halt an. »Händchen loslassen, Knutschen einstellen«, befehle ich dann. »Verabschiedet Euch hier schon und dann ohne einen Mucks bei Isa vorbei ins Hotel, alles klar?«

Tagsüber wandern wir viel in den herrlichen Tälern der Umgebung. Kappadokien ist eine grandiose Landschaft mit malerischen Tuffkegeln, durchlöchert von Höhlen, in denen sich oft Reste von christlichen Kirchen befinden. Ich will unbedingt auch im Ihlara Tal wandern, rund 50 Kilometer von Ürgüp entfernt. Die türkischen Kollegen besorgen einen Bus. Ich staune allerdings etwas, als die türkischen Kolleginnen dann mit Stöckelschuhen zum Wandern kommen. Den

Weg finden sie auch nicht. Also ich voran mit meiner kleinen Handskizze aus dem Reiseführer. Der Weg ist eher ein holpriger Pfad, und wir müssen ständig über große Steine klettern, kämpfen uns Schutthalden hoch zu den Höhlen. Ob es uns etwas ausmache, wenn sie schon zum Bus zurückgingen und vorführen zum Ende des Tals, fragen die türkischen Kollegen schon nach einer halben Stunde.

Endlich allein, können wir richtig loslegen. Die Landschaft ist einmalig, die herabgestürzten Steine bilden ein einziges Blockmeer. Da wollen die Jungs natürlich lang, nicht auf dem langweiligen Weg. Ich auch. Also springen wir, johlend vor Freude, durch das Blockfeld, immer schneller, immer sicherer, so wie ich das als kleiner Junge immer gemacht habe. »Pass auf, Albrecht, dass da bloß nichts passiert«, ruft Monika ängstlich vom Weg her. Aber was ist denn eine Klassenfahrt, bei der alles, was Spaß macht, verboten ist? Sie müssen sich doch austoben, diese Jungs, und mich hat auch die Lust gepackt. Alle sind zum Glück noch heil, als wir nach Stunden das Café am Ende des Tales erreichen, nassgeschwitzt, aber glücklich. Und da sitzen unsere türkischen Lehrerinnen mit ihren Stöckelschuhen, und Kaffee steht auch schon bereit. »War's anstrengend?« fragen sie höflich.

Wie nicht anders zu erwarten gibt es im Hotel »Arkadas« Ärger. Unsere Schüler sind zu laut und zu undiszipliniert. Wir kriegen sie einfach nicht zur Ruhe. Ständig beschwert sich die Hotelleitung: über nächtliche Ruhestörung, Gerenne auf dem Flur, zu laute Musik. Dann fällt auch noch eine brennende Wasserpfeife (eigentlich streng verboten) um und verkokelt den Teppich. Zum Glück ziehen wir nach einer Woche um an die Küste, nach Side. Besichtigen, baden, kleine Ausflüge. Ein bisschen atmen wir Lehrer auf. Die erste Hälfte der Reise ist um, und es hatte keine großen Probleme gegeben.

Aber neuer Ärger kündigt sich schon bald an. Fatma, unsere Sportlehrerin, will jeden einzeln vorschwimmen lassen, ehe sie die Schüler ins Wasser lässt. Aber nichts da, sie schwimmen schon, ehe die Kontrolle beginnen kann. Sie bauen einen Unfall mit dem Tretboot, mit beträchtlichem Sachschaden. Wieder muss Fatma vermitteln. Beim Freiluftkonzert in einem römischen Amphitheater (Mozart, Brahms) schnarcht Yunus so laut, dass wir ihn wecken müssen.

Ein tolles Erlebnis ist die Bootsfahrt nach Manavgat. Reyhan amüsiert die Passagiere mit einer gelungenen Bauchtanzvorführung. Das Ausbooten am Schluss zieht sich endlos hin. Alle müssen umsteigen in ein kleines Schlauchboot, obgleich uns nur 200 Meter vom Strand trennen. »Kommt, wir schwimmen zum Strand«, rufe ich. Zehn Schüler stürzen sich per Kopfsprung von der Reling in die Fluten. Es wird ein Wettschwimmen. Bin ich zu leichtsinnig? Aber ab und zu kommt eben doch wieder die Lust am »Bandenführer« durch und meine Schüler danken 's mir.

Auch mit dem Hotel in Side haben wir Ärger, aber diesmal liegt es nicht an unseren Schülern, sondern an dem unfreundlichen, knauserigen und verbiesterten Hotelier. Ständig reglementiert er die Schüler, wird ausfallend und beleidigend, sie brüllen zurück, wie sie es in Deutschland gelernt haben. Täglich kommt er mit einer Liste von angeblich zerstörten Dingen: Eine Platte der Treppe aus falschem Marmor ist abgebrochen – natürlich sind wir dran schuld, die Plastikroste am Schwimmbecken eingedrückt – ganz klar wir. Das Hotel ist ein Billigbau, am besten rührt man gar nichts an. Unsere Schüler beschweren sich auch über rassistische Aussprüche gegenüber Achmet, unserem Somali. Dann hat Björn die Idee: »Wir fressen ihn arm.« Alle sind begeistert, die Schlacht am Buffet kann beginnen.

Unglaublich, welche Mengen unsere Schüler vertilgen können, ständig stellen sie sich wieder für Nachschlag an, häufen wahre Gebirge von Gemüse und Köfte auf ihre Teller. »Robert, du kannst doch nicht einfach schlapp machen«, heißt es dann. Also muss Robert noch einmal Nachschlag holen. Rekorde werden vermeldet: »Zeynep isst jetzt ihren vierten Teller, wo sie doch sonst fast gar nichts isst.« Wetten werden abgeschlossen, Wettbewerbe veranstaltet. Genüsslich beobachten wir, wie der Chef missmutig in die schon wieder leeren Töpfe guckt und dann verärgert in der Küche Nachschub anfordert. Aber die sind allzu schnell auch wieder leer. Ich geh dann hin: »Pupils still hungry«. Die Schüler halten tagelang durch, auch wenn sie nach dem Abendessen immer total in den Seilen hängen.

Eines Nachts sind Yusuf und Halil verschwunden. Um Elf wollten sie nur noch mal schnell von der Telefonzelle unweit des Hotels telefonieren, aber sie kommen nicht zurück. Um Zwölf ziehen Fatma und ich getrennt los, sie zu suchen. Das Hotel ist umgeben von Baugruben und verwildertem Brachland. Kaum Laternen und außer ein paar verwilderten Hunden niemand auf den Straßen. Aber hinter dem Brachland ist eine Art Vergnügungsviertel, hier tobt das Nachtleben von Side, bestimmt sind sie hier. Ich blicke in Restaurants, öffne die Türen verrauchter Bars, durchsuche Automatencasinos. Manchmal stehe ich einfach am Straßenrand und suche im Menschengewühl nach unserem Pärchen, dem langen Halil und dem winzigen Yunus. Ich kann mir gut vorstellen, welchen Reiz dieses Viertel für zwei Heranwachsende hat. Allmählich wird mir Angst. Um Eins bin ich zurück. Auch Fatma hat sie nicht gefunden. Sollen wir die Polizei alarmieren? Um Zwei wollen wir noch mal losziehen, aber da kommen sie gerade aus der Dunkelheit gestolpert. »Die Telefonzelle war kaputt, wir mussten eine andere finden«, wollen sie uns weismachen. Mein Gebrüll erstickt ihre halbherzigen Entschuldigungen. Richtig fertig mach ich die beiden.

Am letzten Abend gehen wir alle zusammen in eine Disko. Unser Bus zum Flughafen geht erst um Eins, und Tanzen scheint uns eine gute Art, die Zeit bis dahin zu überbrücken. Aber dann gibt es Ärger mit einheimischen Jugendlichen. »Die machen unsere Mädchen an«, erzählen mir die Jungs. Immer wieder fällt der Strom aus, und in der Dunkelheit kommt es anscheinend zu Übergriffen auf unsere Schülerinnen. »Lassen Sie uns gehen. Wir wollen raus hier«, meint Daniela ganz aufgeregt. »In zehn Minuten vor dem Ausgang«, geben wir als Parole aus, schicken Boten los. Wieder Stromausfall und Gekreische. Endlich scheinen alle vor der Tür zu sein. Der Gang zum Bus wird regelrecht zur Flucht.

Im Hotel schnappen wir nur noch die fertig gepackten Koffer. Der Chef schiebt mir beim Auschecken noch eine Rechnung rüber: 732 Euro für Reparatur der Treppe, kaputte Roste am Pool und lachhaft viele angeblich zerbrochene Teller. Ich weigere mich sie anzunehmen, schiebe ihm fünfzig Euro hin und renne zum Bus. Nichts wie weg hier.

Jetzt bleibt nur noch das Einchecken. Wir instruieren unsere Schüler genauestens: Da links durch, dort den Pass bereithalten. Wir geben die Visa aus. »Jeder achtet genauestens auf sein Gepäck.« Alles scheint gut zu gehen. Ich atme schon auf, bis ich plötzlich feststelle, dass mein Handgepäck weg ist. »Wo ist mein Rucksack?« Alle wichtigen Dokumente sind in meinem Rucksack, und mir fällt einfach nicht ein, wo ich ihn gelassen haben könnte. Ich war so auf die Schüler konzentriert. »Jetzt ganz ruhig, Herr Johann«, Halil nimmt sich meiner an. Gestern habe ich ihn zur Schnecke gemacht, jetzt hilft er mir. »Sie müssen jetzt ganz ruhig rückwärts denken. Wo waren Sie zuletzt?«, beruhigend legt er seine Hand auf meinen Arm. »Kommen Sie, lassen Sie uns dahin gehen. Bleiben Sie nur ganz ruhig.« Ich folge ihm. Schließlich kommt er mit meinem Rucksack an. »Ist er das? Stand da unter dem Tisch.«

TÄUSCHEN, TRICKSEN, SCHWÄNZEN

Irgendetwas stimmt da nicht. Meine Schüler im Grundkurs Politik schreiben eine Klausur zum Thema »Globalisierung am Beispiel der deutschen Autoindustrie in China«, und ich sitze hinten, weil ich sie da gut im Blick habe, ohne dass sie sehen, wo ich gerade hinschaue. Warum fummelt Ayse dauernd an ihrem Papier, zieht sie da ein Blatt vor? Ich stehe auf und gehe ein bisschen in der Klasse herum. Jedes Mal, wenn ich in die Nähe von Ayse komme, legt sie schützend die Hand über ihre Zettel. Irgendwie beherrscht sie diese Technik noch nicht richtig, ist zu auffällig. Schließlich fasse ich mir ein Herz und greife mir ihre Papiere. »Neiiin«, schreit sie und versucht, das Papier festzuhalten. Da sehe ich ihn auch schon, den klein beschriebenen Spicker voller Infos zu Globalisierung und China. »Tja, Ayse, dann ist diese Klausur für dich wohl beendet.« Sie sitzt eine Weile in Schock-starre, Tränen in den Augen. Ausgerechnet Ayse, die seit sie-ben Jahren eine meiner liebsten Schülerinnen ist. Was ich hier mache, tut mir in der Seele weh, zumal ich damals als Schüler auch gelegentlich abgeschrieben habe, aber ich muss in diesem Punkt streng sein. Wenn ich erst einmal den Ruf habe, bei mir habe ein Täuschungsversuch keine ernsten Folgen, dann geht hier die Post ab.

In allen unseren Klassen und Kursen wird gespickt und abgeschrieben wo immer möglich, deshalb müssen wir streng sein. Es ist der uralte Kampf um die Frage, wie man am besten vorwärts kommt: Durch wirkliche Leistung oder durch Schummeln. Ich bin seit Jahrzehnten ziemlich ein-deutig. Meine Nachgiebigkeit in den ersten Jahren hat sich nicht ausgezahlt. Sie hat immer nur zur Benachteiligung der Ehrlichen geführt. Aber man muss höllisch aufpassen in diesem Kampf. Auf der Toilette könnten Informationen ver-steckt sein, das Handy kann entsprechend präpariert sein, früher Abgebende könnten Zettel rüberschieben. Ich habe schon erlebt, dass hilfreiche Infos ganz offen hinter mir an der Tafel standen.

Man glaubt mit allen Wassern gewaschen zu sein, und dann stößt man beim Korrigieren doch auf die Spuren der Verwendung unerlaubter Hilfsmittel. Bei der Rückgabe der Arbeiten mache ich gelegentlich eine kleine Show: »Erkan, Ihre Arbeit ist etwas ganz Besonderes«, sage ich zum Bei-spiel, »Ihre Arbeit scheint von zwei verschiedenen Autoren geschrieben zu sein.« »Aber wie kommen Sie denn darauf, ich habe ganz alleine ...« »Autor A beherrscht die deutsche Grammatik perfekt, kann indirekte Rede und Konjunktiv korrekt anwenden. Autor B dagegen kann das nicht, er kriegt nur kurze Hauptsätze hin. Können Sie das erklären, Erkan?« Ich halte die Arbeit aufgeschlagen hoch. Entsprechend der Zuordnung zu den beiden Autoren sind Teile gelb, andere blau angestrichen. »Mein Stil ist halt ... wechselhaft«, meint Erkan verlegen.

Aber ich bin noch nicht fertig: »Und die beiden Autoren widersprechen sich. Autor A kritisiert Hindenburgs Dolchstoßrede als Legende, während Autor B Hindenburg unkritisch nachplappert. Mal ehrlich, woher haben Sie A?« Ich habe jetzt die Lacher auf meiner Seite, breche die Show aber ab, da es doch ein bisschen fies ist, ihn so vorzuführen. Aber was macht man, wenn sie einfach auswendig gelernte Passagen in ihre Texte einbauen? Schüler, die eine Koranschule besucht haben, können locker seitenlange Texte auswendig lernen.

Scharf aufpassen muss man auch, wenn Referate vorgetragen werden. Wenn ich gut vorbereitet bin, habe ich beim Vortrag die entsprechenden Auszüge aus dem Internet vor mir liegen. Wie jetzt bei Tamaras Vortrag über den Franziskaner Orden. »Die Franziskaner waren ein Bettelorden ...«, liest Tamara vor, und ich ergänze, sie unterbrechend: » ... der vor allem in Südeuropa Verbreitung fand.« Tamara sieht mich böse an. »Woher wissen Sie denn, wie es bei mir weitergeht?« »Tja, woher wohl, so steht es jedenfalls hier bei Wikipedia, und Sie scheinen korrekt abgeschrieben zu haben.« Was soll sie da noch sagen?

Am meisten wird natürlich bei Hausaufgaben geschummelt. Fünf oder sechs Schüler machen die Hausaufgabe wirklich, der Rest schreibt bei ihnen ohne nachzudenken ab, aber oft so schludrig, dass neue Fehler entstehen. Bei der Arbeit, die gerade vor mir liegt, geht es um eine Beschrei-

bung des Verlaufs des Rheins. Bei allen, die von Lisa abgeschrieben haben, »entspringt der Rhein in der Nordsee.«
Mein Gott, in der elften Klasse. Hat das denn keiner der Ab-
schreibenden gemerkt? Die bei Servet abgeschrieben haben,
sind schon besser dran. Bei ihm entspringt der Rhein in den
Alpen, und die »Mosel strebt von links dem Rhein zu.« Aber
wer das Spiel »Stille Post« kennt, kann sich vorstellen, was
aus diesem Text im Lauf der verschiedenen Abschreibvor-
gänge wird. Bei Öznur heißt es schon, »... die Mossel treibt
von links dem Rhein zu«, und bei Lirie, »... der Mussil ver-
treibt von links den Rhein«. Sie hat nachgedacht und deshalb erschien ihr wohl »vertreiben« sinnvoller als »treiben«.

Am beliebtesten ist aber der Versuch zu leugnen, dass es
überhaupt eine Hausaufgabe gab. »Hausaufgabe? Welche
Hausaufgabe?« Es ist beeindruckend, wie überzeugend sie
diese Rolle spontan spielen können. Diese empörten, über-
raschten Gesichter. »Sie haben doch gar keine gegeben.
Sie müssen uns mit der Parallelklasse verwechseln.« »Ich
schwöre«, ruft Murat im Hintergrund, »ganz ehrlich, echt,
Sie haben uns keine Hausaufgabe gegeben.« Alle nicken.
Wenn sie damit nicht durchkommen, bleibt noch die zweite
Verteidigungslinie: »Ja, mündlich vielleicht, stimmt, aber
nicht schriftlich, stimmt's Orhan, mündlich hat er gesagt.«
Oder: »Für Montag, haben Sie doch gesagt, für Montag, aber
nicht für heute.« Ganz lustig dieses Spiel, ich muss oft grinsen bei diesen Gelegenheiten, aber es kostet einfach zu viel
Zeit und Energie. Und sie lernen so auch nicht genug. Bei
den enormen Defiziten, die sie haben, ist das einfach unak-
zeptabel.

Sich den Hausaufgaben zu entziehen, gelingt denen am
besten, die am meisten schwänzen. Sie konnten dann ja gar

nichts wissen von der Aufgabe, obgleich wir dafür ein Paten-system eingerichtet haben. Ersin ist so ein Schüler, der, obgleich gar nicht dumm, diese Möglichkeiten ausgiebig ausnutzt. »Ersin, ist Ihnen klar, dass Sie die Hälfte der Un-terrichtstunden versäumt haben?« »Ja, klar, aber ich habe für alle gefehlten Stunden Entschuldigungen vorgelegt.« Ersin ist Achtzehn, er kann sich selbst mit ein paar locker hingeknallten Zeilen entschuldigen: Krank gewesen, Ter-min beim Amt, häusliche Probleme. »Haben Sie irgendeine schwere Krankheit, von der ich wissen sollte?« Er zuckt mit den Schultern: »Steht doch immer drauf auf den Zetteln.« »Und du hast den Test versäumt, so wie auch den Nach-schreibtermin.« »Aber da habe ich doch Atteste vorgelegt, haben Sie die etwa verschlampt?« »Ja, sicher, von Dr. Y., den kennen wir ja.« Dr. Y, ein arabischer Arzt, ist dem Kollegium wohlbekannt. Ein Großteil unserer Schwänzer belegt seine »Krankheiten« mit Attesten von Dr. Y, oft auch rückdatiert. »Und von den acht Hausaufgaben hast du nur eine ein-zige.« »Aber für die haben Sie mir eine Zwei gegeben, sehen Sie, ich kann doch etwas.« Dann wird er doch etwas nach-denklich: »Ich soll sieben Aufgaben nicht haben? Echt? Aber wenn ich krank war, als Sie die gegeben haben, konnte ich ja davon nichts wissen. Auf jeden Fall darf mir kein Nachteil aus den entschuldigten Fehlzeiten entstehen.«

Genau dieser Grundsatz ist es, der uns Lehrern eine gerechte Leistungsbewertung so schwer macht: »Hat der Schüler entschuldigt gefehlt, darf ihm daraus kein Nachteil erwachsen. Ihm ist Gelegenheit zu geben, das Versäumte nachzuholen.« Völlig richtig bei Schülern, die wegen einer langen, schweren Krankheit gefehlt haben, aber Drücke-berger wie Ersin nutzen das schamlos aus. »Okay, aber du musst alles nacharbeiten. Morgen nach der Stunde schreibst du den Test nach, und von der heutigen Stunde machst du bis Montag ein ausführliches Protokoll. Morgen gebe ich Dir auch weitere Nachholaufgaben.« Er schluckt, akzeptiert das aber. Muss er ja. Aber am nächsten Tag fehlt er wieder. Wieder hat er den Test nicht geschrieben. Am Montag legt er ein gutes Protokoll vor, für das ich ihm wieder eine Zwei geben muss. Den Test kann ich ihn nicht nachschreiben lassen, weil Wichtiges durchgenommen wird. So geht das wochenlang. Bei den Zwischennoten knalle ich ihm eine Fünf rein. Niemand soll später sagen können, er sei nicht gewarnt worden.

Zwei Tage später erwartet mich ein Herr vor der Klassentür, Ersins Vater. Seine Kleidung wirkt teuer, ich vermute, er ist Geschäftsmann. »Sind Sie Herr Johann? Sie haben meinem Sohn eine Fünf gegeben, nur weil er so oft krank war. Dabei hat er in allen Hausaufgaben eine Zwei. Das geht so nicht. Mein Rechtsanwalt ...« Wir verabreden einen Termin für die kommende Woche, auf den ich mich gut vorbereite.

Bei dem Gespräch versucht der Vater seinen Sohn mit allen rechtlichen Mitteln zu verteidigen. »Wenn er krank ist, darf ihm daraus kein Nachteil entstehen, auch nicht, wenn er deshalb schuldlos eine Hausaufgabe nicht gemacht hat. Ich gehe immer davon aus, dass Deutschland ein Rechtsstaat ist.« Er weiß sogar, dass ich einmal gefehlt habe, ausgerechnet an dem Tag, als sein Sohn den Test nachschreiben wollte. »Sie sehen also, er bemüht sich.«

Ich merke, die Fünf wäre vor Gericht nicht zu halten. Mir fallen die eiligst einberufenen Besprechungen im Chefzimmer ein, wenn Eltern wegen Nichtversetzung ihrer Sprösslinge klagen oder auch nur damit drohen. Noch sind es wenige, aber ihre Zahl nimmt ständig zu, für Minderbemittelte gibt es ja Gerichtskostenbeihilfe. Panisch wird dann diskutiert, ob die Noten auch »gerichtsfest« sind. Wir wissen, dass die Richter ein Herz für unterdrückte Minderheiten haben und »im Zweifel für den Angeklagten« entscheiden. Entsprechen die Noten den Dienstvorschriften, wird dann gefragt, hatte der Schüler genug Gelegenheit, das Versäumte nachzuholen? Wann, wo genau? Haben Sie den Termin exakt dokumentiert, Kollege? Und wann genau haben Sie überhaupt ein gründliches Gespräch mit ihm über seine Defizite geführt? Sie wissen nur vage, dass das im Mai gewesen sein muss?

Auch dieser Vater lässt durchblicken, dass er eine Fünf auf dem Zeugnis nicht so einfach hinnehmen werde. »Und was ist mit den Zweien für Hausaufgaben?« »Aber Ihr Sohn hat nur zwei von inzwischen zehn Aufgaben abgegeben.« »Na und? Er war krank. Im Schnitt steht er jedenfalls jetzt Zwei.« Es fällt mir schwer, meine Wut nicht zu zeigen. Was ist das bloß für ein leistungsfeindliches System? Würde ich alle Hausaufgaben, Tests und Referate meiner Schüler zu Türmchen stapeln, wäre Ersins Stapel kaum wahrnehmbar, während die Arbeiten der fleißigen und immer anwesenden Melike einen Riesenturm ergeben würden. Da ihre Leistungen qualitativ aber nicht so gut wie die Ersins sind, würde sie – der Durchschnitt zählt, nicht die Menge – eine schlechtere Note bekommen als er. Dieses System demotiviert die Fleißigen und belohnt die Drückeberger. Warum steht in keiner Vorschrift etwas von Mindestleistungen, die ein Schüler im Halbjahr erbracht haben muss, ehe er ein »ausreichend« attestiert bekommen kann?

Ich denke in den folgenden Monaten viel darüber nach

und habe schließlich eine Idee. In der ersten Stunde nach den Ferien stelle ich sie vor: »Hausaufgaben, Tests, Referate, all das, Sie wissen ja, also vierzig Prozent Ihrer Note, sind jetzt freiwillig.« »Wie, was, freiwillig?« Sie sehen sich überrascht an. »Ja, freiwillig. Ich habe keine Lust mehr, Ihren Arbeiten und Ihren Entschuldigungen hinterherzurennen. Geben Sie mir, was Sie gemacht haben und dafür kriegen Sie von mir Punkte, keine Noten mehr.« »Was soll denn da der Unterschied sein?« »Aus Noten errechnet man Durchschnitte, Punkte kann man addieren. Nach sechs Wochen addiere ich, was Sie an Punkten erreicht haben, errechne daraus eine Note und hänge das Ergebnis aus.« Sie können es kaum glauben.

»Je mehr Punkte Sie erreichen durch schriftliche Arbeiten, Test, Vorträge, desto höher wird Ihr Leistungsturm. Nur wer neunzig Prozent des Erwarteten erreicht, bekommt eine Eins. »Aber wenn ein Schüler krank ist? Dann hat er doch weniger Punkte sammeln können«, wendet Murat ein. Er ist sehr häufig »krank«. »Ach was«, entgegne ich, »ein halbes Jahr ist lang, und Sie können mich jederzeit um Zusatz-, Nachhol- und Extraaufgaben bitten. Hauptsache, Sie haben am Ende des Halbjahres genug Punkte zusammen.« Sie schlucken es.

Das Erste, was sich ändert ist, dass ich jetzt nicht mehr den Hausaufgaben hinterherrennen muss. Meist bekomme ich sie schon vor der Stunde überreicht, mit der Bemerkung: »Vergessen Sie ja nicht, die Punkte auch einzutragen.« Bei der Ankündigung von Aufgaben werde ich jetzt immer gefragt, wie viel Punkte das bringe. Beim Test frage ich demonstrativ, wer gehen wolle. Ersin und ein weiterer Schüler gehen. Sie sind wohl nicht vorbereitet. Der Schock für die

Faulen kommt, als ich nach sechs Wochen das Ranking aushänge, schön mit Säulen. Es hat mich viel Arbeit mit dem Taschenrechner gekostet. Melike steht plötzlich an erster Stelle, Ersin ganz unten. Endlich hat sich Fleiß einmal wirklich gelohnt. Natürlich kommt Ersin wieder angerannt, er sei doch krank gewesen, habe Atteste vorgelegt. Ich beruhige ihn: »Ersin, es ist noch so lange bis zu den endgültigen Noten. Du könntest zum Beispiel als Ersatz ...«

Viele haben jetzt die Chancen des Punktesammelns erkannt. Fast nach jeder Stunde bin ich umringt von Schülern, die wissen wollen, wie sie ihre Punktzahl weiter steigern können: »Darf man auch den Nachschreibetest noch mal mitschreiben, auch wenn man beim ersten Test schon dabei war? Wie viele Punkte würde es bringen, wenn ich noch ein Stundenprotokoll schreibe?« Ständig muss ich mir neue Aufgabenstellungen ausdenken, um den Punktehunger meiner Schüler befriedigen zu können: »Schreiben Sie doch einfach einen kleinen Essay über das, was wir heute diskutiert haben, oder entwickeln Sie eine Mind-map dazu oder ...«

In den letzten Wochen vor den Zeugnissen bricht dann nach Aushängen des Zwischenrankings eine regelrechte Punkteschlacht aus. Einige fordern einen weiteren Test, andere betteln geradezu um Extraaufgaben. »Aber ich brauche die Punkte«, werde ich angefleht. So viel hatte ich noch nie zum Korrigieren auf dem Schreibtisch liegen. Okay, das ist nicht die vom Interesse an den Inhalten ausgelöste Motivation, die wir uns eigentlich wünschen, aber den Noten tut es gut, und Fleiß lohnt sich wieder. Es ist mir gelungen, den Spieß erfolgreich umzudrehen und ihnen wieder die Verantwortung für ihre Leistungen zuzuschieben. Ich atme auf.

Ersin kann sich nicht schnell genug umstellen und stürzt ab. Von seinem Vater höre ich nichts mehr, nachdem ich ihm mein Bewertungssystem und die Ergebnisse seines Sohnes zugeschickt habe. Meine Kollegen zögern aber, das System zu übernehmen. »Zu viel zu korrigieren«, höre ich und » zu aufwendige Buchführung und Rechnerei.« Nun ja, wer eine volle Stelle hat, kann sich das vielleicht nicht leisten. Ich selbst übernehme es in alle Oberstufenkurse. Die Fleißigen und die Stillen danken es mir.

DER RAMADAN

Es gibt Klassen, mit denen man keine Klassenfahrt machen kann. Schon Monikas und meine zweite Klasse war ziemlich schwierig, aber unsere Dritte schlägt in Hinsicht auf Disziplinlosigkeit alle Rekorde, eine Entwicklung, die auch die anderen Klassenlehrer beklagen. Erst neulich sind Unsere wieder lebensgefährlich bei Rot über eine Kreuzung gerannt. Aber drei Tage im Berliner Vorort Heiligensee werden wir schon hinkriegen. Zum vorbereitenden Elternabend kommen immerhin fünfzehn Eltern, ein Rekord.

Monika stellt unser kleines Projekt vor, informiert über den Termin, das Haus, das Programm. Wir haben drei Mahlzeiten am Tag. Schweinefleisch kommt natürlich nicht auf den Tisch, das ist kein Problem für uns und die deutschen Schüler. Sofort kommt eine Wortmeldung: »Aber da ist doch Ramadan. Haben Sie daran gedacht?«

Der Ramadan ist der Fastenmonat der Muslime. Diesmal war es aber aus Termingründen und wegen Prüfungen, Vergleichsarbeiten usw. nicht anders möglich, als den Zeitraum für Klassenfahrten in den Ramadan zu legen. Im Schulalltag ist das Fasten nie ein Problem gewesen. Brav schreiben die Fastenden ihre Arbeiten mit, auch ohne morgens etwas gegessen zu haben. Am Zuckerfest, dem Abschluss des Fastenmonats, haben sie einen Tag schulfrei. Die arabischen Muslime haben dann auch noch den folgenden Tag frei, da das Fest nach ihrer Berechnung erst einen Tag später ansteht. Nur unsere wenigen christlichen Schüler müssen immer zur Schule kommen.

Wir sehen jedenfalls zunächst keine großen Probleme bei der Klassenfahrt. »Wer fasten will, fastet eben«, meint Monika.

Herr A.: »Und wann ist dann Abendessen? Die Schüler, die fasten, dürfen ja erst nach Sonnenuntergang essen.«

Monika: »Na, wir dachten so um sieben oder halb acht.«

Herr B.: »Das ist zu früh. Nach meinem Kalender ist der Sonnenuntergang am 27. 9. um 19. 37.«

Frau C.: »Nein, nicht richtig. Nach unserem Kalender ist Sonnenuntergang 19. 41.«

Herr B.: »Aber das stimmt doch nicht, mein Kalender ist von der Moschee, der stimmt.«

Frau C.: »Sie vielleicht hanefitische Rechtsschule, wir malikitische, Kalender anders. Unser Kalender auch von Moschee.«

Herr Ö.: »Aber, was soll denn das, diese Feilscherei um Minuten. Wir leben zum Glück in einem säkularen Staat, in dem das jeder halten kann, wie er will. Überhaupt, dieser ganze Fasten-Fetischismus.«

Allgemeine Empörung. Herr A. dreht sich erregt zu Herrn Ö. um. »Was heißt hier Fetischismus. Das ist sehr wichtig. Wenn Sie das Fasten zu früh beenden, war es ganz umsonst. Die Sonne muss wirklich vollständig untergegangen sein. Wenn Sie unsere religiösen Gefühle nicht achten, dann ...«

Herr Ö. winkt verärgert ab.

Herr D. mischt sich ein: »Wir sind Aleviten. Auch für uns ist Fasten wichtig, es reinigt Körper und Seele. Aber bei uns geht es um den Inhalt, nicht um ein paar Minuten. Davon kann doch die Wirkung des Fastens nicht abhängen. Mein Kind will sowieso nicht fasten.«

Monika: »Ich verstehe die ganze Aufregung nicht. Wir können um acht essen, dann gibt es keine Probleme.«

Herr E.: »Ganze Aufregung sowieso überflüssig. Niemand muss fasten auf Klassenfahrt.«

Alle drehen sich zu ihm um.

Herr E. »Der Islam ist eine sehr großzügige Religion. Deshalb gibt es Ausnahmen von der Fastenpflicht. Wenn Schüler z. B. eine Klausur schreiben, dürfen sie das Fasten unterbrechen, und so ist auch für Reisen. Auf Reisen brauchen Sie nicht zu fasten. Lesen Sie, lesen Sie Sure ...« Ihm fällt die richtige Sure aber nicht gleich ein.

Frau C.: Aber Sie müssen auch Hadithe lesen, also Buch, wo drin steht, was Mohamed selbst gesagt hat.«

Herr B.: »Das ist richtig, das mit der Ausnahme, aber nur wenn die Reise mehr als neunzig Kilometer ist, sonst nicht.«

Herr A. »Wie weit ist, wie heißt es, Heiligensee?«

Ich schätze etwa 20 Kilometer. »20 Kilometer, nein, dann ist keine Ausnahme möglich.«

Herr Ö.: »Das ist doch Wahnsinn hier. Ich bin Kemalist, das wissen Sie ja, für uns ist die Religion Privatsache, und jetzt bringt dieser Fastenkram die ganze Klassenfahrt durcheinander. Können wir vielleicht mal über etwas Wichtiges reden, über das Programm z. B.?«

Die Mutter eines der vier deutschstämmigen Schüler:»Ja, wirklich, wenn das so weitergeht, gehe ich gleich.«

Herr B.:»Sie sind Kemalist, meinetwegen. Aber Sie müssen auch unsere religiösen Anliegen ernstnehmen. Für uns sind die wichtig.«

Herr A.»Aber können denn die, die fasten, dann auch das vorgeschriebene Essen vor Sonnenaufgang einnehmen? Das ist ganz wichtig.«

Ich erläutere die Probleme.»Wenn einige Schüler um fünf Uhr morgens essen, schlafen ja die anderen noch. Vielleicht weckt sie der Lärm der Fastenden, und in der Küche ist keine Aufsicht.«

Herr A.»Das Essen vor Sonnenaufgang gehört einfach mit dazu zum Fasten. Ich garantiere Ihnen, dass die Schüler leise sind. Ich rede noch mal mit meinem Sohn. Und wir können Sie von der Aufsichtspflicht entbinden.«

Monika und ich sehen uns an, nicken.»Gut, wenn es denn sein muss. Können wir jetzt über das Programm reden?« Alle nicken,»Endlich«, höre ich aus Richtung der Deutschstämmigen.

Ich stelle das Programm vor. Zwei Ausflüge, Erkundung Heiligensees, Lagerfeuer, Party als Pflicht. Dazu viel Sport auf dem Gelände und Schwimmen in der benachbarten Badeanstalt.

Frau C.:»Schwimmen geht nicht für Fastende.«

Ich:»Aber warum denn nicht?«

Frau C.:»Die Schüler könnten Wasser in den Mund bekommen und es aus Versehen verschlucken. Aber beim Fasten darf man nichts trinken. Ist daher verboten.«

Herr Ö.:»Bin ich hier in der Irrenanstalt, oder was? Dann muss Ihr Sohn eben den Mund geschlossen halten.« Er schlägt sich auf die Schenkel. »Ich lehne diese ganze Vermischung von Schule und Religion ab. Dieser Religionsterror bringt ja die ganze Klassenfahrt total durcheinander.«

Lautes Murren bei den Religiösen, Zustimmung bei anderen. Auch Monika und ich sehen uns an. Haben die denn keine anderen Sorgen?

Herr B.: »Also dieser Begriff Religionsterror ist unerhört. Auch wir Religiösen haben unsere Rechte, jedenfalls hier in Deutschland.«

Monika erklärt, auch sie etwas sauer jetzt, dass Baden sowieso freiwillig ist, und wenn keine Schwimmerlaubnis von den Eltern vorliegt, darf das Kind nicht ins Wasser. Endlich kommen wir dann zu den weiteren Punkten, die besprochen werden müssen.

Auf der Klassenfahrt selbst wollen dann eigentlich nur fünf Schüler fasten. Gegen Morgen hören wir sie unten in der Küche lärmen. Die Küche sieht hinterher schlimm aus. Als die anderen Schüler frühstücken, beschließen die fünf Schüler, dass sie das Fasten doch lieber abbrechen. Sie frühstücken mit uns, essen mit uns zu Abend. Abends beschließen sie dann, doch wieder zu fasten. Das Extrafrühstück um 5 Uhr scheint ihnen Spaß gemacht zu haben. Dieses Mal sind sie, weil wir sie ermahnt haben, leiser und räumen auf. Aber dann stellen sie das Fasten doch ein. »Endgültig?« »Ja, wirklich endgültig.« Schwimmen will sowieso niemand, auch die »Christen« nicht. Das alles ist lästig, aber dafür gibt es keine Alkoholprobleme wie früher.

Warum reiten sie und ihre Eltern manchmal so auf ihren religiösen Vorschriften herum, fragen sich Monika und ich oft. Geht es dabei wirklich um die Religion? Oder eher um Respekt? Um die Anerkennung ihres kulturellen Andersseins? Dabei haben die meisten unserer Schüler mit Religion eigentlich gar nicht viel am Hut, wie sich bei einer gemütlichen Plauderei am zweiten Tag nachts bei Kerzenlicht auf der Veranda unseres Hauses herausstellt. Klar, das Fasten solle man schon einhalten, aber ... Wir reden über Gottesbeweise, religiöse Vorschriften in verschiedenen Religionen, Spielräume bei der Interpretation religiöser Texte. Alles ganz ruhig, ohne dass sich je die Stimmen erregt erheben. Auch Monikas und meine deutlich geäußerte Skepsis gegenüber allen Religionen wird gelassen zur Kenntnis genommen. Jeder müsse selbst entscheiden, an was er sich orientiere, ist die gemeinsame Überzeugung.

Solche Gespräche sind fruchtbar und wichtig. Aber sie sind erst möglich, wenn man Respekt gezeigt hat vor ihren religiösen Riten, auch wenn sie uns etwas kantig erscheinen.

LAMPEDUSA AM SCHREIBTISCH

Es ist 18 Uhr, und ich sitze in meinem kleinen Arbeitszimmer, zünde mir gerade eine Pfeife an. Eine von meinen großen, der großen Aufgabe entsprechend, eine Unterrichtsreihe von 15 Stunden für meinen Leistungskurs Politische Wissenschaft (PW) auszuarbeiten. Und zwar zum Thema »Festung Europa«, dieser schrecklichen Abschottungspolitik der EU gegenüber den Flüchtlingen aus Afrika. Es ist kein Pflichtthema, aber es ist aktuell und führt ein in Abgründe der Politik. Jedenfalls ist es interessanter als Institutionenkunde oder Außenpolitik der EU. Das Thema ist erst in sechs Wochen dran, aber ich muss auch noch die Unterrichtsmaterialien fertigstellen und drucken lassen.

Planen erlebe ich im Gegensatz zu vielen Kollegen als

lustvolle Aufgabe. Ich liebe das Planen, das Entwickeln eines Konzeptes für das Vermitteln komplexer Zusammenhänge, dieses Feuerwerk von Ideen, die dann ›operationalisiert‹ werden müssen. Ich sehe dabei meine Schüler vor mir, wie sie begeistert einsteigen in das Thema, mitgerissen sind von den erstaunlichen Erkenntnissen. Der Unterricht später, das ist dann die Realität, in der sich zeigt, dass »nichts so heiß gegessen wie gekocht wird.« Aber hier am Schreibtisch kann ich mich erst einmal gedanklich austoben. Ich fühle mich wie ein Filmemacher oder wie ein Krimiautor. Meine Unterrichtsreihe soll ja nicht einfach eine Aneinanderreihung von Einzelstunden sein, sondern eine Dramaturgie haben, Verblüffungseffekte, Höhepunkte, die spannende Diskussionen auslösen. Die Welt ist spannend, und meine Reihe soll das widerspiegeln. Sie soll Interesse wecken, aber sie soll auch die Komplexität und Kantigkeit der Realität abbilden. Gleichzeitig muss ich diese Komplexität soweit reduzieren und in kleine Portionen aufteilen, dass sie für meine Schüler verstehbar wird, die zwar PW als Schwerpunkt gewählt, aber doch bislang wenig Ahnung vom rauen Geschäft der Politik haben.

Schluss mit der Theorie. Ich muss jetzt klären, wie ich einsteigen will in das Thema. Am besten mit etwas Knalligem, Motivierenden, z. B. mit meinem aktuellen Videomitschnitt über die Situation an der Südgrenze Europas. Knallig ist immer ein guter Einstieg, erst einmal müssen Bilder zum Thema in den Köpfen verankert, Emotionen geweckt werden. Die Bilder auf diesem Video sind eindrucksvoll: die Nussschalen, mit denen die Flüchtlinge über das Meer gekommen sind, die abgerissenen, halb verhungerten Gestalten, die Auffanglager. Auch was die Flüchtlinge berichten ist erschreckend: die Hoffnungslosigkeit in den Dörfern Afrikas, die Todesangst auf dem Meer, die Schikanen der europäischen Behörden, die Abzocke der Fluchthelfer. 30 Minuten Film, dann 30 Minuten Auswertung und Diskussion, notiere ich.

Aber ich hatte doch noch schriftliche Berichte von Flüchtlingen. Diese Texte könnte ich zur Hausaufgabe machen, also muss ich sie drucken lassen. Nun muss der ganze Hintergrund auf den Tisch, die rechtliche Lage, der Schengen-Vertrag und das Dublin II-Abkommen. Trocken, aber notwendig. Ich suche die Texte dazu aus EU Broschüren heraus. Und die Reihenfolge? Sollte ich nicht mit den Sachtexten zuerst eine Wissensgrundlage schaffen? Nein, es bleibt dabei: erst der Film, erst die emotionale Grundlage.

Plötzlich fällt mir ein, wie man die ganze Abschottungspolitik anschaulich machen könnte, nämlich mit einer Skizze der drei Abwehrlinien der EU: Ich zeichne drei rote Linien an die Tafel, oben steht Ziel Europa, unten Afrika. Die erste Linie liegt noch in Afrika. Es sind die »Partnerschaftsabkommen« der EU mit den nordafrikanischen Staaten, oft schlimme Diktaturen, die präventiv jede Flucht verhindern sollen. Dann auf dem Mittelmeer die Abwehrlinie der »Frontex Schiffe«, die die Flüchtlingsboote abdrängen. An Land dann die juristischen Verfahren, die die »wirklich politisch Verfolgten« trennen sollen von den sogenannten Armutsflüchtlingen, die dann »zurückgeführt werden« in ihre Heimatländer, da Armut von der EU nicht als Fluchtgrund akzeptiert wird. Zu dieser dritten Abwehrlinie gehören auch all die kleinen Schikanen in den Lagern.

Ich merke, dass ich noch genauer im Internet recherchieren muss, wie das mit der Abschiebung im Einzelnen läuft.

Stimmt es, dass die »Abgelehnten« meist nicht abgeschoben werden können und dann doch, als »Illegale«, im Aufnahmeland bleiben? Was man alles wissen muss als Politiklehrer. Jeden Tag muss man gründlich die Zeitung lesen, ausschneidewürdige Artikel anstreichen, Wochenzeitungen und Fachzeitschriften lesen und wenigstens die eine oder andere Neuerscheinung zu den unterrichtsrelevanten Themen. Aber was ist in PW eigentlich nicht relevant? Ich habe viel zu wenig Zeit dazu. Andererseits ist es auch toll, dass ich mich mit all diesen spannenden Themen beschäftigen darf und auch noch bezahlt werde dafür. Ich lerne viel dabei.

Die entscheidende Frage an dieser Stelle der Planung ist, wie meine Schüler auf diese Bilder und diese Informationen reagieren werden. Ich sehe sie vor mir sitzen. Sie sind ja selbst Immigranten, manche womöglich ursprünglich auch illegal eingereist. Mir fällt plötzlich Tanja Bibi ein, die mir vor einigen Jahren die schrecklichen Einzelheiten ihrer Flucht aus Pakistan erzählt hatte: Wie sie wegen der gewerkschaftlichen Tätigkeit ihres Vaters über Nacht hatten ausreisen müssen und hier wegen illegaler Einreise, angeblich fehlender Belege für politische Verfolgung und bewusster Falschübersetzung durch einen Dolmetscher in der Abschiebehaft gelandet waren. Wie ein einzelner mutiger Beamter sich dann doch für sie eingesetzt hatte und sie endlich Asyl bekommen hatten. Eine schlimme Geschichte von Bürokratie und Schikane.

Sie werden, denke ich mir, erstens erkennen, dass die EU nichts anderes im Sinn hat, als Flüchtlinge abzuwehren, indem sie ihnen so viele Steine in den Weg legt wie möglich. Sie werden, zweitens, empört sein über diese Strategie, zumal in den Texten deutlich wird, dass die Menschenrechte dabei oft genug auf der Strecke bleiben. Apropos Menschenrechte. Ich brauche unbedingt den Originaltext des Genfer Abkommens, das die Mindeststandards für Flüchtlinge festlegt. Ich muss auch noch irgendwo diesen Text mit der Kritik von Amnesty International am europäischen Asylverfahren haben. Den könnte ein Schüler als Vortrag einbringen. Ich merke, wie hektisch ich schon bin. Das wären mit diesem Vortrag rund 10 Stunden, rechne ich. Noch ein kleiner Test, also 11 Stunden.

Zurück zur Schülerreaktion. Sie werden diese Abschottungspolitik anklagen, verurteilen, sie werden sich für die Rechte der Flüchtlinge stark machen und vielleicht auch die Formulierung dafür finden: »Humanitäre Katastrophe«. Dieser Begriff könnte die Überschrift für das Tafelbild dazu sein. Wahrscheinlich werden sie fordern, außer politisch Verfolgten auch Armutsflüchtlinge aufzunehmen. Sind doch alles arme Kerle, die nur ihre Familie über Wasser halten wollen, z. T. Opfer von Dürrekatastrophen, wie wir schon im Film erfahren haben. Das kann das reiche Europa sich doch leisten.

Als tendenziell linker Lehrer müsste ich mit diesem Ergebnis eigentlich zufrieden sein. Schüler kritisieren die Regierungen, Schüler setzen sich für Menschenrechte ein. Wir wollen kritische Schüler. Wir könnten jetzt Plakate malen, »Weg mit der Festung Europa«, »Menschenrechte auch für Flüchtlinge«. Warum bin ich nicht zufrieden? Irgendetwas gefällt mir nicht an dieser Planung. Ich spüre, dass das sehr einseitig ist. Warum betreibt die EU diese schreckliche Politik? Das muss man auch fragen. Aber da kommt man in Teufels Küche.

Mir fällt auf, dass ich noch keine Informationen darüber

eingeplant habe, mit welchen Tricks viele Flüchtlinge arbeiten, um nicht wieder abgeschoben zu werden: Wegwerfen ihrer Ausweise, Verschleierung ihrer Identität, ihrer Fluchtgründe. Auch nichts über die Geschäftemacherei der sogenannten Fluchthelfer. Ich habe Texte dazu da, lege sie heraus. Könnte man nicht die EU selbst die Abschottungspolitik begründen lassen? Ich lese in meinen Unterlagen. Nach 20 Minuten weiß ich, dass es unmöglich ist. Die EU Dokumente reden alle um den heißen Brei herum. Trotzdem lege ich ein Dokument zum Kopieren heraus. Auch diese Verschleierungstechniken müssen die Schüler entziffern lernen.

Das Problem ist, dass die EU diese Politik betreibt, weil die Bürger Europas eine weitere Zuwanderung vor allem aus moslemischen Ländern mehrheitlich ablehnen. Auch weil es nicht genug Arbeitsplätze für die Einwanderer gibt und Probleme mit der Integration dieser meist Unqualifizierten abzusehen sind. Diese Argumente sind nicht einfach von der Hand zu weisen. Und, ein neuer Gedanke taucht auf: Ist die Auswanderung eigentlich hilfreich für Afrika? Wo ist der Artikel, in dem eine Politologin nachweist, welche Schäden die Auswanderungshysterie in Afrika hinterlässt? Alle träumen vom »Paradies« Europa, statt etwas für die Entwicklung ihres Dorfes, ihres Landes zu tun. Selbst die kleinen Ersparnisse werden nicht in eine Verbesserung der Bedingungen in Afrika eingesetzt, sondern den Fluchthelfern in den Rachen geschmissen. Die Flüchtlinge jagen einem Mythos hinterher, der unerfüllbar ist, und schaden damit auch ihren Herkunftsländern, schreibt sie.

Ich finde den Aufsatz, aber er hat 30 Seiten. Das könnte ein Referat geben. Prima. Aber sehr abstrakt und theore-

tisch. Könnte man vielleicht mit Zahlen ...? Wie viele Afrika-
ner würden denn vermutlich nach Europa kommen, wenn
die EU beispielsweise die Grenzen auch für Armutsflüchtlinge öffnen würde? Ich greife zum Fischer Weltalmanach.
Plötzlich habe ich eine Idee: Ich blende Deutschlands Situation vor der Asylrechtsänderung 1993 ein, dazu habe ich
eine Grafik und den Spiegel-Artikel aufgehoben, seit 20 Jahren. Die Grafik ist eindrucksvoll: Deutschland nahm damals jeden auf, der an der Grenze das Stichwort »Asyl« aus-
sprach. Erst waren es Tausende, dann Zehntausende, 1992
schon 500000, 1993 eine halbe Million in sechs Monaten.
Ich kann mich an die Bilder von den provisorischen Flücht-
lingslagern erinnern, die damals überall aus dem Boden
gestampft wurden. Der Einwandererstrom riss erst ab, als
das Asylrecht eingeschränkt wurde. Bis heute wird das von
Menschenrechtlern als inhuman kritisiert. Habe ich damals
nicht auch dagegen demonstriert?

Aber, wie viele Einwanderer wären es ohne diese Änderung geworden, und wie viele würden heute aus Afrika kommen, wenn die EU nicht den Daumen draufhielte? Dieser
Zusammenhang ist kein schöner Gedanke, aber soll ich ihn
meinen Schülern ersparen? Nur so erhalten sie Einblick in
die Sperrigkeit politischer Entscheidungen. Ich werde eine
Folie aus dieser Grafik machen und dann über die Konsequenzen diskutieren lassen.

Das Ganze wäre psychologisch ein Hammer. Erst jage ich
sie in die Menschenrechtsproblematik, bis sie glühen vor
Wut auf die EU, dann der Kontrapunkt: Verständnis für die
restriktive Politik. So richtig dialektisch, denke ich. Aber so
ist das Leben. Wir können dann ja diskutieren.

Meine Schüler vertrauen mir, dass ich den Durchblick

habe. Da sie mich überwiegend mögen, übernehmen sie relativ unkritisch auch meine Meinung. Ich spüre da Verantwortung. Ich will und darf ihnen nicht unbedingt meine
Sicht der Sache aufdrängen. Aber Unterricht im Fach Politik
ist nie wirklich neutral. Durch meine Auswahl des einge-
brachten Materials, meine Fragen und Arbeitsaufgaben
präge ich unwillkürlich die Sicht meiner Schüler auf das
Thema. Es geht nicht anders, selbst wenn man nicht Inhalte, sondern nur Kompetenzen vermitteln will. Im Übrigen spüren sie sowieso genau, wo ich politisch stehe. Die
Argumente, die gegen eine Grenzöffnung sprechen, bleiben
am Schluss. Es gibt eben keine »saubere« Lösung dieses
Problems, wie so oft in der Politik.

Ich spüre plötzlich, wie erschöpft ich bin. Planen ist Lust,
aber es ist auch Leiden, zumindest sehr konzentrierte Arbeit. Der Stapel mit den ausgewählten Materialien ist bedenklich hoch geworden, Materialien, aus denen ich ordent-
liche Druckvorlagen machen muss.

»Ulla, ich geh noch mal in meine Kneipe«, rufe ich meiner Frau zu. Sie versteht das. Ich schwinge mich auf mein
Fahrrad. Die acht Kilometer zu meiner Kneipe in Kreuzberg
werden mir gut tun. Schon die Fahrt durch die Innenstadt
wird mich ablenken. Ich fahre schnell. Trotzdem ist die
ganze Planung noch in meinem Kopf. Ecke Bernauer Straße
kommt mir meine ganze Planung doch etwas zynisch vor,
aber im Verkehrsgewühl am Hackeschen Markt entscheide
ich: So bleibts. Politik ist eben sperrig. Die Zweifel bleiben
aber auch bei der Weiterfahrt. Ein emotional frustrieren-
des Ende einer Unterrichtsreihe ist immer unbefriedigend.
Gibt es bei diesem Thema denn gar nichts, was Hoffnung
machen könnte?

Und: Zur Dialektik gehört nicht nur These und Antithese, sondern auch eine Synthese. Als ich in die von buntem Leben überquellende Oranienstraße einbiege, fällt mir ein, was die Synthese sein könnte: die Entwicklungshilfe, vorbeugende Hilfen der EU in Afrika, die geeignet sind, die Flucht weniger attraktiv zu machen und den Menschen dort helfen, eine Perspektive im eigenen Land zu entwickeln. Ein tolles Video dazu fällt mir ein. Andererseits: Glaube ich selbst noch an die positive Wirkung von Entwicklungshilfe in Afrika? Ich habe die Bücher von Bartholomäus Grill gelesen, von Bänziger und anderen Autoren, die alle mehr als skeptisch sind.

Rauchgeschwängert empfängt mich meine kleine Kneipe am Heinrichplatz. Man kennt mich hier. Der, der oft lange Zeit ohne Kontakt aufzunehmen am Tresen steht, irgendetwas im Kopf wälzend, nachdenklich. Ich hole meinen Zettel aus der Tasche und notiere ein paar Stichpunkte zu meinen Überlegungen auf der Herfahrt. Plötzlich fällt mir siedend heiß ein: Ich habe den Aspekt der demografischen Entwicklung vergessen. Der muss auch rein in die Reihe. Europas Einwohnerzahl nimmt ab, und Experten halten Zuwanderung für einen möglichen Lösungsansatz. Ein Argument eigentlich für Öffnung der Grenzen, obgleich ...

»Na, arbeitest du schon wieder an einem deiner Unterrichtsprojekte?« Benny steht plötzlich neben mir. Benny ist Sozialarbeiter, arbeitet in irgendeinem Projekt mit den echten Underdogs. Er ist so ein richtiger Altachtundsechziger. Immer noch links bis auf die Knochen.

»Was hast 'n für 'n Thema?« Er prostet mir zu. »Festung Europa, die EU Asylpolitik.« »Wow, heißes Thema. Na, das ist ja echt eine Gelegenheit, deinen Schülern mal klarzumachen, was da für eine Schweinerei läuft. Finde ich gut, dass du da mal was machst.« Das ist sein Thema. »Das Boot ist voll – wenn ich das nur höre. Erst beuten sie Afrika aus, bis es total heruntergewirtschaftet ist, dann lassen sie die armen Kerle, die mit letzter Kraft vor dem Verhungern nach Europa fliehen, im Mittelmeer absaufen. Ein Skandal ist das, Xenophobie, Rassismus. Ich hoffe, du machst deinen Schülern das klar.« Er sieht mich auffordernd an. »Stand doch neulich erst wieder so 'n Fall in der Zeitung: Mutter mit fünf Kindern. Sie traumatisiert vom Bürgerkrieg im Sudan, verstehst Du? Und die Schweine wollten sie abschieben. Rückführung nennen sie das.« Dann der bedeutsame Satz: »Jeder Mensch hat das Recht da zu leben, wo er leben will.« Hat er sich diesen Satz gut überlegt, mit allen Konsequenzen?

Ich merke, dass mir die Kraft fehlt, jetzt mit Benny alles noch einmal durchzudiskutieren. »Und, hast du jetzt eine Schule gefunden für deine kleine Helena?«, frage ich ihn, um das Thema zu wechseln. Benny nickt. »Hab da eine Schule in Mitte gefunden, eine Waldorfschule.« »Sicher eine mit geringem Ausländeranteil, was?« Die Frage ist mir einfach so rausgerutscht.

Plötzlich sieht er mich verärgert an. »Hältst du mich für einen Rassisten oder was? Darum geht es doch gar nicht.« Dann lacht er wieder. »Hast doch nicht im Ernst geglaubt, ich schick sie an so eine Chaotenschule wie deine?«

GEDANKEN IN AUERBACHS KELLER

Hier bin ich unter Menschen und kann doch allein vor mich hinträumen. Das Träumen gehört immer noch zu mir. Immer nur Realität halte ich nicht aus. Darum geht es ja bei diesen Kneipengängen. Bei meiner Arbeit bin ich angespannt und konzentriert, vernünftig und zielorientiert. Hier besteht eine Chance, dass sich das auflöst. Dionysisches steigt auf, kratzt an der Vernunftwelt, die den Tag beherrscht hat. Manchmal kommen dabei Gedanken und Gefühle hoch, mit denen ich gar nicht gerechnet habe, Emotionen, die ich im Alltag unterdrücken musste, machen sich plötzlich bemerkbar. Mein »Auerbachs Keller« eben.

Ich schaue mich um. Es ist schon ein seltsames Milieu in dieser Kreuzberger Kaschemme hier: bunt, ja, aber auch ein bisschen schmuddelig, etwas heruntergekommen, wie ich es liebe. Überwiegend sind es junge Leute, einige werden Arbeit haben, andere sind auf Harz IV, einige Studenten. Da sitzt eine Gruppe amerikanischer Touristinnen, ein paar Araber spielen Tabla, ein Punk Pärchen überlegt, ob es sich hier niederlassen will, zwei hübsche Türkinnen führen ein intensives Gespräch. Hinten am Tresen ein Altrocker mit Zöpfchen. Vielleicht war er einmal Hausbesetzer. Es gibt keine einfache Formel, auf die man die Gäste hier bringen könnte. Jeder hier lebt sein eigenes Leben, macht seine eigene Show. Erfolgreiche, Größenwahnsinnige und Gescheiterte stehen hier oft dicht nebeneinander, und so mancher Revoluzzer aus alten Tagen bezahlt hier heute sein Bier mit Staatsknete. In all diesen Leben gibt es Brüche, vermute ich. Viele hatten es nicht einfach, das sieht man an den Gesichtern. Dazwischen ich, der Beamte. Aber warum nicht?

Im Grunde ist es ein ähnliches Milieu wie das an meiner Schule: bunt, verwirrend, sinnlich und ganz, ganz anders als das bildungsbürgerliche Milieu, in dem ich groß geworden bin. Hier habe ich schon in den 70er und 80er Jahren am Tresen gestanden, als Student, als Taxifahrer, dann als

Lehrer nach den Demos gegen Häuserräumung. Mein Gott, war die Gegend damals heruntergekommen. Bilder tauchen wieder auf von bröckelnden Fassaden, düsteren, muffigen Hinterhöfen, verkommenen Eckkneipen, nach billigem Fett stinkenden Dönerbuden. Dazwischen noch ein paar Geschäfte aus besseren Tagen, Kusto-Herrenmoden, Fleischerei Florian, in Erwartung des Abrisses teils schon mit Brettern vernagelt und darüber die Spruchbänder der Hausbesetzer.

Sie haben sich durchgesetzt, die angeblichen Chaoten. Die Abrisspläne wurden fallengelassen, die Besetzungen legalisiert und so renoviert und saniert, dass die Bewohner nicht vertrieben wurden. Schon wenige Jahre später sah man hier die Busse mit den Architekturfachleuten aus aller Welt, die sich die gelungene »Behutsame Stadterneuerung« anschauten. Ohne die damalige Randale wäre hier doch heute tote Hose. Jedenfalls nicht diese bunte kulturelle Vielfalt mit ihren vielen kleinen Läden, Cafés und Bars.

Aus Kreuzberg ist kein Ghetto geworden, auch wenn es mit diesem Ruf kokettiert. Noch mischen sich hier die Milieus. Altlinke, in die Jahre gekommene Freaks, inzwischen längst Kleinunternehmer oder Rentner, daneben junge, dynamische Aufsteiger, die in den immer zahlreicher werdenden start ups der Medien- und Computerbranche in den Hinterhöfen arbeiten und vorn an der Straße ihren Macchiato trinken, weil die Atmosphäre hier so anregend und kreativ ist. Dazu die Migranten aus aller Herren Länder.

Die älteren Türken haben ihre eigenen Kneipen, das Altun Köse z. B., die älteren deutschen Arbeiter gehen eher in den »Mohren« am Moritzplatz. Draußen ziehen ab und zu noch Frauen mit Kopftuch und Kindern im Schlepp vorbei. Meine jüngeren Schüler mögen das Milieu hier nicht: »Zu oll, zu schmutzig, zu viele Alkis und Drogenabhängige.« Sie möchten nicht zu den ›Losern‹ gehören und lieber im Neubau wohnen, möglichst in einem bürgerlichen Viertel wie Wilmersdorf oder Steglitz. Erst in der Oberstufe beginnen sie die Vorzüge dieses Viertels wahrzunehmen: das billige Wohnen, die tolerante Multikulti-Atmosphäre, das perfekte Netz von türkischsprachigen Anwälten, Sozialberatern und Ärzten. Neulich habe ich mit meinen Oberstufenschülern aus dem Erdkundekurs die Oranienstraße erkundet. Vielen waren diese Kneipen und Cafés völlig fremd, obgleich sie ganz in der Nähe wohnen. »Meine Mutter würde mich nie hierher lassen«, hatte die kopftuchtragende Rana aus dem Libanon erzählt, »wegen Alkohol und Männern und so. Werde bloß nicht so wie die da, hat sie immer gesagt und uns Kinder weitergezogen, wenn wir an den Kneipen vorbeikamen, wo die jungen Frauen mit den kurzen Röcken saßen.« Die verschiedenen Milieus leben auch hier eher neben- als miteinander, aber in manchen Kneipen hat man in letzter Zeit doch den Eindruck, dass da eine junge Generation heranwächst, für die Herkunft keine Rolle mehr spielt.

Plötzlich kommt mir mein Unterrichtsthema wieder hoch. Mein Gott, denke ich, muss denn ein kleiner Kreuzberger Lehrer die Lösung für alle Probleme dieser Welt wissen? Als Politiklehrer habe ich alle Weltprobleme am Hals, muss überall, zumindest in den Grundzügen durchblicken: die Globalisierung, der Aufstieg der Schwellenländer, die Klimaprobleme, Energiefragen, Datenschutz, aber auch lokale Probleme, Stadtplanung in Berlin z. B., der Kampf um Stuttgart 21, und, und, und ... Selbst davon, was in Afghanistan los ist, muss ich mir ein Bild machen. Ich brauche zwar nicht unbedingt Lösungen zu wissen, aber wenn ich nicht wenigstens die Struktur des Problems überblicke und die unterschiedlichen Positionen verstehe, brauche ich gar nicht anzufangen, darüber zu unterrichten. Wie einfach war doch Politikunterricht in der Zeit vor der Wende. Man brauchte bloß ein wenig am gängigen Bild von »Hier gut – da böse« zu kratzen, und schon konnte man sich einbilden, ein guter, kritischer Lehrer zu sein. Aber heute ist alles so unübersichtlich, vernetzt, schwer zu beurteilen. Und mit wem kann ich noch darüber diskutieren, mit wem mich austauschen? Mit meinem Bruder, manchmal auch mit meinen Kollegen Erich und Jens. Aber das ist zu wenig. Haben wir je im Kollegium über Inhalte gesprochen, über das, was uns zu vermitteln wichtig ist? Nicht mehr, seit wir das gemeinsame Planen von Unterrichtseinheiten aufgegeben haben, und das war schon nach fünf Jahren. Der Konsens aus den 80er Jahren – Für Frieden, Atomkraft Nein – Danke und immer für die »Unterdrückten«, ist längst hinüber. Alle sind realistischer und älter geworden. Neulich empörte sich der Kollege, der mir in den ersten Jahren immer was vorgesungen hatte vom »Karl Liebknecht, dem wir's geschworen haben« über den Verfall seiner Telekom-Aktien. Die aus dem Ostteil der Stadt hierher versetzten Kollegen wollen sich politisch schon gar nicht in die Karten schauen lassen. Nach dem 11. 9. war eine Diskussion aufgeflackert, die dann aber schnell wieder im Alltagsstress versandete. Das Curriculum lässt uns große Freiheit, was ja gut ist. Anders hätte ich meine Ausflüge in türkische und islamische Geschichte nicht in den Unterricht einbauen können. Aber kann hier jeder unterrichten, was er will? Auf Fachkonferenzen ist jedenfalls keine Zeit auch noch über Inhalte zu reden.

Über seine Schüler kriegt man manchmal was mit, dass

Kollege A. in Geschichte z. B. immer nur bis zur Adenauerzeit kommt und dass Frau G. im Unterricht oft erzählt, wie schön das Leben in der DDR doch war. Ich vermute auch, dass bei R. mit seiner Islamistenphobie die Menschenrechte wie Peitschenhiebe klingen. Wir sind halt eine pluralistische Gesellschaft – anything goes.

»Aber Albrecht«, höre ich jetzt meine Fachbereichsleiterin Hülya aufstöhnen, »es geht doch gar nicht mehr um Inhalte, um Meinungen schon gar nicht. Wir unterrichten Kompetenzen, wir befähigen die Schüler, sich selbst ihre Meinung zu bilden.« »Und wie vermittelt man Kompetenzen, wenn nicht beim leidenschaftlichen Streit um richtig und falsch, gut oder böse anhand sorgfältig ausgewählter Inhalte?«, antworte ich dann im Geiste. »Diese Inhalte – das sind doch oft die Lebensfragen unserer Gesellschaft. Ist dir völlig egal, welches Weltbild unsere Schüler haben?«

Aber will ich wirklich gemeinsame Festlegungen? Will ich mir und meinen Kollegen die individuellen Spielräume für ihre »Anliegen« wegnehmen? Lehrer mit »Anliegen« sind mir immer noch lieber als Lehrer, die bloß leidenschaftslos ihren »Stoff« verwalten.

Eine Musikergruppe hat jetzt ihre Instrumente aufgebaut und präsentiert klassischen Rock 'n' Roll. Mir wird warm ums Herz. Diese Musik spricht etwas in mir an, etwas, das auch wichtig war, um mit dieser Chaosschule klarzukommen. »Noch ein Bier?« Ich winke ab, zahle und suche mein Fahrrad, das ich vor dem Schokoladen meiner ehemaligen Schülerin Naciye abgestellt habe. »Schokolade ist Gottes Antwort auf Brokkoli« ist auf die Scheibe gesprüht. »Hoffentlich sehen mich jetzt keine Schüler«, geht mir durch den Kopf. Ach, und wenn schon.

TEIL 4

ZWISCHEN KLIPPEN UND UNTIEFEN

DAS PROJEKT

Manche Veränderungen kommen auf so leisen Sohlen, dass man sie zunächst kaum wahrnimmt. So geht es uns mit den Sparmaßnahmen des Senats seit Mitte der 90er Jahre. Erst wird hier eine Laborantenstelle gestrichen, dann da die Medienwarte abgeschafft, Sozialarbeiterstellen fallen weg. Unsere Unterrichtsverpflichtung wird sukzessive von 21 auf 26 Wochenstunden erhöht. Aber mehr Stunden heißt auch mehr Vorbereitung, mehr zu korrigieren, mehr Elterngespräche, Konferenzen usw. Gleichzeitig fallen die Ermäßigungsstunden für Oberstufeneinsatz und für die älteren Kollegen weg, Vertretung muss jetzt unbegrenzt geleistet werden. Auch die Klassen werden wieder größer, von den finanziellen Einbußen gar nicht zu reden.

Berlin muss sparen, aber das kostet seinen Preis. In den Schulen liegen die Nerven blank. Hetze und Genervtheit prägen zunehmend den Alltag, der Krankenstand steigt und damit auch die Anzahl der Vertretungsstunden. Dabei laufen gleichzeitig die kräftezehrenden Reformen an. Jahrzehntelang haben wir fast unbeachtet vor uns hinwerkeln können, aber seit dem Pisa Schock rotiert die Bildungsverwaltung und kehrt in den Schulen das Unterste zuoberst, bloß kosten darf es nichts. Fast wöchentlich finden wir Gedanken, Entwürfe, Erlasse, Ausführungsvorschriften, Ergänzungen und Erläuterungen zu Reformen im Fach, die verstanden, diskutiert und umgesetzt werden müssen. Alles wird umgekrempelt. Ein ungeheurer Kraftakt.

Manches ist durchaus in unserem Sinn, wie die Einführung einer Prüfung für den Mittleren Schulabschluss (MSA), die Einführung von Hausarbeiten bzw. Präsentationen als neue Prüfungskomponenten, die neuen Klausurformate. Anderes scheint uns eher Augenwischerei, wie die Förderpläne für Versetzungsgefährdete, die neuen Tabellen zur Leistungsbewertung. Die neue »Selbstverantwortung« der Schulen führt dazu, dass Rektoren unglaublich viel Zeit für die Suche nach Vertretungslehrern aufwenden müssen. Auch die Schulinspektionen scheinen uns problematisch und die jetzt einreißende, ewige Testerei.

Gute wie schlechte Reformen kosten Arbeit, Zeit und Nerven. Eine Konferenz jagt die andere, Arbeitsgruppen müssen eingerichtet, Aufgaben verteilt werden. Was aber fehlt, ist eine Aufbruchsstimmung. Hier weht nicht der frische Wind eines Neuanfangs, wie damals vor 25 Jahren, als wir aus eigener Einsicht heraus die Neugestaltung der Schule in Angriff genommen hatten. Mit hängenden Schultern und zusammengebissenen Zähnen versuchen wir alltagstauglich zu machen, was uns »von oben« übergestülpt wird. Für unsere eigentliche Aufgabe, das Unterrichten und Betreuen der Schüler, haben wir immer weniger Zeit und Kraft.

Jetzt kommen auch noch die alljährlichen Projektwochen. Was hatten wir früher für tolle Projekte: Filme wurden gedreht, Stadterkundungen gemacht und Zeitungen erstellt. Ich habe in der Wilhelmstraße Ausgrabungen mit Schülern gemacht, bei denen wir tatsächlich Pfeifen, Flaschen und Keramik aus dem 18. Jahrhundert gefunden und zu einer Ausstellung aufbereitet haben. Aber damals gab es noch die Stelle eines Museumslehrers und andere personelle Ressourcen, auf die wir zurückgreifen konnten.

In diesem Jahr bin ich ganz allein mit unserer sehr schwierigen 8. Klasse. Monika ist seit längerem völlig erschöpft und hat ein Sabbatjahr genommen, das sie in ihrem geliebten Himalaya verbringt. Auch ich pfeife auf dem letzten Loch und komme zum ersten Mal noch nicht einmal dazu, mir ein interessantes Projekt auszudenken. In meiner Not wende ich mich an ein für seine guten Projekte bekanntes Jugendheim in Kreuzberg, und tatsächlich, es klappt. Sie wollen ein Projekt mit unserer Klasse durchführen. Ich jubiliere. Ist das nicht ein richtiger Coup, den ich da gelandet habe? Warum nicht einmal echte Profis ranlassen, die Erfahrung mit schwierigen Jugendlichen wie unseren haben?

Nach dem gemeinsamen Frühstück bittet Andreas, der Projektleiter, um Ruhe. Er will jetzt die Projektgruppen vorstellen. Es dauert schier endlos, bis unsere Schüler endlich bereit sind, zuzuhören. Es ist wirklich eine sehr schwierige 8. Klasse. Umso froher bin ich, dass die Schüler jetzt einmal etwas Sinnliches und Kreatives machen können, etwas, was ihnen mit Sicherheit Spaß machen wird.

Als es endlich ruhig ist, stellt Andreas die Gruppen vor: »Ihr könnt ein Video drehen«, kündigt er an (brausender Beifall), »oder ein Hörspiel aufnehmen« (kaum Beifall), »in der Band ein Stück einüben« (viel Beifall), »oder eine Aufführung als Cheerleader erarbeiten.« (Schweigen). Er erklärt, was Cheerleader bedeutet und stellt die sympathische Leiterin dieser Gruppe vor, aber das Interesse scheint gering zu bleiben. Die Einteilung der Schüler wird ein Desaster.

Fast alle wollen in die Band oder ein Video drehen. »Wenn ich nicht in die Videogruppe komme, bleibe ich zuhause«, motzt Manu. Von woanders höre ich, »Cheerleader, so 'ne Scheiße.« Schließlich müssen die Plätze in Band und Videogruppe verlost werden. Die Sieger jubeln vor Schadenfreude. Die Hörspielgruppe scheint einigermaßen zufrieden zu sein, aber die Cheerleader fühlen sich als Loser.

Gebeugt, fast schon verbittert, ziehen sie ab in ihren Gruppenraum. Ich muss jetzt erst einmal zur Schule, Oberstufenunterricht geht trotz Projekt vor. Fred, der für Monika eingesprungen ist, hält hier die Stellung.

Gegen Eins bin ich zurück und nehme eine Weile bei der Hörspielgruppe teil. Adalet, Que Mai, Paul und Betül sind leistungsstarke, disziplinierte Schüler und haben den Vormittag über konzentriert gearbeitet. Ihr Skript für eine Liebesgeschichte ist schon fast fertig, und sie sind stolz auf ihr Produkt. »Das macht Spaß, viel besser als Schule«, sind sie sich einig. Fred ist nicht so begeistert. »Es gab viel Streit und Gerangel in den Gruppen, und die Cheerleader haben überhaupt keine Lust«, berichtet er.

Am zweiten Tag ist das gemeinsame Frühstück wenig erfreulich. Sie werfen mit belegten Brötchen, nehmen sich gegenseitig den beliebtesten Brotbelag weg und hinterlassen einen Saustall, den keiner aufräumen will, bis ich richtig böse werde. Anschließend setze ich mich zur Band. Keiner von ihnen hat je ein Instrument gespielt, aber Andreas hat jedem ein paar Techniken beigebracht, und sie üben jetzt einen einfachen Popsong. Der wilde Adil sitzt am Schlagzeug. Genau richtig, denke ich, da kann er sich austoben. In der Schule ist er eine Katastrophe, aber wenn ich ein anatolischer Bauer wäre, würde ich ihm ohne weiteres meine Schafe anvertrauen. Adil würde die Wölfe schon vertreiben. Wie verrückt haut er auf seinen Instrumenten herum. Bassam tut sich etwas schwer mit seinen Percussion Instrumenten und kompensiert das mit Witzen. Serhat und Onur üben die drei neuen Griffe auf ihrer Gitarre. »Tut so weh an den Fingern«, jammert Onur. Er will immer Pause machen. »Ohne Fleiß keinen Preis«, rufe ich ihm zu. Die große

Überraschung ist aber Nilay. Dieses kleine, schüchterne Mädchen, das im Unterricht fast unsichtbar ist, möchte die Sängerin sein. Tatsächlich, ihre Stimme ist toll, bloß noch zu zaghaft. Aber sie strahlt. Das ist das Schöne an Projekten: Plötzlich treten bei Schülern Fähigkeiten zutage, mit denen man gar nicht gerechnet hat.

Bei der Videogruppe scheint gerade einer einen Witz gerissen zu haben. Sie kugeln sich vor Lachen. Roger, der Leiter, mir als Medienpädagoge vorgestellt, sieht verärgert aus. »Sind die im Unterricht auch so? Wenn das so weitergeht, kriegen wir nie ein Drehbuch hin. Eine Idee hatten sie schnell, was mit Spiderman, aber jetzt will ich mit ihnen die Dialoge zu Papier bringen, und die rasten total aus.« Eigentlich ist die Idee bei solchen Projekten ja, dass die Schüler, indem sie etwas Schönes, Kreatives machen, ganz nebenbei sozusagen auch Lesen, Schreiben und Denken lernen. »Was ist los Erkan?«, frage ich. »Da hat einer gepupst. Riechen Sie das denn nicht?« Theatralisch halten sich alle die Nase zu, schreien Iiii und Aaah.

»Also, was sagt Spiderman denn nun?« Roger ist ungeduldig. »Ach, diese blöde Schreiberei, wann filmen wir denn endlich?« Onur legt die Füße auf den Tisch. Burak macht einen Vorschlag, den die anderen mit Lachen quittieren, aber Roger fährt dazwischen: »Leute, einen Film drehen, das ist harte Arbeit. Das müsst ihr endlich mal kapieren. Ohne schriftliche Dialoge wird hier nicht gedreht, verstanden?« »Darf man hier nicht mal lachen?« Manu tut empört.

Ich schaue eine Viertelstunde zu. Es läuft genau wie in einer schlechten Unterrichtsstunde. Am Ende haben sie gerade mal zehn Sätze zu Papier gebracht, irgendwas, nur damit Roger zufrieden ist. In der Pause versuche ich ihnen klar zu machen, warum erst ein Drehbuch geschrieben werden muss, aber sie haben einfach keine Lust, hart zu arbeiten. Ich bin so froh, dass wenigstens diesmal ein anderer die Karre aus dem Dreck ziehen muss, aber ich beneide Roger nicht.

Wie nicht anders zu erwarten, tut sich auch die Cheerleader Gruppe schwer, die ich Mittwoch nach meinem Unterricht besuche. Sie üben gerade etwas ansatzweise Akrobatisches. Die junge Leiterin versucht gute Stimmung zu machen und sie mitzureißen, aber die fünf Schülerinnen wirken eher wie Strafgefangene, die ihre Morgengymnastik machen. »Müssen wir das machen?«, fragt Sarina schlecht gelaunt. »Ich habe in Sport eine Vier, und jetzt soll ich hier Akrobatik machen.« Zwei Schülerinnen sind heute gar nicht gekommen. »Die ham kein Bock«, erklären mir die anderen achselzuckend. Nur Sevim scheint es Spaß zu machen. »Gestern haben wir jongliert, das war echt geil.«

Ich versuche sie anzutörnen, indem ich drei Räder schlage, meine Spezialität, seit mein Vater das mit uns Kindern geübt hat. Sie versuchens auch, mit viel Hallo und Lachen. Ann, die Leiterin, möchte das gleich in die Choreografie einbauen, aber nein, das finden sie viel zu schwer. Djamila sitzt die ganze Zeit mürrisch in der Ecke. Sie ist etwas übergewichtig. Körperliche Bewegung würde ihr gut tun. Aber sie hat sich in ihrer Abwehrhaltung festgebissen. Fred erzählt, dass das Frühstück wieder grauenhaft war. Nur die Hörspielgruppe arbeite gut.

Donnerstag erscheint Djamila erst gar nicht. Um Neun erreiche ich niemanden am Telefon, um zehn ist dann Djamila dran, sagt, sie sei krank. Ihre Eltern kann ich nicht sprechen, »die schlafen noch«. Die Cheerleadergruppe arbeitet mit mäßigem Interesse an ihrer Choreografie.

»Ich fick deine Mutter, du mit deinen beschissenen Nike Tretern«, schreit Bassam gerade, als ich den Raum der Band betrete. »Fick dich doch selbst. Meinst du, deine Adidas sind besser?« Adil geht bedrohlich auf Bassam zu, aber Andreas springt dazwischen. Er kriege das hin, signalisiert er mir, ich solle später wiederkommen.

Die Videogruppe finde ich draußen unter den Arkaden auf der Straße. Sie haben sich lustig verkleidet, Alex ist Spiderman mit einem wehenden blauen Mantel. »Auftritt Spiderman«, ruft Roger gerade. Aber Alex pennt. »Schon wieder den Einsatz verpasst. Herrgott, wie oft sollen wir diese Szene denn noch drehen. Wenn der Film nicht morgen bis 14 Uhr fertig ist, schaff ich es nicht mit Schneiden bis zur Vorführung.« Roger ist sehr verärgert. »Wir drehen diese Szene schon zum dritten Mal und ständig pennt einer. Die kriegens echt nicht hin.« Die Schüler grinsen. »Aber ihr wollt doch auch, dass der Film richtig gut wird, oder?«, wende ich ein. Manu macht seiner Verärgerung lauthals Luft: »Wie der uns hier rumscheucht, als wären wir seine Sklaven. Soll er doch seinen Scheißfilm alleine drehen.« Ich stauche ihn zusammen wegen des Tones.

Roger würde am liebsten alles hinschmeißen. »Sie können sich einfach nicht konzentrieren, jedenfalls nicht länger als fünf Minuten. Sie weichen jeder Anstrengung aus. Alles soll immer nur Fun machen und locker gehen. Aber so kriegt man doch keinen guten Film hin.« Wie ich das kenne aus dem Unterricht. »Nimms nicht persönlich«, rate ich ihm, »Hauptsache, ihr kriegt jetzt noch irgendetwas hin bis morgen. Versuch locker zu bleiben.«

Aber ich frage mich natürlich auch, was aus Schülern werden soll, die vor lauter Schlaffheit nicht einmal ein selbstgewähltes Projekt hinkriegen. Klar, ich kenne die »familiären Probleme« bei Dreien aus der Gruppe. Aber gerade deshalb wäre ein richtiger Erfolg, ein Produkt, auf das sie stolz sein können, ja so wichtig. »Ich glaub, der Film wird Scheiße«, murmelt Roger.

Können sie nicht oder wollen sie nicht? Ich habe den Eindruck, sie können nicht Wollen, oder sie vergessen, was sie eben gerade noch gewollt haben. Irgendetwas hat sich verändert. Auch früher haben sich unsere Schüler gegen zu viel Anstrengung gewehrt, aber wenn sie erst einmal angefangen hatten, kam auch etwas dabei heraus. Liegt es daran, dass wir immer weniger leistungsstarke Schüler an die Schule bekommen? Oder hat diese ganze Generation ein Problem? Zu viel Zerstreuung, zu viele reißerische Videos, ewig Musik im Ohr, Computerspiele, die viel interessanter sind als alles, was die Schule bieten kann?

Wenn der Unterricht schlecht läuft, frage ich mich immer, ob es an mir liegt, an meiner Didaktik und Methodik, an den Themen. Aber hier, bei gänzlich anders gearteten Themen und Methoden, scheint es ja auch nicht zu klappen, jedenfalls nicht mit unseren schwachen Schülern.

Mit Kindern aus dem bürgerlichen Milieu läuft das ganz anders. Mit fünf Jahren spielen sie schon ein Instrument, lernen hart zu üben. Mit Zehn machen sie Powerpoint-Präsentationen, haben ausgeprägte Interessen, sammeln etwas und kriegen trotzdem noch Nachhilfe. Sie werden von den Eltern in jeder Hinsicht gefördert und unterstützt. Und unsere hier? Sie lassen sich hängen, pflegen ihre Null Bock-Haltung, und die Eltern zucken hilflos die Schultern, wenn man sie darauf anspricht. Erst vor kurzem habe ich Alex bei einem überraschenden Hausbesuch um 12 Uhr aus dem

Bett geklingelt, weil er wochenlang nicht zur Schule gekommen war. Die Eltern saßen im Nebenzimmer vor dem Fernseher.

Ich besuche noch die anderen Gruppen. Es läuft nicht gut, außer bei der Hörspielgruppe. Zurück an der Schule treffe ich im Flur Elena, die Kleinwüchsige mit den prachtvollen Rasta-Locken. »Hallo, Herr Politiklehrer, wie geht es Ihnen?« »Politiklehrer« ist unser Code, seit ich sie vor einigen Jahren im Vertretungsunterricht kennen gelernt und wir lebhaft über Tagespolitik diskutiert hatten. Solche netten kleinen Begegnungen tun einfach gut.

Aus dem Zimmer des Direktors stürmen gerade zehn aufgeregte Menschen, Männer, Frauen, Kinder, am Schluss er selbst. »Mein Gott, war das ein Zirkus«, murmelt er, während er sich mit dem Taschentuch über die Stirn fährt. »Zwei arabische Großfamilien, wegen der Ehre einer der Töchter. Ich hätte fast die Polizei rufen müssen.« Irgendwie musste er das jetzt loswerden. Er schließt die Tür.

Mein Politikkurs wartet schon auf mich. »Hallo, Herr Johann«, freundlich lächelt mich Sibel an. Wenigstens die hier wollen etwas lernen, sind bereit sich anzustrengen. Deshalb freue ich mich auf den Unterricht mit ihnen, was sie auch spüren. Ihre Defizite im Vergleich zu Gymnasiasten sind groß, weshalb ich, vor allem bei schriftlichen Arbeiten, leider auch zurückhaltend mit guten Noten umgehen muss. Ich muss ziemlich Druck machen, um sie auf Abiturniveau zu bringen. In unserer Mittelstufe haben sie angesichts des allgemein niedrigen Leistungsniveaus nicht allzu viel gelernt. Sie nehmen mir das aber nicht übel.

Die Menschenrechtsproblematik bei der Abgrenzungspolitik der EU gegenüber Einwanderern aus Afrika haben wir in den letzten Stunden hinreichend erarbeitet. Wie erwartet finden sie das bedenklich. Heute diskutieren wir über die Frage, ob die EU auch Armutsflüchtlinge aufnehmen soll. Groß steht die Frage an der Tafel. Ich hatte erwartet, dass gerade sie als Migrantenkinder sich für eine großzügige Politik Europas einsetzen würden, für eine Öffnung der Grenzen für die Armen dieser Welt. Aber es läuft anders. Erdem spricht es aus: »Aber wie soll die EU denn solche Einwandererströme verkraften? Das sind doch sicher Millionen, und fast alle unqualifiziert. Deutschland z. B. hat doch jetzt schon so viele Ausländer.« Außer Luke und Simon scheinen alle diese Sichtweise zu teilen. Sie erläutern und ergänzen sie. Ich brauche fast nicht einzugreifen, stelle nur ab und zu ergänzende Fragen und halte wichtige Thesen an der Tafel fest. Überrascht stelle ich fest, dass Migranten keineswegs automatisch für offene Grenzen sind. Sie haben Angst, dass eine neue Einwanderungswelle die Spannungen zwischen Einwanderern und Einheimischen verstärkt und sie, die bereits gut integrierten Alteinwanderer, die Leidtragenden dieser Entwicklung sein würden. Eine berechtigte Annahme. Deshalb finden sie es im Grunde (oder sollte man sagen klammheimlich?) richtig, dass die EU sich abschottet, fühlen sich dabei aber, genau wie ich, offensichtlich unwohl. Eine Weile scheint dieser Konsens, der mir fast schon unheimlich ist, zu halten, bis endlich Simon doch nicht mehr an sich halten kann: »Aber dahinter steckt doch letztendlich wieder nur diese Fremdenfeindlichkeit, die von den Medien ständig geschürt wird. Sind Farbige wie ich denn eine Gefahr für die Gesellschaft?« Endlich wird lebhaft diskutiert. Die Wogen gehen hoch. Um Simon und seine Position zu unterstützen, klappe ich eine Tafelseite so um, dass der gestern erarbeitete Satz zu lesen ist: »Die Abschottungspolitik der EU ist aus humanitärer Sicht ein Skandal.« Als endlich der Begriff »Widerspruch« fällt, bin ich zufrieden. Alle scheinen verunsichert, und das ist gut so. In der nächsten Stunde werden wir sicher noch einmal darüber reden. Für heute reicht es. Ohne Murren nehmen sie ihre Hausaufgabe in Empfang. Ich ziehe um in die letzte Reihe, weil jetzt Alvaro und Yannik eine »Aktuelle Stunde« halten. Bin gespannt, welche Themen die beiden ansprechen. Diese Stunden in der Oberstufe entschädigen mich immer für das ewige Kämpfenmüssen und die geringen Erfolge in den Mittelstufenklassen.

Am Freitagabend soll die große Aufführung unserer Projektergebnisse im Heim sein. Die Schüler haben bis in den Nachmittag hinein geübt, und nun sollen sie Eltern, Freunden und Mitschülern vorführen, was dabei herausgekommen ist. Auch andere Gruppen aus dem Heim präsentieren ihre Ergebnisse. Leider ist der Saal halb leer. Mehr als acht oder neun Eltern meiner Schüler sehe ich nicht. Haben die Eltern kein Interesse an den Leistungen ihrer Kinder?

Nilay ist den Tränen nahe. »Adil kommt nicht, und wir brauchen ihn doch am Schlagzeug, wir können nicht auftreten.« Ich rufe Adil an. Nein, er habe keinen Bock, die ganze Band sei Scheiße, und so lange Bassam dabei sei, komme er sowieso nicht. Zum Glück findet Andreas einen Ersatzdrummer, aber der hat nicht mit der Band geübt, und es holpert bei der Aufführung. Onur verspielt sich dauernd, Bassam rasselt gelangweilt vor sich hin. Nur Nilay hat dann doch noch ihren großen Auftritt. Sie ist wirklich gut als Sängerin. Fred und ich sind ganz gerührt.

Beim Auftritt der Cheerleader wage ich kaum hinzusehen. Djamila ist nicht gekommen, und dauernd klappt etwas nicht. Immerhin halten sie durch und laufen nicht weinend von der Bühne. Ich lobe sie hinterher über den grünen Klee.

Das Hörspiel, an sich recht gut, versteht man kaum bei dem Lärm, den die Zuschauer machen. »Und wir haben uns doch so viel Mühe gemacht«, flüstert Adalet enttäuscht. Auch unsere Schüler scherzen laut, rennen raus und rein, hören kaum zu, obgleich Fred und ich ständig um Ruhe bitten.

Schließlich das Spiderman Video. Es ist richtig gut und kriegt viel Applaus. Roger hat noch bis kurz vorher geschnitten, allein. »Die Schüler wollten lieber frei haben«. Aber Erkan ist gar nicht erst gekommen, und auch die anderen aus der Gruppe scheinen nicht wirklich stolz zu sein auf den Erfolg ihres Films. »Können wir jetzt endlich gehen?«, fragen sie, kaum dass der Film beendet ist. Für sie ist es Rogers Film. Ich bin traurig nach dieser Aufführung. »Gut, dass diese Scheiß-Woche zu Ende ist«, murmelt Tonia aus der Cheerleader Gruppe, als sie an mir vorbei rausgeht.

Hinterher stehe ich noch mit Fred im Nieselregen vor der Tür. »Bist du auch so enttäuscht?«, frage ich ihn. »Na ja, für Nilay wars jedenfalls ein Erfolg, und die paar, die an der Schule gute Leistungen bringen, haben ja auch hier etwas gebracht und können stolz sein«, meint er. »Aber unsere Problemkinder, die Schwachen, die haben sich auch hier wieder bewiesen, dass sie nichts hinkriegen. Sie schaffens einfach nicht, kriegen den Arsch nicht hoch. Sich mal anstrengen, zusammenreißen – die wissen gar nicht, wie sich das anfühlt. Und dann steht wieder in der Zeitung, es gäbe keine Chancengerechtigkeit. Die Unterprivilegierten wür-

den auch in der Schule benachteiligt, hätten keine Chance.«
Er schweigt eine Weile, ehe er fortfährt: » Wenn man sich
die Elternhäuser unserer Schwachen ansieht, weiß man
doch alles. Die Eltern kriegen ja selbst nichts auf die Reihe.«
Und nach einer Weile: »Vor 15 Jahren haben meine Schüler
Obdachlose und Politiker interviewt und daraus eine tolle
Zeitung gemacht. Kannst du dir das heute noch vorstellen?«

»Sind jetzt halt Hauptschüler, die wir haben. Damals
haben unsere Gymnasialschüler die Schwachen mitgezogen, heute ziehen die Unmotivierten die Leistungsstarken
runter.« »Ob wir sie härter rannehmen müssten? Sie zu ihrem Glück zwingen? Fordern, Druck machen, Schlechtes
schlecht nennen?« Ich denke laut ins Unreine. »Also so wie
Roger das versucht hat?« Fred winkt ab. »Du siehst ja, was
dabei herauskommt. Dann entziehen sie sich ganz, schwänzen gar.«

»Also doch wieder: Mut machen, nur ganz behutsam
kritisieren, auch den winzigsten Fortschritt loben, immer
freundlich bleiben?« Fred zuckt mit den Schultern, »Der übliche Eiertanz eben.« Ich merke, wie müde mich die Arbeit
mit den Jugendlichen in den letzten Jahren gemacht hat.
Müde vom ewigen Kämpfen, kreativ sein, Lösungen finden,
Frust ertragen.

SERHAT

Serhat ist ein Junge, den man als Lehrer einfach mögen
muss, weil er alles verkörpert, was man bei einem Heran-
wachsenden nur erwarten kann. Groß, kräftig, bäuerliches
Gesicht, immer ein freundliches Lächeln und eine sympathische Stimme, aus der starkes Selbstbewusstsein spricht.

Serhat ist schon mit 14, als er in unsere Klasse kommt, eine starke Persönlichkeit mit einem Charisma, das alle spüren. Er ist der geborene Anführer, der sich und dem man viel zutraut. Er hat es nicht einmal nötig, gegen Lehrer zu rebellieren. Niemand folgt meinen Anweisungen gehorsamer als er. Er ist erst seit vier Jahren in Deutschland, spricht und schreibt Deutsch aber fast perfekt. Er muss nicht angeben, auftrumpfen. Er ist lustig und doch ungeheuer strebsam, begreift schnell auch schwierige Zusammenhänge. Auf dem Elternabend lerne ich seinen Vater kennen, einen Bullen von Mann, Kurde, nicht weniger charismatisch als sein Sohn. Leider spricht er kein Wort Deutsch.

Als wir im Unterricht über die Türkei sprechen, erzählt uns Serhat von den Kämpfen zwischen PKK und türkischer Polizei in seiner Heimatstadt. Sein Vater hatte kurdische Verwundete versorgt, war deshalb verhaftet und gefoltert worden. Erst nach vielen Jahren war es der Familie gelungen, nach Deutschland zu entkommen. Serhat weiß, was er an seiner neuen Heimat hat. Hier will er etwas lernen, es zu etwas bringen. Vielleicht will er später etwas für die Kurden tun, er weiß es noch nicht genau. Jedenfalls will er Häuser bauen, Architekt oder Bauingenieur werden. Jetzt ist er erst einmal der Klassenbeste und meine solide Stütze in dieser sehr unruhigen Klasse. Manchmal, wenn ich wieder mühsam um Ruhe in der Klasse kämpfe, dreht er sich zu seinen Mitschülern um und sagt etwas wie, »Jetzt seid doch mal endlich ruhig, damit der Unterricht losgehen kann. Macht's Herrn Johann doch nicht so schwer.« Das wirkt dann. Als die Klasse mal wieder besonders schwierig ist, gegen alles rebelliert, lasse ich Serhat nach vorne kommen und erzählen, wie Unterricht in der Türkei abläuft. Er berichtet anschaulich von den morgendlichen Fahnenappellen, von sturem Auswendiglernen, erbarmungsloser Disziplin, die auch mal mit Schlägen durchgesetzt wird und von sehr abgegrenzten Lehrern, die wenig Verständnis für die Probleme von Jugendlichen zu haben scheinen. »Ihr wisst gar nicht, wie gut ihr es hier habt«, fasst er zusammen. »Ihr habt hier freundliche, verständnisvolle Lehrer. Ihr dürft das nicht dauernd so ausnutzen.«

In der neunten Klasse machen alle ein Praktikum in einem Betrieb. Serhat hat selbst einen Praktikumsplatz bei einer kurdischen Baufirma gefunden. Es ist März und sehr kalt, als ich ihn das erste Mal auf seiner Baustelle in Moabit besuche. Mühsam suche ich einen Weg durch Berge von Schutt und Baumaterial. »Serhat? Serhat oben auf Dach«, erfahre ich. Das Haus ist völlig entkernt, die Reste einer Treppe, über die ich nach oben steige, wirken nicht sehr vertrauenswürdig. Oben auf dem Dach, Wind und Regen ausgesetzt, treffe ich Serhat, der gerade mit zwei Kollegen unter Aufbietung aller Kraft einen zentnerschweren Stahlträger in seine Bettung wuchtet.

»Vorsicht« ruft jemand, weil ich über die Stapel von Trägern zu stolpern drohe. Hier oben herrscht produktives Chaos. Ein rauer Windstoß bläht gerade die flatternden Abdeckplanen. Alle arbeiten trotz großer Kälte mit bloßen Händen. »Serhat, wo ist dein Helm?«, rufe ich. Er hört kaum zu, so beschäftigt ist er. »Aber hier trägt doch keiner ...« er zeigt auf seine Kollegen. Aber schon muss er wieder zupacken. Sie brauchen alle Kraft, um das schwere Ding an die richtige Stelle zu kriegen. »Sitzt«, ruft einer. Jetzt hat Serhat einen Moment Zeit. »Und, wie geht es dir?« »Das ist toll hier, macht echt Spaß, besser als Schule. Hier wird richtig rangeklotzt.« »Frierst du nicht?« »Frieren? Na, ja. Das ist nichts für Memmen hier oben. Gestern hat es sogar geschneit.« Er scheint richtig stolz zu sein auf die Härte seines Jobs, zeigt mir seine Hände, blau, rot, rissig vom Zupacken. Wie gut ich das verstehe.

»Schauen Sie, da lagen Balken, hundert Jahre alt und natürlich halb vermodert«, erklärt er mir. »Wir müssen sie jetzt durch PK 200er Stahlträger ersetzen, und die müssen zentimetergenau sitzen.« Er zeigt mir die Markierungen. »Ganz schön schwer, die Dinger.« Ein Arbeiter ruft schon wieder: »Serhat, brauchen dich.« Über ein paar wackelige Holzbohlen springt er rüber, um anzupacken. Endlich ein Schüler, der Lust hat zuzupacken, etwas zu leisten, der sich mit seiner Arbeit identifiziert.

Ich trete näher an die Mauerkante und blicke ins Innere des Gebäudes. O Gott, ein Abgrund, zehn Meter tief und ohne Sicherung. Das Haus ist entkernt, alle Decken sind herausgerissen. Wer hier fällt, stürzt bis ins Erdgeschoss. Eine grauenhafte Vorstellung. Ich muss Serhat wegholen von dieser Baustelle, ist mein erster Gedanke, das ist hier ja lebensgefährlich. Wenn er ausrutscht, bei Regen oder Sturm? Wie soll ich seinem Vater gegenübertreten, wenn ...? Aber ihn hier wegholen? Ich sehe doch, wie er hier aufblüht. Es ist genau das Richtige für ihn.

Serhat ist entsetzt, als ich ihm von meinen Bedenken erzähle. »Nein, nein, bitte lassen Sie mich hier. Hier lerne ich Altbausanierung. Sie können doch nicht ...« Er erzählt, dass sein Vater auch schon hier war, also die Risiken kenne. »Ich passe schon auf, glauben Sie mir, ich bin doch kein Kind mehr.« Ich rede mit dem Bauleiter, der ein wenig deutsch spricht. Ja, er passt gut auf, und ab morgen arbeiten sie sowieso weiter unten. Nein, er wird Serhat nicht mehr bei Arbeiten an der Kante einsetzen. Soll ich ihm glauben?

Später sitzen wir unten in der provisorischen Baubude, trinken Kaffee, plaudern, machen Witze. Alle interessieren sich für meine Pfeife. Ich mag dieses Milieu. Ob sie alle auch eine Arbeitsgenehmigung haben, frage ich lieber nicht. »Serhat, gute Mann, sehr stark«, meinen sie. Er scheint sehr beliebt zu sein. Ehe ich gehe, halte ich noch eine kleine Ansprache an die Arbeiter. »Bitte, passt alle sehr gut auf Serhat auf. Es darf nichts passieren. Serhat ist noch ein Kind und sehr leichtsinnig.« »Bin ich nicht«, ruft er dazwischen. »Aufpassen, wie auf das eigene Kind, bitte«, betone ich. Sie nicken ernst.

Trotzdem habe ich unruhige Nächte, telefoniere täglich mit dem Bauleiter und Serhat. Richtig beruhigt bin ich erst, als ich beim nächsten Besuch feststelle, dass sie jetzt tatsächlich unten arbeiten.

In der 9. Klasse lässt Serhat sich endlich zum Klassensprecher wählen. Er war immer schon der heimliche Klassensprecher, jetzt ist er es auch offiziell, und er setzt sich sehr für die Klasse ein. In dieser Zeit spitzen sich die Probleme mit der Klasse zu, besonders mit Bassam. Er ist beileibe nicht unser einziger schwieriger Schüler, diese Klasse ist wirklich die schwierigste, die Monika und ich bisher hatten, aber er entwickelt sich zielgerichtet zum Hauptproblemfall. Er ist Palästinenser und hat fünf Geschwister. Ein kleiner, lustiger Bursche, dem der Schalk im Nacken sitzt. Er ärgert gerne andere, stellt aber auch kluge Fragen, und falls er Lust hat, macht er auch ganz gut mit.

Aber in der neunten Klasse nimmt sein Bedürfnis, Mitschüler und Lehrer zu ärgern, überhand, wird geradezu zum Zwang. Er wird störrisch und missmutig und legt den Unterricht durch Zwischenrufe und Aktionen oft geradezu lahm. Immer häufiger beklagen sich nicht nur Kollegen, sondern auch die Mitschüler, besonders die Mädchen, die er ständig ärgert. Zahlreiche Gespräche mit ihm haben nichts genützt, selbst ein Verweis durch die Klassenkonferenz scheint wirkungslos an ihm abzuprallen. Jetzt droht als nächste Stufe die »Umsetzung in eine Parallelklasse.« So sehen es die »Ordnungsmaßnahmen« vor. Tatsächlich ist der »Rausschmiss aus der Klasse«, wie es die Schüler nennen, das Einzige, vor dem die Schüler wirklich Angst haben. Manchmal nutzt er auch den Delinquenten, und sie berappeln sich im neuen sozialen Umfeld, aber – zugegeben – das ist eher selten.

Im Betriebspraktikum betreue ich Bassam, eine Gelegenheit miteinander zu reden. Aber in unseren langen Gesprächen gelingt es mir auch nicht, rauszukriegen, was mit dem Jungen los ist. Er hat keinen Bock auf Schule, weiß nicht, was er werden will, nichts interessiert ihn. Freunde habe er keine. Ich vermute familiäre Ursachen, aber, nein, zuhause sei alles in Ordnung, meint er.

Auch ein Gespräch mit dem Vater, der kaum deutsch spricht, bringt keinen Fortschritt. Auch er weiß nicht, was los ist. Bassam habe doch alles, er ermahne ihn täglich. Therapie für Bassam lehnt er empört ab, Familienhelfer auch. Seine Familie habe so etwas nicht nötig. Aber sein Sohn geht immer weiter in seinen Aktionen, die immer häufiger den Unterricht blockieren. Auf einem Wandertag haut er einfach ab. Er stiftet eine Klassenkameradin an, einen Stuhl aus dem Fenster zu werfen, lebensgefährlich für die, die unten stehen. Fast jeden Tag ist irgendein Vorfall.

Die Schulleitung fordert eine Klassenkonferenz. Bassam soll in eine andere Klasse. Monika und ich sehen das schweren Herzens genauso. Egal ob es Bassam nutzt, hier sind mehrfach Grenzen überschritten worden, und die Klasse muss sehen, dass das nicht einfach durchgeht. Klassenkrisen erfordern entschlossenes Handeln.

Am Mittwochnachmittag sind fast alle Kollegen, die Bassam unterrichten, im Klassenraum versammelt. Einige kommen später, weil sie noch eine andere Konferenz haben, außerdem die Sozialarbeiterin, ein Elternsprecher, Bassams Vater und die Klassensprecher Sarina und Serhat. Bassam selbst ist nicht erschienen. Monika trägt vor, was Bassam alles angerichtet hat, die Kollegen ergänzen das. Der Junge ist im Moment praktisch nicht beschulbar.

Dann redet der Vater. Uns bleibt der Mund offen stehen, als wir hören, Bassam sei nicht mehr sein Sohn. Er habe alles getan für Bassam, aber jetzt sei Schluss. Bassam könne machen, was er wolle, es sei ihm egal. Unsere Argumente, warum er gerade jetzt für Bassam da sein müsse, beeindrucken ihn überhaupt nicht.

Dann ist Serhat dran. Selbstbewusst und sehr eindringlich plädiert er dafür, Bassam in der Klasse zu lassen. » Wir können ihn doch jetzt nicht hängen lassen. Der Junge braucht Hilfe. Wenn er jetzt aus der Klasse fliegt, wird er ganz abstürzen«, prophezeit er. Die ganze Zeit, während er redet, sieht Serhat dabei mich an. Ich bin beeindruckt. Ich habe noch nie erlebt, dass ein Klassensprecher sich so engagiert für einen Mitschüler. Ich bin auch sicher, dass Serhat selbst bereit ist, sich Bassams anzunehmen, aber die Klasse, diese Chaotenklasse? »Serhat«, wende ich ein, »diese Klasse soll Bassam unterstützen? Du weißt ganz genau, dass die meisten ihn eher bei seinen Aktionen unterstützen, statt ihn davon abzubringen. Ihr seid gegenwärtig absolut nicht in der Lage, ihm das stabile Umfeld zu geben, das er braucht.« »Doch, doch«, entgegnet er leidenschaftlich, »ich habe mit der Klasse geredet, sie werden sich jetzt alle am Riemen reißen, mit Bassam reden, ihn bremsen. Sie werden sich wundern, Herr Johann, wie ruhig es jetzt sein wird in der Klasse«.

Sollte dieser Plan eine Chance haben? Wenn das klappen würde, wäre das eine Sache, über die man einen Film drehen könnte. Ich werde unsicher, und dann spricht Serhat auch noch an, was uns allen solche Schuldgefühle macht. »Wissen Sie, was passieren wird, wenn Sie ihn jetzt aus der Klasse schmeißen? Abstürzen wird er, nur noch Scheiße bauen, auf Drogen wird er kommen« Und als ob das nicht schon genug wäre, setzt er noch drauf, »Können Sie das verantworten?« Und vielleicht hat er sogar Recht. »Und die Klasse? Weißt du, was mit der Klasse passieren wird, wenn er bleibt?«, entgegne ich, jetzt auch erregt. »Du weißt, wie disziplinlos diese Klasse ist und dass Bassam sie jeden Tag ein bisschen tiefer da reinreitet. Du glaubst doch nicht im Ernst, dass diese Chaoten, Adil, Erkan und wie sie alle heißen, Bassam stabilisieren können. Mitmachen werden sie, sobald Bassam wieder etwas anzettelt, und hinterher heißt es dann, in dieser Klasse wird ja nichts gelernt.« Monika macht da weiter: »Wenn heute nichts passiert, dann wird Bassam doch daraus schließen, dass er einfach so weitermachen kann.« Aber Serhat gibt nicht so schnell auf. »Wenn wir alle zusammenhalten, Lehrer und Schüler, dann schaffen wir das. Bassam braucht jetzt die Klasse, jetzt, wo auch sein Vater ihn fallen lässt.« Die Kollegen zerpflücken seine

Argumente. Gleichzeitig wühlt es in mir. Und wenn der Plan doch eine Chance hätte?

Dürfen wir Bassam wirklich einfach abschieben? Vielleicht wird er wirklich abstürzen. Nur den wenigsten hat Umsetzung geholfen, eigentlich nur bei leichten Fällen. Serhat hat mit seiner Rede unsere alten Ideale vom »guten Lehrer« angesprochen, der keinen Schüler einfach zurücklässt. Der »gute Lehrer« geht nachmittags, statt Tennis zu spielen, mit seinen schwierigen Jungs Fußball spielen, redet mit ihnen, erwirbt ihr Vertrauen. Irgendwann ändern sie dann ihr Verhalten. Kennt man ja schon seit Heinz Rühmann. Der gute Lehrer sieht seinen Beruf nicht als Job, sondern als Berufung, für die er auch den letzten Rest Freizeit opfert. Solche Lehrer wollten wir sein, wir 68er. Mir fallen die Jungs wieder ein, die ich früher »retten« wollte. Taner, den Schwänzer, den ich mit dem Auto in der Naunynstraße gesucht und wieder zur Schule geschleppt hatte, und der doch immer weiter schwänzte. Mahmut, den Schwierigen, um den ich mich intensiv gekümmert habe und der dann doch von der Schule flog, weil er mit einem riesigen Messer herumgefuchtelt hatte. Es hatte langfristig, jedenfalls bei den sehr Schwierigen, nie etwas genutzt. Mir fallen auch die Kolleginnen ein, die das Letzte aus sich herausgeholt haben, um bestimmte Schüler vor dem Absturz zu bewahren. Inge z.B., die dann nur noch Migräne hatte und vorzeitig in den Ruhestand gehen musste. Vor zehn Jahren hätten wir uns so eine Intensivbetreuung noch zugetraut, aber jetzt, wo uns Lehrern durch permanente Überlastung das Wasser bis zum Hals steht? Auch wir müssen irgendwie überleben.

Und was ist mit all den unauffälligen, braven Schülern, geht mir durch den Kopf, die auch unsere Aufmerksamkeit und Zuwendung brauchen? Je mehr wir uns um die Problemfälle kümmern, desto weniger Zeit bleibt für sie. Erfolgreich helfen können wir eigentlich nur bei leichten Fällen. Aber Bassam ist ein schwerer Fall. Die Probleme sitzen sehr tief. Mit ein bisschen gutem Willen ist es da nicht getan. Er braucht Therapie, Profis müssen da ran. Jetzt muss er erst einmal Grenzen gesetzt kriegen!

Ich merke, dass ich geistig abgedriftet bin. Ich muss ja die Konferenz leiten. Ich sehe, wie die Kollegen schon auf die Uhr schauen. Sie sind nicht solche romantischen Träumer wie ich. Sie spüren, wenn Serhat sich hier durchsetzt, sitzen wir in drei Monaten wieder hier, weil Bassam es noch doller getrieben hat, und dann fliegt er sowieso aus der Klasse, so ist es ja immer gelaufen. Das bringen sie jetzt in der Diskussion auch zum Ausdruck. Horst meldet sich: »Ich beantrage, dass jetzt abgestimmt wird. Genug Einblick haben wir ja nun erhalten.« Die Sozialarbeiterin versichert, dass sie sich weiter um Bassam kümmern wird, aber wir wissen, wie viele Schüler sie seit den Stellenkürzungen betreuen muss. Der Elternsprecher erwägt hin und her, weiß auch nicht, was richtig ist.

»Wir stimmen jetzt ab. »Ich muss mich räuspern, weil meine Stimme so belegt ist. »Elternsprecher, Eltern und Klassensprecher müssen solange draußen warten.« Serhat sucht noch einmal meinen Blick »Bitte denken Sie an Bassams Zukunft«, sagt er eindringlich. Ich möchte am liebsten wegschauen. Mir ist sehr unwohl bei der Abstimmung. Nie habe ich mehr Zweifel gehabt. Der Antrag auf Umsetzung Bassams wird einstimmig angenommen. Schulterzuckend nimmt er das am nächsten Tag zur Kenntnis. In der neuen Klasse ist er etwas ruhiger, kommt aber kaum noch zum Unterricht. Wir verlieren ihn aus den Augen, konzentrieren uns auf die Problemschüler, die wir immer noch in der Klasse haben. Es sind mehr als genug.

Serhat ist eine Weile enttäuscht von Monika und mir, beruhigt sich dann aber. In der Prüfung zum MSA erreicht er die Befähigung zum Besuch der Oberstufe. In der Präsentationsprüfung reißt er die anderen, eher schwachen Klassenkameraden seiner Prüfungsgruppe erfolgreich mit, sodass schließlich alle bestehen. Ein toller Junge, denke ich. Ein paar mehr von dieser Art, und der Laden hier würde wunderbar laufen.

Bis ich dann eines Morgens schon auf dem Flur angesprochen werde: »Schon gehört? Serhat fliegt von der Schule.« Er und Erkan sollen alle Stühle der Klasse zerdeppert haben. Ich sofort rein zum Chef, obwohl Serhat ja gar nicht mehr mein Schüler ist. Er hat sogar Zeit. »Das kann nicht Serhat gewesen sein«, argumentiere ich »Serhat war der ordentlichste, verantwortungsbewussteste und reifste Schüler in meiner Klasse, Sie müssen sich irren.« »Ein Heiliger fast, was?« Der Chef grinst ein bisschen. »Dann schauen Sie sich das hier vielleicht mal an, Herr Kollege.« Er fährt mit der Maus über seinen Bildschirm, klickt ein paar Mal. Plötzlich habe ich Serhat und Erkan im Bild. »Die Idioten haben es auch noch auf Youtube gestellt.« Man sieht die beiden in unserem Klassenraum vor einem Haufen demolierter Stühle. »Hallo Jungs«, sagt Serhat gerade »Ich bin Serhat, das ist Erkan. Wie ihr seht, helfen wir gerade unseren Klassenraum aufzuräumen.« Rumms, Erkan wirft gerade den nächsten Stuhl auf den Haufen. Man hört es splittern. Serhat greift sich den nächsten Stuhl, »Macht echt Spaß, wie ihr seht.«

Also auch Du, mein Sohn Brutus. Und du wolltest Bassam stabilisieren. Schon am nächsten Tag ist er auf einer anderen Schule, »freiwillig«. Der Chef macht das mit ein paar Telefonaten, »auf dem kleinen Dienstweg«, wie wir das nennen.

Ich bin zutiefst enttäuscht von Serhat. Seine Familie lebt überwiegend von unseren Steuergeldern, und er schlägt hier alles zusammen. Ich hoffe, der Schule gelingt es, ihn dafür zahlen zu lassen. Und er kennt die türkische Schule, weiß, was er am deutschen Schulsystem hat. Ich bezweifle, dass er in seinem Heimatland so einfach Abitur machen könnte. Wenn meine Freunde sich kritisch über das Verhalten einiger Migranten geäußert haben, habe ich ihnen von meinem vorbildlichen Serhat erzählt. Und jetzt das. Es dauert Monate, bis ich einsehe, dass ich ihn vielleicht zu streng beurteile. Auch er ist in der Pubertät, und vielleicht war das nur ein einmaliger Ausrutscher. Habe ich mir in diesem Alter nicht auch ein paar Klopper geleistet?

Ein Jahr später treffe ich Serhat zufällig und frage ihn im Gespräch auch, was er sich damals bei der Stuhlaktion gedacht habe. Verlegen zieht er die Schultern hoch. »Ach, Herr Johann, das sind halt so die Verrücktheiten, die man als Jugendlicher macht. Tut mir echt leid. Kommt nicht wieder vor.« Von seinem Bruder erfahre ich später, dass er inzwischen Bauingenieur studiert.

IM TOLLHAUS

»Hey, Monika, heil wieder hier?« Ich drücke meine Kollegin, die mal wieder Trekking im Himalaya gemacht hat. Der Schulleiter bittet schon lange beharrlich um Ruhe, aber die Mensa summt wie ein Bienenstock. Das neue Schuljahr beginnt, wie seit einigen Jahren üblich, am letzten Freitag der Ferien mit unserer »Eröffnungskonferenz«. Alle fast 130 Kollegen müssten jetzt hier sein. Viele kenne ich nur dem Namen nach, manche nur vom Sehen. So richtig kennt man nur die im eigenen Jahrgang.

Endlich tritt Ruhe ein, der Schulleiter räuspert sich und begrüßt uns mit ein paar dürren Worten, »… wünsche uns allen viel Kraft fürs kommende Jahr … werden Sie wahrlich brauchen, so viel ist gewiss, … im Strudel der Reformen, die wir professionell umsetzen müssen«, höre ich. Er spricht von den Konsequenzen aus den ersten Erfahrungen mit den Prüfungen zum Mittleren Schulabschluss, der Aufgabe, ein attraktives Schulprofil zu erarbeiten, der anstehenden Schulinspektion, den Veränderungen im Abitur, von der Einrichtung eines »Praktischen Zweiges«. Die »Kompeten-zen«, die unsere Schüler durch die Beschulung erwerben sollen, seien jetzt von der Kultusministerkonferenz auf 300 Seiten formuliert und würden uns demnächst in die Fä-cher gelegt.

Dann ist der Stellvertretende Schulleiter dran. Nein, die Stundenpläne seien noch nicht fertig, die gäbe es erst Mon-tag. Allgemeines Murren. »Wie sollen wir denn Montag un-terrichten, wenn wir nicht mal wissen, welche Klassen wir haben?«, fragt Frau M. wütend. Der Stellvertreter zuckt die Schultern, »Sie sind doch alle erfahrene Kollegen.« Er sitze seit drei Wochen an den Plänen, und fast täglich ändere sich seine Personalgrundlage. Die Personalzuteilungsrichtlinie sei in den letzten Wochen noch mal verändert worden, »na-türlich zu unseren Ungunsten, wieder 32 Stunden weni-ger«. Er erzählt von seinen vergeblichen Bemühungen, die

Personallücken für Biologie, Mathe und Sport zu schließen. Zwei Hoffnungen auf Neueinstellung hätten sich erst gestern zerschlagen, die Lücke in Latein hoffe er noch schließen zu können bis Montag, und, nicht zu vergessen, drei Kollegen hätten sich aus den Ferien heraus krank gemeldet, zwei davon vermutlich für längere Zeit. »Mir fehlen 72 Stunden.« Hilflos hebt er die Arme. Wir sollten uns bitte mental schon mal auf erhöhten Vertretungseinsatz vorbereiten. Wieder stöhnt das Kollegium auf.

Er zuckt mit den Schultern, »Kollegen, was soll ich denn machen, ich kann die Stunden doch nicht einfach ausfallen lassen. Die Schulrätin sitzt mir im Nacken. Vor 10 Jahren hatten wir noch 3 % unseres Stundenbedarfs als Vertretungsreserve. Heute wäre ich froh, wenn ich auf 95 % der uns zustehenden Stunden käme.« Immerhin gäbe es jetzt gleich eine Liste, in der man sehen könne, für welche Klassen und Fächer wir eingeplant seien.

Anschließend gibt Frau N., die Mittelstufenleiterin, die wichtigsten Termine bekannt, eine schier endlose Liste mit Konferenzen, Sitzungen, Vergleichsarbeiten und, und, und ... Sie weist darauf hin, dass der Austausch der Fenster leider nicht in den Ferien abgeschlossen werden konnte und jetzt bei laufendem Betrieb fortgesetzt werde. Mit Lärm und Änderungen in den Raumplänen sei dadurch zu rechnen. Mein Gott, hören denn diese Hiobsbotschaften nie auf? Da ist aber auch nichts, was Mut oder Freude macht auf Schule. Ich bin schon ziemlich angespannt. Als sie fertig ist, stürzen wir uns auf die Einsatzpläne. Meiner scheint auf den ersten Blick wie erwartet zu sein. Bis ich plötzlich »Erdkunde 12. Jahrgang« lese. Erdkunde? Erdkunde ist neuerdings Abiturfach, und in Geschichte kriege ich sowieso einen Abiturkurs. Außerdem habe ich seit zehn Jahren keine Erdkunde im Kurssystem gehabt und bin völlig unvorbereitet. Am Dienstag soll es schon losgehen mit dem Unterricht.

Meine Beschwerde, als ich endlich zum belagerten Stellvertreter durchgedrungen bin, nutzt nichts. »Ich hab doch niemand anderen, jetzt wo D. sein Burnout hat.« »Aber das hättest du mir doch schon vor den Ferien sagen können, dann hätte ich mich wenigstens vorbereitet. Schließlich schüttelt man einen Abiturkurs nicht einfach aus dem Ärmel.« Aber er hat sich schon dem nächsten Protestierenden zugewendet. Ich muss gleich heute zu den Schulbuchverlagen, fällt mir ein, mich eindecken mit Erdkundematerialien.

In der anschließenden Fachkonferenz setze ich mich neben Karin, die auch Erdkunde in der Oberstufe unterrichtet. »Wir haben in Erdkunde 12 parallel«, flüstere ich ihr zu, während Hülya die Konferenz eröffnet. »Was sind denn die Themen für Erdkunde 12?« »Stadtgeografie, speziell Berlin und ...« Unser Getuschel fällt unangenehm auf, und wir verabreden schnell noch einen Termin für ein Planungsgespräch. Ich versuche mich auf das zu konzentrieren, was die Fachbereichsleiterin gerade zu den unterschiedlichen Umrechnungstabellen für die Leistungsbewertung im 12. und 13. Jahrgang sagt. Als Nächstes kündigt die Fachbereichsleiterin die Bildung von Arbeitsgemeinschaften zur Koordination des Kompetenzerwerbs an. Weil mir nichts anderes übrig bleibt, erkläre ich mich sogar bereit, in der AG für Geschichte mitzuarbeiten. Aber meine Gedanken schweifen doch immer wieder ab zu der Frage, was ich denn in Erdkunde zu machen habe. Deshalb kann ich auch nicht auf Heinrich eingehen, der mir zuflüstert, dass er Hilfe brauche bei der Planung für seinen PW Kurs.

In der Pause treffe ich die anderen Raucherkollegen vor dem Tor. Es gibt jetzt keine Raucherräume mehr im Schulgebäude. »Na, wie war das Paddeln auf der Dordogne?«, will Harry wissen. Er hat wie immer die Ruhe weg oder tut so. Christa erzählt von ihrem Bali Urlaub. Manche verdrängen halt noch erfolgreich. Ich kann das nicht, bin genervt. Stadtgeografie. Vor zwei Jahren habe ich meine Unterlagen zu dem Thema weggeworfen, weil ich sicher war, nie mehr Erdkunde in der Oberstufe zu bekommen. »Wird genauso ein Chaos wie letztes Jahr«, tönt Harry. »Ich weiß nicht, was die da auf der Chefetage machen. Letztes Jahr hatte ich acht verschiedene Stundenpläne, bis dann einer endlich mal für ein paar Monate blieb. Na, ja, die paar Jahre werd' ich auch noch irgendwie herumkriegen.«

Dann noch die Jahrgangskonferenz für den 10. Jahrgang, in dem Monika und ich Klassenlehrer sind. Mein Kopf droht schon zu zerspringen. Die Terminplanung, der Zeitraum für Projekte und Klassenfahrten, die Berufsvorbereitung und das Bewerbungstraining durch Externe. Termine, Termine. Immer wieder »Bitte denkt dran, Kollegen ..., vergesst nicht ...«. Einige Kollegen fordern zum wiederholten Mal mehr Konsequenz bei der Durchsetzung der Hausordnung. Es geht um Kaugummikauen und Mützentragen in Flur und Unterrichtsräumen. Als ich um zwei das Gebäude in Richtung Schulbuchverlage verlasse, bin ich total geplättet. Als hätte ich nie Urlaub gehabt. Die anderen auch, denke ich.

Montag. Heute kommen die Schüler, und endlich halte ich meinen neuen Stundenplan in Händen. Aber, was ist das? Eine 11. Klasse ist raus, stattdessen soll ich eine 7. Klasse in Geschichte übernehmen. Auch darauf bin ich nicht vorbereitet. Außerdem habe ich 12 Springstunden, d.h. Frei-stunden zwischen Unterrichtsstunden. Wieder kein freier Tag, obgleich ich wegen der Belastung auf eine Zweidrittel-stelle reduziert habe.

Aber jetzt muss ich erst einmal meine Klasse begrüßen. Missmutig hängen sie vor dem Klassenraum herum. Trotz-dem begrüßen einige Monika und mich doch recht freund-lich. »Na, freuen Sie sich auf uns? Hatten Sie schöne Fe-rien?« Wir versuchen entspannt und freundlich zu sein, begrüßen alle, speziell die drei Wiederholer, fragen, wie es ihnen geht. Als erstes müssen wir die Anwesenheit feststel-len. »Mohamad?« »Ist noch im Libanon«, ruft man uns zu. »Kaya?« »Noch in der Türkei.« Das kennen wir, diese eigen-mächtigen Ferienverlängerungen.

Kaum habe ich begonnen, den Stundenplan anzuschrei-ben, kommen schon die ersten Fragen. »Bei wem haben wir Sport?« Wir haben im Plan nur die Lehrernummern und müssen in einer anderen Liste die Namen dazu suchen. »Nummer 73 – aha, das ist Lehmann.« »Herr oder Frau?« Monika und ich sehen uns an. »Wissen wir nicht, muss neu sein.« Die Fluktuation im Kollegium hat in letzter Zeit ra-pide zugenommen.

»Daniela Özdemir aus der 823 sofort zum Schulleiter, so-fort«, bläkt der Lautsprecher dazwischen. Irgendein Vorfall, wie so oft. Dann allgemeiner Protest, als sich herausstellt, dass sie donnerstags bis zur 10. Stunde haben. Und zwar die letzten beiden Stunden Erdkunde bei mir – nach zwei Stun-den Sport! Was soll da noch laufen, frage ich mich. »Was meinen Sie, wie fertig wir nach Sport sind«, ruft Turgut er-regt. Tonia meint, »da können Sie mir gleich eine Fünf in Erdkunde geben.« Da ist etwas dran. Monika versucht sie zu beruhigen. »Dafür habt ihr aber Freitag um Eins schon Schluss.« Nein, sie sind empört, wollen eine Delegation zum Direktor schicken.

Monika kontrolliert dann die Unterschriften der Eltern unter den Zeugnissen, aber fast die Hälfte hat die Zeugnisse gar nicht dabei. Ich bringe derweil die Liste derjenigen auf den neuesten Stand, die Schulbücher kostenlos bekommen, lasse mir die Unterlagen vom Sozial- und Arbeitsamt vorlegen. Es stellt sich heraus, dass 23 von 28 Schülern Sozialleistungen empfangen, die meisten aber die Unterlagen dazu vergessen haben. Das wird noch viele Stunden kosten.

In der Pause stehe ich Schlange vor dem Büro des Stellvertreters. Die Stimmung unter den Kollegen ist mies. »Gibt der mir Mathe in der 9. Stunde, das ist doch Wahnsinn«, höre ich, und »der weiß doch, dass ich donnerstags Personalratssitzung habe. Trotzdem knallt er mir da drei Stunden rein.« Schließlich kann ich Martin die Beschwerden der Klasse und meine persönlichen Änderungswünsche vortragen. Völlig erschöpft hängt er vor seinem Computer. Martin ist eigentlich ein netter Kerl, der es allen recht machen möchte.

»Klar, pädagogisch gesehen hast du natürlich Recht. Aber schau doch mal«, er zeigt mir die verschiedenen »Schienen« für den Stundenplanbau, »wo soll ich denn deinen Erdkundeunterricht anders unterbringen? Es geht doch nur innerhalb der NLDU Fächer (Nichtleistungsdifferenzierte Fächer). An die Hauptfachschiene kann ich nicht ran, die WP (Wahlpflichtunterricht) Schiene wage ich auch nicht mehr zu ändern. Ich könnte versuchen ...« Der Cursor flitzt hin und her »... nein, geht auch nicht, da hast du Oberstufenunterricht, und Sport kann ich ja auch nicht verlegen. Der Hallenbelegungsplan ist so eng. Du siehst ... Aber ich notiers mir. Vielleicht ...« Ich möchte nicht in seiner Haut stecken. Die Schulorganisation ist so kompliziert geworden.

Es ist ein furchtbarer Tag. In der Mediothek finde ich für meinen Abiturkurs Erdkunde nur 30 Jahre alte Lehrwerke, und die auch nur in unzureichender Anzahl. Auswirkungen der Sparmaßnahmen. Auf den Fluren toben die Kinder wie die Verrückten, da noch keine Aufsichten eingeteilt sind. Am Kopierer steht eine endlose Schlange an. Im Fachunterricht, der ab der 3. Stunde laufen soll, muss ich weitgehend improvisieren. Ich wusste ja nicht, welche Stunden ich heute haben würde. Für den Unterricht in WP-Erdkunde habe ich zum Glück ein Video über »Wüsten« dabei. Eigentlich ein guter Einstieg in das Thema, aber der Ton ist kaum zu verstehen. Seitdem wir keinen Medienwart mehr haben, sind solche Pannen alltäglich. Keiner fühlt sich für die Geräte verantwortlich. Während hinten die Schüler johlen, bastele ich an dem Gerät herum, gleichzeitig verzweifelt über Alternativen nachdenkend. Schließlich fällt mir ein, dass ich ja auch die Atlasarbeit vorziehen könnte. Ich hasse es, so improvisieren zu müssen. Es läuft mehr schlecht als recht. Einstieg verpatzt.

In der 7. Stunde lerne ich meinen neuen Geschichtskurs im 12. Jahrgang kennen. Auf diesen Kurs freue ich mich, und ich bin gut vorbereitet. Schließlich soll ich sie zum Abitur bringen. Ich gehe davon aus, dass ich die meisten schon aus der 11. Klasse kenne. Dreißig erwartungsvolle Augenpaare sehen mich an. So viele? Wir müssen erst einmal Stühle aus Nachbarräumen besorgen. Mir fällt auf, dass ich die meisten gar nicht kenne. Warum sitzen hier denn nicht die, die ich bereits in der 11. Klasse in Geschichte hatte? Da habe ich doch die Grundlagen zu legen versucht für diesen Kurs. Und auf der Kursliste habe ich auch nur 25 Schüler. Ich fürchte, hier haben sich einige reingeschmuggelt, nur um bei mir, ihrem bisherigen Lehrer, Unterricht zu haben. Wo ist der Parallelkurs? »Nebenan«, rufen mir die Schüler zu.

Der Kollege nebenan, ein Neuer, den ich nicht kenne, hat nur 20 Schüler, aber es sind großenteils die, die ich letztes Jahr hatte. »Warum haben wir nicht bei Ihnen?«, rufen sie schon, als ich reinkomme. Ich weiß es auch nicht. Der Kollege, total unsicher, besteht darauf, dass jetzt nichts mehr geändert wird. Okay, versteh ich. Zu Unterricht komme ich nicht in dieser Stunde.

Am folgenden Morgen finde ich einen neuen Plan im Fach. Martin hat tatsächlich die Erdkundestunden in meiner Zehnten umlegen können, aber ausgerechnet auf Freitagnachmittag. Jetzt haben die Klasse und ich am letzten Tag der Woche bis 16 Uhr Unterricht. Die Klasse tobt, als ich die Änderung bekannt gebe. Nein, dann lieber wie vorher, donnerstags lang. Aber ich kann doch nicht schon wieder zu Martin gehen.

Vor Raum B03, in dem ich jetzt die 11.1. unterrichten soll, scheint ein wahrer Volksauflauf zu sein. Als ich aufschließe, stürzt Kollegin N. auf mich zu: »Da habe ich jetzt mit der 11.2.« Sie zeigt mir ihren Plan. Tatsächlich, wir haben den gleichen Raum. Wütend rauscht sie ab zum Stellvertreter und kommt nach fünf Minuten, meine Schüler haben sich gerade gesetzt, triumphierend zurück: »Du sollst mit der 11.1. nach B29.« Moment mal, wo soll das denn sein? Ich finde ihn ganz hinten, neben der Mensa. Mein Schlüssel passt nicht. Kein Wunder, merke ich, das ist ja der Requisitenraum für unser Schultheater. Auf dem Rückweg finde ich eher zufällig einen freien Raum. Diesmal gehe ich zu Martin. »Sorry«, meint er, »kommt halt vor. Und B02 ist frei, meinst Du? Da müsste jetzt eigentlich Französisch sein ... geh einfach rein. Ich klär das dann.« Also Umzug. Der Rest der Stunde reicht gerade, um einen Sitzplan anzulegen und ein paar Takte über die Anforderungen in Erdkunde zu sagen.

So geht es auch die nächsten Tage weiter. Die neue Siebte finde ich erst gar nicht. Der Klassenraum ist leer. »Aber die machen doch heute einen Projekttag«, erläutert mir ein Kollege, den ich im Flur anspreche.

Mein Geschichtskurs ist am Mittwoch aus irgendeinem Grund in einem anderen Raum. Also schnell einen Zettel an der Tür anbringen. Heute sind es gleich 34 Schüler. Alle sitzen anders als in der ersten Stunde, und ich bin mit den Namen ganz durcheinander. Sie hätten das mit der Oberstufenleitung alles geklärt, ich würde bald eine neue Liste bekommen, betonen die »heute Neuen«. Ich merke, hier wird geschummelt. Ich gebe den Schülern einen Arbeitsauftrag und renne zur Oberstufenleitung. Zum Glück ist Doris da. »Aber Albrecht, die alte Liste gilt. Pädagogisch gesehen wäre das natürlich wünschenswert, wenn du deine Schüler aus dem letzten Jahr wieder bekämst, aber die Einteilung muss leider nach stundenplantechnischen Gesichtspunkten gehen. Das geht an so einer großen Schule leider nicht anders. Du musst deine Schüler zu K. zurückschicken.« Ich bin wütend. Da baut man etwas auf, legt Grundlagen in Elf, und dann kriegen sie in Zwölf schon wieder einen anderen Lehrer.

Den Rest der Stunde brauche ich, um denen, die sich in meinen Kurs geschummelt haben, zu erklären, warum sie wieder zu Herrn K. müssen, endlich eine korrekte Kursliste und einen Sitzplan anzulegen. Zu inhaltlichen Fragen sind wir also immer noch nicht gekommen, obgleich ich die Stunde sogar um fünf Minuten überzogen habe. Deshalb komme ich zur Vertretung in Arbeitslehre zu spät. »Die habe ich in den Hof geschickt«, ruft mir eine Erzieherin im Vorbeigehen zu, »war kein Lehrer da, und die haben getobt, wie die Wilden.«

Am Donnerstag wieder ein neuer Plan. Die 7. Klasse ist plötzlich wieder aus meinem Plan verschwunden, jetzt, wo ich gerade gestern Abend eine Planung für sie entwickelt habe. Dafür ist die 11.4 wieder in meinem Plan. Und zwar jetzt sofort! Ich eile zum angegebenen Raum und stelle mit Erstaunen fest, dass es nur 15 Schüler sind. »Warum seid ihr denn so wenige, in einer Elften sind doch in der Regel 30 Schüler?«

»Aber wir sind doch nur die Nichtbilingualen«, rufen sie mir lachend zu. Sie können nur den Kopf schütteln über die Unkenntnis des Lehrers. »Die Bilingualen haben doch Erd-kunde auf Englisch bei Frau W. Wieder etwas gelernt. Die Einführung in das Fach schüttele ich trotz störendem Bau-lärm von nebenan locker aus dem Ärmel. Bis um 11.30 Uhr plötzlich ein Handwerker die Tür öffnet. »Wir müssen jetzt hier die Fester austauschen. Wieso ist hier überhaupt eine Klasse?« Die Schüler jubeln: »Lassen Sie uns in die Mensa gehen.« Es ist zwecklos, für eine Viertelstunde noch einen Ersatzraum zu suche. Okay, geht.

Unterricht habe ich erst um 15 Uhr wieder. Im Café ordne ich meine Kurslisten und Sitzpläne, lerne Namen und be-reite mich noch einmal auf den Unterricht in der 8. Klasse vor, die ich nachher kennen lernen werde. Ich denke auch über dieses Chaos nach. Klar, die Schule war immer schon stressig, aber was ich da die letzten Jahre erlebe, ist noch eine Steigerung.

Als ich nach Stunden wieder in die Schule komme, ist es verdächtig ruhig. Im Lehrerzimmer finde ich Monika. »Seit Eins ist doch hitzefrei, hast du das nicht mitbekommen? Übrigens hast du morgen schon wieder Vertretung.«

Am Freitag hoffe ich endlich loslegen zu können in meinem Geschichtskurs. Die Kursliste scheint endlich zu stimmen, und ich taste mich mit den Schülern an das Thema heran. Ich frage sie, was sie von der Antike schon wissen. Sie haben eine überraschend gute Arbeitshaltung. Ich staune, bei all dem Durcheinander vorher. Schnell sind wir bei Mythen aus der Antike, die heute noch eine Rolle spielen.

Plötzlich tritt Frau K. ein, die stellvertretende Oberstufenleiterin. »Entschuldige, Kollege, ich wollte nur noch einmal ansagen, dass gleich in der 2. Stunde alle Schüler zur Oberstufenversammlung in die Mensa kommen müssen. Es geht um ...« »Nein, das geht nicht«, entfährt es mir. »Das geht jetzt nicht.« »Aber Albrecht ...«, Frau K. ist entsetzt über meine Reaktion, »das steht doch seit gestern im neuen Terminplan, und die Schüler haben ja auch ein Recht auf ...«

»Ein Recht?« Ich knalle meinen Ordner auf das Pult. Eine richtige Wut kommt in mir hoch. »Die Schüler haben vor allem mal ein Recht auf vernünftigen Unterricht, das haben sie, verstehst du? Und was ist gelaufen, diese Woche ...? Unterrichten möchte ich, einfach unterrichten, das ist meine eigentliche Aufgabe hier!« Verstört sieht mich Frau K. an, während ich meine Sachen zusammenraffe und rausstürme. »Aber du hast jetzt Aufsicht bei der Schülerversammlung«, ruft sie mir nach.

Ist das hier ein Tollhaus, oder was? Vor dem Tor ziehe ich verbissen an meiner Pfeife. Klar, wir sind ein Großbetrieb. Hier gibt es Reibungsverluste, Ungerechtigkeiten und Pannen, wie bei Daimler und Siemens auch. Das ist unvermeidlich, und man darf nicht zimperlich sein. Aber wenn es bei denen so zugehen würde wie bei uns, dann wären die längst pleite. Und ich weiß ja, dass das Chaos auch nach der schwierigen ersten Woche nicht einfach verschwunden sein wird, nicht an einer so großen Schule und erst recht jetzt nicht, bei all diesen Sparmaßnahmen, Reformen und der rapide gestiegenen Lehrerfluktuation. Aber wir dürfen uns dann auch nicht wundern, wenn unsere Schüler oft störrisch und wenig motiviert sind.

AUFTRITT FRAU MEIER

Frau Meier betritt den Klassenraum sehr dynamisch. Schickes Kostüm, fester Schritt, eine schwarze, sicher nicht billige Aktentasche unter dem Arm, eine Geschäftsfrau eben. Für meine Schüler ein Wesen aus einer fremden Welt. Ich stelle sie vor, und Frau Meier erklärt den Schülern, dass sie im Rahmen der »Partnerschaft Schule und Wirtschaft« heute eine Art Bewerbungstraining mit ihnen machen wolle.

Die Schüler sind jetzt in der 10. Klasse und müssten längst Bewerbungen für einen Ausbildungsplatz abgeschickt haben. In Arbeitslehre wird das immer wieder besprochen. Aber wir wissen ja, welche Abwehrmechanismen unsere Schüler dabei zu überwinden haben. Deshalb Frau Meier.

Hoffentlich geht es diesmal gut, denke ich. Vor wenigen Monaten erst hat eine Polizistin, die vor dem 1. Mai einen

Vortrag zur Gewaltprävention halten sollte, nach einer Stunde das Handtuch geschmissen, weil ihr keiner mehr zuhörte. Mit einem frustrierten »Das muss ich mir nicht antun«, hatte sie die Klasse verlassen und mir das Aufsammeln der Scherben überlassen. Aber ihr Vortrag war auch ausgesprochen langweilig gewesen.

Frau Meier wirkt viel forscher und geschickter. Ständig baut sie Fragen in ihren Vortrag ein. Zunächst fragt sie, wer schon klare Vorstellungen von seinem Beruf habe. Ich kann nur staunen, wie viele da plötzlich behaupten, Abitur machen zu wollen. Von irgendeiner Anstrengung in diese Richtung habe ich bei mindestens der Hälfte noch nichts bemerken können. Nilay will Stewardess werden, Burak Hartz IV, er lacht. Die meisten wissen noch nicht, was sie wollen. Cagla weiß noch nicht recht, ob sie Ärztin oder Krankenschwester werden soll. Oh je, denke ich, wenn sie Realschulabschluss schafft, kann sie froh sein.

Dann will Frau Meier wissen, wie sie die Lage auf dem Arbeitsmarkt einschätzen. »Beschissen«, ruft Sevim, »wenn die hören, dass wir aus Kreuzberg kommen, geht doch bei denen gleich die Klappe runter.« »Nicht unbedingt«, meint Frau Meier. »Aber wenn du z. B. nicht genommen wirst, könnte es, ganz abgesehen von deiner Ausdrucksweise, auch daran liegen, dass du beim Vorstellungsgespräch etwas gemacht hast, was du gerade jetzt hier auch machst.« »Was denn?« »Na, Kaugummi kauen. Ist das hier denn nicht verboten?« Empört schaut sich Sevim um. »Aber das macht doch fast jeder hier, sehen Sie nicht?« »Chefs möchten, dass die Regeln eingehalten werden und außerdem ...« Die ganze Klasse ist jetzt aufgeregt, und man kann die Dozentin kaum noch verstehen. Veli meldet sich: »Aber man kann doch Kaugummi kauen und trotzdem gut arbeiten. Was stellen die sich denn so an?« Frau Meier versucht vergeblich den Zusammenhang zu erläutern, spricht von Konzentration und Arbeitshaltung.

Dann fordert sie die Jugendlichen auf, bei der Wahl des Ausbildungsberufes flexibel und pragmatisch zu sein. Ob alle das verstehen? Tolga hat es verstanden: »Ich will was mit Computer werden. Meinen Sie, ich soll lieber Bäcker werden, weil da gerade was frei ist, oder wie? Das ist doch voll krass.« Wieder allgemeine Aufregung, als Frau Meier meint, darüber müsse man zumindest nachdenken. »Und ihr dürft ...«, ruft sie in den Aufruhr hinein, »auch nicht immer nur an Kreuzberg kleben. Ihr solltet euch stadtweit bewerben, ja vielleicht sogar in anderen Bundesländern.« Tugba ruft sofort, »Denken Sie vielleicht, ich fahre mit meinem Kopftuch nach Marzahn oder sonst wo in Osten. Da werde ich doch gleich angemacht von so 'nen Idioten.« Sie tippt sich an die Stirn. »Also eines muss ich bei der Gelegenheit auch sagen, gerade dir.« Sie deutet auf Tugba. »Ich weiß nicht, was hier gilt, aber wenn du in der freien Wirtschaft deinem Chef den Piepmatz zeigst, dann kannst du gleich deinen Hut nehmen ...« »Ich trage aber keinen Hut.« Alle lachen. Der vernünftige Serhat beruhigt Frau Meier: »Bitte nehmen Sie das nicht persönlich, Tugba ist etwas emotional, wissen Sie.«

Mein Gott, das wird eine richtige Blamage, merke ich, vielleicht lassen wir ihnen hier wirklich zu viel durchgehen, dann wird es zur Angewohnheit, und draußen fallen sie damit auf die Schnauze. Aber wenn wir all diese kleinen Verstöße problematisieren, kommen wir nie zu Unterricht. Mit Mühe kriege ich sie wieder einigermaßen ruhig, aber die

Dozentin scheint etwas indigniert. »Sind die immer so laut?« Ich nicke.

»Kommen wir zum Thema Bewerbungsschreiben. Leider ist es heutzutage so, dass man schon sehr viele Bewerbungen schreiben muss, ehe man Erfolg hat.« »Wie viele denn so?« »Na, manchmal klappts erst bei der Hundertsten, aber man darf nicht so schnell aufgeben.« Alle sehen sich an, gucken ungläubig. »Stimmt doch gar nicht«, ruft Sarina rein, »ich kenne eine, die hat nur eine Bewerbung geschrieben und schon hatte sie ihre Stelle.« Alle hier hoffen auf so ein Wunder. Que Mai meldet sich »Glauben Sie im Ernst, irgendjemand hier in der Klasse würde wirklich 100 Bewerbungen schreiben? Also, das können Sie sich echt abschminken.« Dieser Ton. Ich habe mich vielleicht schon zu sehr daran gewöhnt, und auf Grund dieser unverblümten »Direktheit« weiß ich zumindest auch immer, wo ich dran bin bei den Schülern, und was bei ihnen gerade so läuft. Frau Meier reagiert kühl: »Damit wir uns richtig verstehen«, sie wendet sich an Que Mai, »Mal ganz abgesehen von deinem Ton. Mir persönlich ist es völlig gleichgültig, wie viele Bewerbungen ihr schreibt. Mit ist es egal, ob ihr eine Lehrstelle findet. Meine Aufgabe ist lediglich euch zu sagen, was Sache ist.« »Ihr ist es egal ...«, höre ich überall murmeln. Hoffentlich läuft das nicht schief jetzt.

Natürlich hat die Frau Recht, aber was Que Mai sagt, stimmt auch irgendwie. Deshalb finden ja auch die meisten keinen Ausbildungsplatz in der Wirtschaft. Fast zwei Drittel unserer Schüler flüchtet sich auf weiterführende Schulen oder in »Maßnahmen«, oder sie wiederholen die Zehnte, weil es ihnen an Beharrlichkeit bei der Suche fehlt, und weil sie einfach noch nicht wissen, was sie werden wollen.

Ich muss an das Betriebspraktikum vor einem halben Jahr denken. Da haben sich die meisten ganz tapfer geschlagen. Serhat auf der Baustelle, Sarina bei Karstadt, andere in der Kita oder bei Obi. Genau, die kleine Libanesin mit dem Kopftuch und dem norddeutschen Dialekt, die jetzt zurück im Libanon ist, hatte mich immer nach einer halben Stunde in der Arztpraxis weggeschickt. »Entschuldigen Sie, Herr Johann, aber ich muss mich jetzt wieder um meine Patienten kümmern. Sie sehen ja, was hier los ist.« Das waren konkrete, praktische Anforderungen gewesen: Balken schleppen, Regale einräumen, Kleider aufhängen, Patientendaten aufnehmen. Dem haben sie sich gewachsen gefühlt, und meist waren sie plötzlich auch pünktlich und höflich gewesen. Aber sich auf dem abstrakten, unübersichtlichen Markt für Ausbildungsplätze zu orientieren und durchzusetzen, das scheint sie zu überfordern. Von Jahr zu Jahr scheint dieses Problem zuzunehmen.

Inzwischen ist Frau Meier bei der äußeren Form von Bewerbungen angelangt. Sie erzählt, wie sie früher als Personalchefin bei der ersten Durchsicht der Bewerbungsschreiben vorgegangen sei: »Wenn es viele sind, fliegen einfach alle raus, die unordentlich sind, Eselsohren haben, Rechtschreibfehler aufweisen ...«

Ein Aufschrei geht durch die Klasse. Fast keiner schreibt hier fehlerfrei. »Aber, was soll das denn?«, schreit Erkan » Als Automechaniker muss ich doch gar nicht schreiben. Warum muss ich denn da eine fehlerfreie Bewerbung vorlegen? Was ist denn schon ein Fehler?« »Aber an der Rechtschreibung sehen wir, ob jemand in der Schule aufgepasst und sich Mühe gegeben hat. Das sehen wir übrigens auch an den Fehlzeiten. Wer drei Mal im Jahr verspätet war ...

also, da stellt man sich doch als Chef ein paar Fragen.« Viele hier haben 10 oder 20 Verspätungen auf dem Zeugnis. Aufgeregt versuchen sie, Frau Meier klar zu machen, wie leicht man an dieser Schule eine Verspätung einfängt. »Stehen Sie mal zehn Minuten in der Schlange in der Mensa. Gehen Sie dann einfach hungrig zurück in den Klassenraum, nur weil es geklingelt hat?«, erklärt ihr Tonia. Frau Meier bleibt unerbittlich: »Das tut mir leid, aber so sehen das halt die Personalchefs.«

Ich sehe, wie entnervt sie ist von all diesen Einwänden. Aber auch meine Schüler sind entnervt. Mit jedem Satz von Frau Meier sehen sie ihre Chancen schwinden. Zum Glück klingelt es jetzt zur Pause. Monika wird mich ablösen, weil ich jetzt in die 11. Klasse muss, Klimakunde unterrichten. Aber vorher will ich noch eine Pfeife rauchen.

Am Tor stelle ich fest, dass hier ein reges Kommen und Gehen herrscht, weil eine Aufsicht fehlt. Eigentlich müsste ich eingreifen, aber dann hätte ich keine Pause und zwecklos wäre es sowieso, solange ich die Schüler nicht namentlich kenne. Was läuft schief bei diesem Bewerbungstraining, geht mir durch den Kopf. Die Schüler wollen einfach nicht hören, was auf sie zukommt. Sie merken, dass sie etwas an ihrer Einstellung und an ihrem Verhalten ändern müssten, um auf dem Ausbildungsmarkt erfolgreich zu sein. Aber das wollen sie lieber noch eine Weile verdrängen. Frau Meier ist aber auch wirklich erbarmungslos.

Ich entschließe mich, wenigstens das große Tor zu schließen. Als ich gerade dabei bin, will sich schnell noch ein BMW, älteres Modell, aber ziemlich dick, auf den Schulhof drängeln. Ich bedeute dem Fahrer, dass er draußen bleiben muss. »Kennen Sie mich denn nicht mehr, Herr Johann?«

Der Fahrer beugt sich aus dem Seitenfenster. Ich erkenne Bilal, der vor einigen Jahren »abgegangen wurde«, weil er während des Unterrichtes Frau G.s Geldbörse aus ihrer Tasche entwendet hatte. »Wissen Sie noch? Sie haben mir immer 'ne Fünf gegeben in Geschichte, na ja, okay, mussten Sie ja, ich war ja echt faul.« Er lacht schelmisch. »Aber sehen Sie jetzt ...«, er deutet auf seinen Wagen, »geht auch ohne Schulabschluss, ich kann jedenfalls nicht klagen. Könnten Sie sich womöglich gar nicht leisten, was?«

»Und womit verdienst du das Geld für die Karre?« »Ich bin Zuhälter, ha, ha, nein, war nur 'n kleiner Scherz, ich mach halt so dies und das. Was verdient man eigentlich so als Lehrer?« Ich bitte ihn die Einfahrt frei zu machen. »Aber ich werde doch noch meine alten Kumpels besuchen dürfen, oder was?« Vor allem wird er seinen Kumpels und den Mädchen aus unseren Zehnten zeigen wollen, zu was er's gebracht hat. »Alles ohne Schulabschluss, seht ihr«, lautet die Botschaft, die er verkündet und dafür sind einige, die ihre Hoffnung auf einen guten Abschluss schwinden sehen, ziemlich anfällig.

Als ich zwei Stunden später Monika ablöse, ist sie ziemlich genervt von unseren Schülern. »Sie machen ständig Frau Meier an. Im Moment werden gerade die Bewerbungen besprochen, die sie vorher geschrieben haben.« Frau Meier liest gerade etwas aus einer Bewerbung vor: »Wenn Sie Interesse haben mich einzustellen, rufen Sie mich bitte zwischen 18 und 20 Uhr an.« »So geht das natürlich nicht«, kommentiert sie. Es dauert ziemlich lange, bis die Schüler erkennen, dass man einer Firma nicht vorschreiben sollte, wie und wann sie sich zu melden habe. Sie haben einfach kein Gespür für so etwas. Woher auch. Die wenigsten Eltern sind berufstätig, drei Viertel leben von Sozialleistungen. Von der Arbeitswelt wird zuhause kaum die Rede sein. »Und was eure Hobbys angeht«, höre ich Frau Meier sagen »wenn ihr euch als Arzthelferin bewerbt und dann schreibt, dass ihr am liebsten chattet und shoppt, ist das wohl wenig hilfreich.«

»Aber wenn es doch ihre Hobbys sind«, wendet Yusuf ein, »sollen wir etwa lügen?« »Du musst schreiben, dass du gerne Blut siehst und Spritzen in Arsch jagst«, kommentiert Manu ironisch. Während Frau Meier versucht, mit ihnen darüber zu diskutieren, gehe ich zu Betül und fordere sie auf, ihre Kopfhörer aus dem Ohr zu nehmen. »Du kannst doch jetzt nicht Musik hören«, flüstere ich. »Wieso denn, ich mach doch Abi, da brauche ich das doch alles nicht, und meine Musik hört man gar nicht.« Dass ich nicht an ihr Abitur glaube, sage ich jetzt besser nicht. »Aber es ist sehr unhöflich, was du da machst.« Murrend setzt sie die Hörer ab. Frau Meier sieht strafend herüber, weil man uns flüstern hört.

Inzwischen hat sich Ramasan für ein Rollenspiel zum Thema Vorstellungsgespräch gemeldet. Er geht vor die Tür. Mich beunruhigt Que Mai, die jetzt geradezu provokativ in einem Poesiealbum liest. Ich schleiche mich zu ihr und fordere sie auf, das zu lassen. »Aber wieso denn? Haben Sie nicht gemerkt, wie die mich vorhin abgebügelt hat? Die Tucke mag uns doch gar nicht, die hält uns doch alle für völlig daneben, die ist froh, wenn sie hier wieder raus ist.« Vor Schülern kann man nichts verbergen. Viel Empathie kommt wirklich nicht rüber von ihr.

Frau Meier hat jetzt kritisch zu mir herüber blickend hinter dem Pult Platz genommen. »Herein«, ruft sie und Ramasan kommt rein, geht mutig mit schwingenden Armen auf sie zu, zupft sich grinsend am Ohrläppchen und entschließt sich dann, ihr die Hand entgegenzustrecken. »Hallo, ich bin der Ramasan.« Frau Meir versucht freundlich zu sein: »Ramasan, das geht so nicht. Hat dir niemand gesagt, dass du einem Höhergestellten nicht die Hand entgegenstrecken darfst? Das gilt als Fauxpas.« »Was ist ein Fopa?«, höre ich. »Du musst warten, bis er dir die Hand anbietet.« »Aber er will doch nur freundlich sein, was soll denn daran verkehrt sein?«, ruft Sarina empört. »Woher sollen wir denn so was wissen?«

Früher lernte man so etwas in der Tanzstunde, aber heute? Ramasan darf sich jetzt setzen. Er fläzt sich auf den Stuhl, lässig, wie er das aus dem Unterricht gewohnt ist, Beine weit von sich gestreckt. »Da sind wir beim Thema Körperhaltung«, erläutert Frau Meier, »so wie du jetzt da sitzt, würde ich dich natürlich nicht einstellen.« Die Klasse ist baff, »aber der sitzt doch ganz normal.« »So wie Ramasan dasitzt, drückt er doch aus, dass er überhaupt keine Lust hat, sich anzustrengen, sich mal zusammenzureißen, ernsthaft zuzuhören. So sitzt man vor einem Computerspiel oder in der Disco oder wo auch immer, aber nicht im Berufsleben, versteht ihr das nicht?« »Aber das ist doch nur ein Spiel hier, wenn das jetzt wirklich ein Vorstellungsgespräch wäre ...«

»Ein Spiel, ein Spiel ..., was nehmt ihr überhaupt ernst, frage ich mich.« Ihr scheint jetzt auch alles egal zu sein. Verärgert springt sie auf. »Keinen von euch würde ich einstellen, keinen. Schaut euch doch mal im Spiegel an, wie ihr da hängt, lässig, cool, oder wie ihr das nennt. Die eine hat den Kopf auf die Arme gelegt, als ob sie schlafen wolle, der andere hängt da, als ob er vor sich hin träumt. Wo sind wir denn hier? Ich habe nicht den Eindruck, dass ihr bereit seid, euch den Ansprüchen der Arbeitswelt zu stellen. Deshalb breche ich jetzt ab. Ich mach mich doch nicht zum Affen hier. Das hab ich doch wohl nicht nötig.« Sie packt ihre Papiere ein und verlässt mit strammem Schritt den Raum. Die Tür knallt zu hinter ihr.

Schon wieder, geht mir durch den Kopf, das zweite Mal in diesem Jahr. Alle Externen schmeißen nach kurzer Zeit mit unseren Schülern hin, und Monika und ich müssen dann die Scherben zusammenkehren. Irgendwer muss sie ja schließlich unterrichten, sich um sie kümmern. Man könnte jetzt eine Stecknadel fallen hören. Alle sehen mich an, erwarten irgendetwas von mir, einen Witz oder Gebrüll, irgendwas jedenfalls, das ihnen hilft zu verstehen, was gerade passiert ist. Ich gehe nach vorn, nehme das verlassene Pult ein und sage lange Zeit gar nichts. Weil mir auch nicht einfällt, was jetzt richtig wäre. Ich könnte sie ausschimpfen für ihr ungezogenes Verhalten, könnte aber auch einen Witz über Frau Meier machen.

»Und, was jetzt?« frage ich nach langem Schweigen. Erst fällt keinem etwas ein. Bis Serhat endlich sagt: »Irgendwie tut mir die Frau auch leid.« Aber da bricht ein Sturm los. Alle müssen jetzt erst einmal ihren Frust über Frau Meier loswerden. »Die Zicke hat es doch genossen, uns zu zeigen, dass wir keine Ahnung haben«, ist noch das Geringste, was ihr vorgeworfen wird. »Schon wie die gekleidet war, und die Frisur.« »Nach der Stunde habe ich keinen Bock mehr, mich überhaupt zu bewerben.« »Die hat einfach kein Herz für uns junge Leute, so kleinkariert und pingelig, wie die ist.«

»Aber das ist doch nicht das Problem. Das Problem ist, dass sie Recht hat, mit allem was sie gesagt hat«, werfe ich ein. Sie schauen mich erstaunt an. Schließlich wagt Simon den Perspektivwechsel: »Na ja, sie hat schon Recht, wenn sie sagt, dass man unglaublich hartnäckig sein muss, um was zu kriegen.« Er untermauert das mit einem Beispiel aus seinem Freundeskreis. »Und, Ramasan, so wie du da im Stuhl gehängt hast, echt, ich hätte dich auch nicht eingestellt«, Que Mai lacht jetzt. Plötzlich fällt vielen etwas ein, was Frau Meiers Sichtweise bestätigt. Dass man nicht an Kreuzberg kleben solle, z. B. Ich erzähle ihnen von Ersin, der es gewagt hat, nach Bielefeld zu gehen. Wir sprechen darüber, dass man sich schon ein wenig anpassen muss, wenn man Erfolg haben will. Die Stimmung ist jetzt sehr ernst. »Ihr wollt doch Erfolg haben«, sage ich »wohl keiner von Euch, denke ich, will doch auf Dauer ein Hartz IV Fall sein?« »Hartz Vier, und der Tag gehört Dir« murmelt Sohel unter dem Gelächter der Umsitzenden. Aber alle nicken überzeugend. »Und letztendlich kann Arbeit auch richtig Freude machen.« Ich erzähle ihnen von Jenny, die seit ihrem Betriebspraktikum unbedingt in einem Hotel arbeiten wollte und es auch geschafft hat und jetzt mit Leib und Seele in ihrem Beruf aufgeht. »Und ich selbst habe ja auch viel Freude an meinem Beruf«, ergänze ich. Sie staunen »Wirklich? Ist das nicht sehr stressig, Lehrer?«

»Unterrichten Sie denn auch bei uns gerne?«, will Tugba wissen. Nachtigall, ick hör dir trapsen. Nach der Abfuhr bei Frau Meier brauchen sie jetzt ein paar Streicheleinheiten. »Macht es Ihnen wirklich Spaß bei uns?« »Warum sollte es mir keinen Spaß machen?« Sie drucksen jetzt etwas herum. »Na ja, manchmal sind wir, glaube ich, wirklich unausstehlich«, formuliert es Betül schließlich. Wieder ist es total ruhig, und alle sehen mich an. »Und Sie kommen trotzdem

gerne hier zu uns?« Sarina fragt fast schüchtern. Ich muss
es jetzt sagen, heute war ein schwerer Tag für sie. Sie haben
sich ziemlich blamiert, aber dann doch Einsicht gezeigt.
»Na ja, also ...«, ich mache eine Kunstpause, »also im Großen und Ganzen unterrichte ich euch gerne.« Fast hörbar
geht ein Aufatmen durch die Klasse. Sie blicken erleichtert –
meine lieben, störrischen, realitätsverweigernden Kleinen.

GESCHEITERT

»Hinsetzen, Sachen auspacken«, schreie ich in den Pulk der
30 Schüler der 7. Klasse, die neben ihren Bänken lümmeln.
Wenn ich nicht schreie, hört mich hier keiner. »Ruhe, das
geht auch leiser.« Angesichts der ständig zunehmenden Un-
ruhe und Disziplinlosigkeit haben wir vor zwei Jahren dieses uralte Ritual wieder eingeführt: Die Schüler müssen neben ihren Bänken stehen bleiben, bis Ruhe eingekehrt ist
und der Lehrer sie begrüßt hat. Aber hier klappt es nicht. Sie
stehen bereits zehn Minuten, und es wird immer lauter.

Auch in dieser Klasse habe ich vor einem dreiviertel Jahr
ruhig, gelassen und freundlich angefangen. Aber bei ihnen
zog das einfach nicht. Sie können sich nicht einmal ruhig
hinsetzen, gleich gibt es Gerangel und lauten Streit. »Herr
Johann, Herr Johann, der sitzt auf meinem Platz.«

»Hau ab, du Arsch, da sitz ich.« Wir haben eine feste Sitz-
ordnung, aber sie halten sich einfach nicht daran. Einige reißen gleich die Fenster auf, andere schlagen sie wieder zu.
»Fenster zu«, ordne ich an »und die Bücher raus.« Vanessa
setzt sich und schreit so laut sie kann, einfach so. Haluk
trommelt auf seinem Tisch. »Zübeyde, bist du verrückt geworden? Haluk, du sollst deine Sachen rausholen.« Drei

Schüler rennen wieder raus, sie müssen auf Toilette, rufen sie beim Rausgehen, andere kommen jetzt erst rein, Marsriegel kauend und an Cola nuckelnd. Essen im Raum ist verboten, aber das interessiert sie nicht. Ich will die Tür schließen, aber ständig kommt noch einer. Alex und Mahmut kämpfen wieder um die Fenster. Ich versuche aufzuschreiben, wer alles zu spät kommt, habe aber längst den Überblick verloren. Zübeyde schreit wieder, hinten rangeln sie, und der Lärm ist unbeschreiblich.

»Bücher raus, wie oft soll ich das noch sagen, und den Arbeitsbogen von gestern.« Ala, Nermin und Sasikala machen genau, was ich angeordnet habe. Bücher und Arbeitsbogen liegen längst vor ihnen. Sie warten. Alle anderen toben noch. Ich gehe in der Klasse herum, spreche an, ermahne, beruhige. »Attila, wo ist dein Buch?« »Vergessen.« Auch seine Nachbarn haben kein Buch. »Ebra, hör bitte auf zu quatschen.« Fatma zerrt ständig an meinem Arm: »Herr Johann, was machen wir heute?« »Jetzt setz dich doch erst einmal.«

»Nie geben Sie mir Antwort, Sie sind gemein«. Oguz streitet sich mit Ibrahim um das Buch, Berna will mir umständlich erklären, dass man ihr Buch geklaut hat. »Suha, pack deine Schminksachen weg.« Sie zieht sich gerade die Lippen nach. Ich weiß nicht, wo mir der Kopf steht, der Lärmpegel ist entsetzlich hoch. Emel will mir ihr Stundenprotokoll geben, das sie letzte Stunde als Strafe aufbekommen hat. Ein zerknitterter Fetzen mit einer halben Seite unleserlichem Gekritzel, eine Frechheit. Die anderen Fünf haben die Strafarbeit offensichtlich gar nicht gemacht. Schließlich gehe ich wieder nach vorn und haue kräftig auf den Tisch.

»Können wir jetzt vielleicht anfangen?« Ich muss es drei Mal rufen, dann wird es etwas leiser. Eigentlich müsste ich jetzt auf perfekte Ruhe warten, aber aus Erfahrung weiß ich, dass diese Klasse es, anders als alle früheren, auch nach zwanzig Minuten nicht hinkriegt. Ich erkläre, dass ich jetzt mit ihnen besprechen will, was sie letzte Stunde in Partnerarbeit aufgeschrieben haben. Einige scheinen mir sogar zuzuhören, aber die wenigsten haben das Blatt und ihr Schreibzeug vor sich. »Welchen Arbeitsbogen denn?« »Haben Sie einen Kuli für mich?« »Haben wir jetzt Geschichte? Ich dachte Arbeitslehre.«

»Sorgen Sie doch mal für Ruhe«, schreit jetzt sogar der brave Ala. Haluk trommelt schon wieder. Jemand fragt mich nach einem Taschentuch. Noch ein Verspäteter kommt reingeschlichen. Es ist die Hölle, und so geht es in dieser Klasse fast von der ersten Stunde an.

Hier wird keine, aber auch gar keine, der Regeln für vernünftigen Unterricht eingehalten, die sie schon in der Grundschule gelernt haben müssten. Wie oft habe ich es anfangs geübt mit ihnen, habe extra ein Blatt mit sechs Regeln für den »Beginn der Stunde« erstellt und Punkt für Punkt mit ihnen besprochen. Es hat auch nichts genützt. Außer den drei »Braven« sind alle hier ständig außer Rand und Band, können nicht still sitzen, nicht den Mund halten, sich nicht auf eine Aufgabe konzentrieren.

Trotz des Lärms beginne ich einfach mit der Besprechung der Aufgaben von letzter Stunde. Die Antworten, die sie aufgeschrieben haben, sind teils grotesk falsch, aber eine gründliche Besprechung der Ursachen der Fehler ist in diesem Krawall einfach nicht möglich.

»Warum nannte Kolumbus die Einwohner der Insel, die

er entdeckt hatte, Indianer?«, lautet die Frage, die wir gerade besprechen. Die richtige Antwort, weil er glaubte in Indien zu sein, steht im Buch, wäre aber auch mit ein bisschen Nachdenken erschließbar. Dass sie im Konjunktiv antworten würden, hatte ich natürlich nicht erwartet, aber was da alles so an Antworten kommt, entsetzt mich doch: »Weil sie aussahen wie Indianer«, »weil ihm das jemand gesagt hat«, »weil er in Indien war«, »Kolumbus suchte vor allem Gold und Gewürze.« Verstehen sie die einfache Frage nicht? Oder schreiben sie nur irgendetwas hin, um schnell fertig zu werden? Mit den drei »Braven« und wenigen anderen erarbeite ich mühsam die richtigen Antworten, immer wieder gestört und unterbrochen von dem Geschrei der Restlichen, die offensichtlich der Meinung sind, es reiche, das fertige Ergebnis dann von der Tafel abzuschreiben. Manche machen nicht einmal das.

Nach den Stunden in dieser Klasse habe ich immer Kopfschmerzen und bin den Rest des Tages total frustriert. Wie konnte mir das passieren, so die Kontrolle zu verlieren über eine Klasse? So schlimm war es nicht einmal in den ersten Jahren an dieser Schule, vor über 30 Jahren, als ich völlig unerfahren und ungeschickt war. Dabei bin ich in dieser Klasse nicht anders vorgegangen als in all den anderen 7. Klassen.

Sicher, dass ich diese Klasse nur in den Nachmittagsstunden habe, ist eine große Belastung, aber das erklärt nicht alles. Vielleicht habe ich bei ihnen zu spät auf Strenge umgeschaltet, zulange daran festgehalten, freundlich und locker aufzutreten? Jedenfalls haben alle meine gewohnten Methoden hier nichts gefruchtet. Ermahnungen gehen hier zum einen Ohr rein, zum anderen raus. Klare Anweisungen werden ignoriert, Strafarbeiten nicht gemacht, die vielen Briefe an Eltern haben ebenso wenig gebracht wie die Telefonate. »Ja, ich rede mit meine Tochter«, heißt es dann. Aber eine echte Besserung ist nie festzustellen. Ähnlich ist es bei Gesprächen mit einzelnen Schülern: Sie geloben Besserung, halten sich aber nicht daran. Soviel Aufwand für eine einzige von meinen acht Klassen – und so wenig Erfolg.

Ich lasse jetzt die neuen Arbeitsbogen mit ganz einfachen Fragen und ein paar etwas schwierigeren Zusatzaufgaben für die wenigen Ehrgeizigen verteilen. Eigentlich stelle ich mir ja Geschichtsunterricht anders vor, mit lebendigen Diskussionen zum Beispiel, aber das ist in dieser Klasse nicht möglich. Was habe ich alles versucht: Filme, Referate, Gruppenarbeit. Die Gruppenarbeit war ein einziges Desaster. Also wieder diese Arbeitsbogen. Viele lassen den Arbeitsbogen erst einmal liegen, kabbeln sich lieber mit ihrem Nachbarn oder essen heimlich.

Noch zwanzig Minuten. Immerhin fangen jetzt einige an zu lesen, was bei diesem Krach nicht einfach ist. Aber kaum haben sie mit Lesen angefangen, schreien sie auch schon oder kommen nach vorn gelaufen, weil sie nicht klar kommen. »Was heißt Bodenschätze? Was heißt, er sah davon ab?« Sie verstehen nicht, wie sie die Bewaffnung der Spanier mit der der Indianer vergleichen sollen. »Wie meinen Sie das denn, vergleichen?« Hätte ich sie vielleicht nur die unterschiedlichen Waffen nennen lassen sollen? Immer wieder fragen sie, wo genau die Antwort steht, weil sie den ganzen Text nicht lesen mögen. Ich soll ihnen die Zeile nennen, die sie dann einfach abschreiben können. Aber das geht bei meinen Fragen meist nicht. Lernen scheint für sie das Abschreiben von Fertigem, Richtigem zu sein, jedenfalls nicht Nachdenken.

Das ist, in diesem Umfang, neu. Ich würde diese Probleme gerne gemeinsam mit ihnen besprechen, gemeinsam den Lösungsweg erarbeiten, aber das geht hier nicht, sie hören einfach nicht zu. Also renne ich hier hin und da hin, helfe individuell, berate, immer wieder gestört von denen, die gar nicht arbeiten. Hinter meinem Rücken wird sich gekloppt. »Ersin, hört auf!« Ersin macht auf entrüstet: »Ich, was soll ich denn gemacht haben?« Hier wird gelogen und geleugnet auf Deubel komm raus. Ich vergebe als Strafe ein paar Stundenprotokolle, was sie aber auch nicht groß beeindruckt. Alex ist plötzlich weg, »musste eben pissen«, sagt er später, als ich ihn zur Rede stelle. Die schon wieder schreiende Zübeyde schicke ich raus auf den Flur, was natürlich nicht erlaubt ist. Aber sie öffnet ständig die Tür, und schreit Obszönitäten in die Klasse. Als ich ihr drohe, ihren Vater zu bestellen, lacht sie nur, »Machen Sie ruhig, der wird ihnen schön was erzählen.«

Das glaubt mir doch kein Mensch, was hier abgeht, denke ich zwischendurch. Ich möchte weglaufen, die Decke über den Kopf ziehen. »Wie konnte das passieren, mir, einem erfahrenen Lehrer?« Es muss auch daran liegen, dass alles, was ich mache, so einfach es mir auch vorkommt, zu schwer ist für sie. Wir bekommen von den Grundschulen fast nur noch Schüler mit Hauptschul- und ganz wenige mit Realschulempfehlung. Und für alle hier in dieser Klasse ist Deutsch Zweitsprache. Es ist meine erste Klasse, in der gar keine Deutschstämmigen mehr sind. Deutsch sprechen sie eigentlich nur mit ihren Lehrern, allenfalls in der Klasse. Die gesamte Alltagskommunikation läuft auf Türkisch bzw. einem Mischkauderwelsch. Auch im Kindergarten und in der Grundschule wird das so gewesen sein. Es fehlt ihnen an Worten und Begriffen, und alle etwas komplexeren Satz-konstruktionen durchschauen sie nicht, geschweige denn die dahinterstehenden Gedankengänge. Wir verwenden das einfachste Geschichtsbuch, das auf dem Markt ist, aber selbst das scheint sie zu überfordern. Dieser Unterricht muss ein Graus sein für sie. Vielleicht haben sie längst in-nerlich aufgegeben und abgeschaltet und tun nur noch we-gen der Noten so, als ob sie teilnähmen. Sie versuchen sich durchzumogeln.

Aber liegt das Problem nicht noch tiefer? Auch in Mathe, wo die Sprache eine geringere Rolle spielt, klagen die Leh-rer, dass die Schüler die einfachsten Operationen nicht mehr durchschauen. In vielen Tests haben zwei Drittel der Schüler eine Fünf oder Sechs. Logisches Denken, Denken in Ursache-Wirkungszusammenhängen, das alles scheint total fremd für sie zu sein. Und sie können nicht einmal still sitzen, den Mund halten und zuhören, konzentriert an einer Frage arbeiten. Immer bricht nach wenigen Minuten alle Arbeitsdisziplin zusammen. Auch Pünktlichkeit, Ordnung, Respekt und Höflichkeit scheinen nicht selbstverständlich zu sein.

Natürlich hatten wir schon immer solche Schüler, aber jetzt scheinen sie die Mehrheit zu sein. Was haben sie eigentlich an der Grundschule gelernt, frage ich mich oft. Fast wehmütig denke ich an meine 7. Klasse von 1987 zu-rück. Damals, als US-Präsident Reagan Berlin besuchte und deshalb in Kreuzberg der U-Bahnverkehr eingestellt wurde. Es war auch eine wilde Klasse, aber sie schaffte es, unter Lei-tung der Klassensprecherin einen Protestbrief an den In-nensenator zu schreiben, ohne dass ich groß helfen musste. Undenkbar heute. Das übliche Gejammer eines alternden

Lehrers? Aber auch die jungen Kollegen verzweifeln fast. Liegt es an den Elternhäusern, die überwiegend nicht aktiv im Berufsleben stehen? Werden da zuhause vielleicht gar keine Grenzen gesetzt? Sind viele dieser Kinder einfach verwahrlost? Waren sie überhaupt in einer Kita?

Ich habe außer dieser so schwierigen Siebenten auch noch eine Parallelklasse. Die Defizite sind ähnlich groß, aber mit dieser Klasse habe ich eine stabile, vertrauensvolle Beziehung aufbauen können. Meine inhaltlichen Erwartungen habe ich auch da stark herunterschrauben müssen, aber immerhin läuft da, wenn auch unter Mühen, Unterricht. Wenn ich ganz einfache Anforderungen stelle, geduldig bin und häufig die Methode wechsele, arbeiten sie an ihren Defiziten, und manchmal haben wir sogar eine kurze Diskussion. Viel Zeit brauchen wir für Wortdefinitionen und die Entschlüsselung schwieriger Sätze. Auch da bricht manchmal Chaos aus, vor allem, wenn sie sich etwas länger angestrengt haben, aber es beruhigt sich auch wieder, und die Arbeit geht weiter.

Aber diese Klasse hier ist »umgekippt«. Sie haben mich einmal zu viel in meiner Hilflosigkeit erlebt, und deshalb habe ich hier keine Autorität mehr. Ich habe versagt. Ich sehe, wie die wenigen, die am Arbeitsbogen gearbeitet haben, jetzt die Blätter aus den Händen gerissen kriegen, weil die Nachbarn schnell noch etwas abschreiben wollen, damit sie auch etwas vorzuzeigen haben, wenn ich einsammle. Es sind zu viele, als dass ich es verhindern kann. »Stellt wenigstens noch die Stühle hoch und bringt den Müll in den Papierkorb«, rufe ich in das Chaos, das ausbricht, als es klingelt. Ich halte die Tür zu, bis es einigermaßen ordentlich aussieht. Bankrott aller Pädagogik, bodenlos, Wahnsinn.

Und ich weiß mir keinen Rat mehr. Mit meiner Art aufzutreten und Unterricht zu machen, bin ich hier jedenfalls gescheitert.

»Scheiß Stunde«. Nermin sieht mich beim Rausgehen vorwurfsvoll an, und ich schäme mich. Sie sind die neuen Underdogs in der Klasse, die wenigen, die noch ernsthaft etwas lernen wollen. Sie tun mir so leid.

DANN EBEN KARTOFFELN MALEN

In der folgenden Woche erzähle ich Semra und Hatice, den beiden Klassenlehrerinnen, mit denen ich mich persönlich gut verstehe, zum wiederholten Male von den furchtbaren Zuständen. Ja, das hören sie von fast allen Lehrern. »Vielleicht musst du bei denen einfach ein bisschen autoritär auftreten, hart durchgreifen, klare Anweisungen, konsequente Strafen, die brauchen das«, meint Semra.

»Ich denke, wir sollten einen Elternabend machen, einen richtigen Krisenelternabend«, schlage ich vor. Darüber haben sie auch schon nachgedacht. Wir beschließen einen solchen Krisenelternabend durchzuführen, was ziemlich ungewöhnlich ist an dieser Schule.

Zwei Wochen später findet er statt. Es sind überraschend viele Eltern, aber auch ältere Geschwister und einige der Schüler selbst gekommen. Sie werden als Dolmetscher gebraucht. Der Raum scheint überzuquellen vor Menschen, und wir müssen Stühle besorgen. Die Klassenlehrerinnen müssen einen richtigen Brandbrief geschrieben haben. Ich sehe viele Kopftücher. Aber wo sind die Kollegen? Ich scheine, wenn ich das recht sehe, überhaupt der einzige Deutschstämmige hier im Raum zu sein.

Semra bittet mit Rücksicht auf Herrn Johann, nur Deutsch zu sprechen, was unwillig akzeptiert wird. Sie stellt zunächst die Situation der Klasse vor: niedrigster Leistungsstand, fehlende Voraussetzungen von der Grundschule her, sehr schlechte Arbeitshaltung, fehlende Pünktlichkeit. Zu oft haben die Schüler ihre Arbeitsmaterialien nicht dabei, Hausaufgaben werden nicht gemacht. Eine wahrhaft trostlose Bilanz. Ich ergänze ihre Ausführungen.

Dann ergreift die Elternsprecherin das Wort: »Wir sind enttäuscht von dieser Schule, sehr enttäuscht«, sagt sie anklagend. Viele Eltern klatschen, nicken. »Wir haben gedacht, es sei gute Schule, streng und mit Möglichkeit für Abitur zu machen. Aber jetzt diese Enttäuschung.« Ihr Timur sei so ehrgeizig und fleißig und zuhause ganz lieb. Was solle sie sagen zu all den Beschwerden der Lehrer. Wenn Timur böse Sachen mache an der Schule, dann liege es an der Verführung durch die schlimmen anderen Schüler und an den unfähigen Lehrern, das müsse sie leider sagen. Ihr Timur brauche die harte Hand, aber dafür sei Schule ja da. Am liebsten möchte sie eine andere Schule für ihren strebsamen Jungen finden. Alle nicken, stimmen ihr zu. Ihre Kinder werden von den anderen Kindern zu schlimmen Sachen verführt, und die Lehrer versagen.

Und warum die Schüler nie Hausaufgaben bekämen? Hatice ist empört, fragt die Eltern, ob sie nicht mitgekriegt haben, dass alle Schüler ein Hausaufgabenheft führen müssen. Nein, davon wissen sie nichts, das muss man ihnen doch sagen. »Und warum waren auf dem letzten Elternabend, auf dem wir das besprochen haben, nur acht Eltern?«, fragt Semra. Ich frage, warum ich nie Antwort auf meine Briefe kriege. »Briefe nicht verstehn«, höre ich. »Und warum rufen Sie mich dann nicht an? Meine Telefonnummer steht in jedem Brief.« Ich bekomme keine klare Antwort.

Endlich unterbricht Semra die Klagen und Vorwürfe der Eltern: »Nicht die Schule versagt hier, nein, ihr seid es, die versagt haben.« Sie schreit es wütend in den Raum. »Ihr habt versäumt, euren Kindern die Grundlagen ordentlichen und sozialen Verhaltens beizubringen. Ihr habt sie nicht Pünktlichkeit gelehrt, Höflichkeit und Respekt vor Lehrern. Ihr seid dafür verantwortlich, dass sie faul sind und sich nicht anstrengen wollen.« Sie macht keinen Hehl aus ihrer Verärgerung und Enttäuschung. »Und wir Lehrer sollen das dann alles ausgleichen, damit eure Kinder ein glanzvolles Abitur machen.« Und dann legt sie noch eins drauf: »Meine Kollegin und ich sind auch Einwandererkinder, und wir mussten ganz schön kämpfen, um hier als Lehrerinnen vor Ihnen stehen zu können. Aber jetzt schämen wir uns für diese Generation türkischer Kinder, die sich kein bisschen anstrengen, kaum Deutsch können, keinen Respekt zeigen. Ihr seid es, die sie erzogen haben oder auch nicht, Ihr. Nicht wir. Wir haben sie erst vor einem dreiviertel Jahr bekommen.«

Einen Moment herrscht betretenes Schweigen, bis Hatice, etwas versöhnlicher, Semras Ausführungen ergänzt: »Packt Ihr denn abends mit euren Kindern die Schultasche? Frühstückt Ihr morgens mit ihnen? Fragt Ihr sie abends aus über die Schule, die einzelnen Fächer? Haltet Ihr sie zum deutsch Reden, zum Lesen an?« Dagegen formiert sich gleich Widerstand: »Wir nicht können helfen, sprechen nicht gut Deutsch.«

»Aber die meisten von Euch leben doch seit Jahrzehnten hier in Deutschland.« Hatice kann sich den Einwand nicht verkneifen. Ich sehe, wie unsere Schüler und die Geschwister den Eltern übersetzen. »Ich immer sagen, du lernen, du fleißig sein, zu meine Kind. Jeden Tag ich frage: Alles gut an Schule? Mohamed immer sagen, alles gut. Was soll ich machen?« Andere hauen in die gleiche Kerbe: »Ich nicht verstehen, was machen an Schule, keine Ahnung von Mathe und Englisch. Wie soll helfen?«

Genau da liegt das Problem. Wenn ich in die Gesichter schaue, spüre ich, dass diese Eltern ihren Kindern nicht helfen können. Viele scheinen nicht einmal in Deutschland zur Schule gegangen zu sein, sind erst vor kurzem im Zuge des Familiennachzugs oder als Asylbewerber nach Deutschland gekommen. Ich glaube ihnen, wenn sie sagen, Bildung sei ihnen ganz wichtig für ihre Kinder. Aber sie liefern ihre Kinder einfach nur an der Schule ab und glauben, dass die Schule schon alles richte. Sie haben zu viel zu tun mit dem Gemüseladen, der Dönerbude und dem Jobcenter. Auch bei dieser Klasse leben wahrscheinlich 80 Prozent der Eltern von Sozialhilfe. Ein klarer Eindruck von den Anforderungen der Arbeitswelt kann da bei den Kindern nicht entstehen. Und was können sie ihren Kindern an geistiger Anregung geben? Da werden keine Zeitungen gelesen, von Büchern ganz zu schweigen. Abends sitzt man vor dem Fernseher, die Kinder vielleicht vor dem Computer. Da machen sie irgendetwas, was die Eltern auch nicht verstehen. Fragen, Nachdenken, etwas diskutieren? Wer zu viel fragt, kriegt wahrscheinlich gesagt, »frag nicht so viel, gehorche lieber«, jedenfalls in den meisten dieser Elternhäuser. Aber passt das zu dem, was wir an der Schule wollen?

Eine Mutter spricht mich persönlich an: »Sie Lehrer von Geschichte. Sie sind streng?« Ich nicke, lasse mir von meiner Verlegenheit bei dieser Frage nichts anmerken. »Immer Ismael genau sagen, was machen muss. Und immer gucken, was Ismael macht, immer gucken. Wenn nicht macht, ruhig ...«, sie macht pantomimisch einen Klapps auf den Hinterkopf vor. So stellen sich hier wohl die meisten Eltern guten Unterricht vor: Der Lehrer gibt Befehle, die Kinder führen sie aus, sie schreiben etwas ab oder lernen auswendig, wie in der Koranschule. Lernen ist stumpfes Nachbeten, Abschreiben oder Memorieren. Klar, dann kann der Lehrer sich darauf beschränken, vorne zu sitzen, immer zu »gucken« und notfalls mit einem kleinen Klapps nachzuhelfen. So stellt sich, wird mir plötzlich klar, wahrscheinlich auch ein Großteil meiner Schüler guten Unterricht vor. Aber wo bleibt da das Gespräch, das Klären umstrittener Sachverhalte, das Diskutieren, das selbstständige Erarbeiten von Lösungsansätzen, die Teamarbeit? Das sind doch Vorstellungen aus der Mottenkiste des 19. Jahrhunderts. Das ist Lehrer Lämpel-Pädagogik. Wo bleibt da die Eigenverantwortung des Schülers? Die Einsicht, dass ein bestimmtes Verhalten einfach sinnvoll ist und eingehalten werden muss, auch wenn der Lehrer gerade nicht »guckt«, das eigenständige Erarbeiten von Lebenszielen und Verhaltensregeln?

Wir reden an diesem Abend noch lange über solche Fragen, aber die Kluft zwischen den unterschiedlichen Vorstellungen von Schule, Bildung und Erziehung lässt sich nicht so leicht überwinden. Erneut wird mir deutlich, dass Integration viele Dimensionen hat und keine einfache Aufgabe ist. Konkretes wird wenig beschlossen. Nach dem Elternabend wird es vorübergehend etwas ruhiger in der Klasse, langfristig ändert sich aber nichts. Die Zustände bleiben grauenhaft. Auch eine Nachtwanderung, die ich mit der

Klasse mache, um die Stimmung zu verbessern, hilft nicht wirklich. Dass ich nett bin, wussten sie schon immer. Vielleicht ist das sogar ein Teil des Problems.

Eines Tages habe ich dann Gelegenheit zu sehen, wie Semra mit ihrer Klasse umgeht. Sie ist mit ihrem Unterricht nicht rechtzeitig fertig geworden und bittet mich darum, ihr noch zehn Minuten zu geben. Ich setze mich in die letzte Reihe und schaue mir an, wie ihr Unterricht läuft.

Sie unterrichtet das neue Fach Ethik, und die Schüler haben in Gruppenarbeit Plakate zum Thema Freundschaft erstellt, die sie jetzt vorstellen. Es ist tatsächlich viel ruhiger als in meinem Unterricht. Ich betrachte die Plakate. Sie sind sehr einfach, jeweils ein handgemaltes Bild, z. B. Verschränkte Hände, Menschen, die sich an den Händen halten, und ein kurzer Text: »Freundschaft ist wichtig«, lese ich, oder »Freunde vertrauen sich«, »Freunde halten zusammen, immer«, »Man betrügt nicht seine Freunde«. »Wie lange habt ihr daran gearbeitet?«, frage ich Semra. »Wir haben etwa vier Wochen an dem Thema gearbeitet.« Mein Gott, denke ich, und das ist das ganze Ergebnis?

Vielleicht würde mein Unterricht auch besser laufen, wenn ich sie einfach die Waffen der Indianer und die der Spanier aus dem Buch abmalen lassen würde, was ich übrigens auch machen lasse, nebenbei. Aber ganz ordentlich, mit schöner Überschrift, auf Plakatkarton, bei endloser Zeitvorgabe. Mir fällt der alte Witz eines Kollegen ein, aus der Zeit, als Gesamtschulen noch umstritten waren.

Zum Thema »Die Kartoffel« kriegen die Schüler in der Gesamtschule leistungsdifferenzierte Aufgaben. Die auf Gymnasialniveau müssen einen Aufsatz über die Bedeutung der Kartoffel für die Welternährung schreiben. Die auf Realschulniveau kriegen eine Rechenaufgabe: Wie viel Kilo muss der Bauer verkaufen, wenn er, bei einem Kilopreis von 2 DM und ...? Und die Hauptschüler? Die malen einfach die Kartoffel ab. Damals war das nur ein Witz, aber heute?

Jedenfalls sind sie ruhig bei diesen einfachen, eigentlich in die Grundschule gehörenden Aufgaben. Aber wie sollen sie so je den MSA oder gar Abitur schaffen? Ich war, im Gegensatz zu Reinhold, immer für das Prinzip, die Schüler »da abzuholen, wo sie gerade stehen in ihrer Lernentwicklung«. Aber wie weit runter darf man gehen? Und: Müsste das nicht öffentlich diskutiert werden? Aber wer hat schon Interesse daran, solche unangenehmen Entwicklungen offenzulegen?

»Sprecht ihr in Ethik auch einmal über konkretes Verhalten in der Klasse? Pünktlichkeit, Abschreiben lassen, Petzen, Respekt vor Lehrern und all das«, frage ich Semra. »Na ja, auch schon mal. Aber im Curriculum steht halt Freundschaft als Thema.« Semra hat ihre Schüler anscheinend gut unter Kontrolle. Sie steht vorn und »guckt« mit Argusaugen. »Adil, nicht rennen. Wir gehen in der Klasse langsam«. »Sasikala, spiel nicht mit dem Kuli«. »Mohamed, lass das Scharren mit den Füßen.« Zero tolerance heißt dieses Konzept. Die Schüler wirken äußerst angespannt, als wenn sie in Zwangsjacken steckten. Man spürt die ungeheure Anstrengung, die sie das kostet, sich so am Riemen zu reißen. Aber wie lange werden sie das durchhalten, diese Selbstdisziplin? Wehe dem Lehrer, der nach Semra Unterricht halten muss. Das bin heute ich. Als Semra die Stunde beendet, bricht mit Macht das totale Chaos aus. Die Klasse explodiert geradezu. Ich übernehme.

Später denke ich noch lange darüber nach, ob ich Semras

Konzept – einfachste Anforderungen bei totaler Überwachung – übernehmen muss. Es scheint wirklich eine Möglichkeit zu sein. Aber, entspricht das meiner Art? Will ich meinen Unterrichtsstil drei Jahre vor der Pensionierung noch völlig umstellen?

»Nun auch du?«, meint Martin, als ich ihn einige Wochen später bitte, mich im Zuge meiner Stundenreduzierung von dieser Klasse zu befreien. »Dass mir die jungen Kollegen die Tür einrennen, weil sie mit den Klassen nicht klarkommen, überrascht mich nicht. Aber in letzter Zeit sind es die alten Hasen, wie du und ...« Er nennt ein paar Namen. »Sie sind alle mit ihrem Latein am Ende. Schau mal da. Das ist der Stapel mit den Umsetzungsanträgen an Gymnasien.« »Rette sich, wer kann«, scheint das neue Motto unter den Kollegen an dieser Schule zu sein.

PRENZLBERGER KLAGERUNDE

Ich sitze gerade am Computer, um mit Hilfe der neuerdings vorgegebenen Standardformulierungen das Gutachten für Tolgas Klausur zu formulieren, als das Telefon klingelt. Im Bereich der »Transferleistungen« habe ich mich für die Formulierung »Die Methode der argumentativ entfaltenden Erörterung von Erklärungen historischer Sachverhalte wird insgesamt kaum gehandhabt« entschieden. Wie soll Tolga diese verquaste Formulierung verstehen? Früher hätte ich frei Schnauze unter die Arbeit geschrieben, »Warum haben Sie die Theorie von J. M. Keynes nicht herangezogen, um Brünings Wirtschaftspolitik zu kritisieren?« Ich werde es ihm ausführlich erklären müssen. Aber was soll's? Wenn es der »Vergleichbarkeit«, diesem neuen Fetisch, dient.

Am Telefon ist mein Kollege Jens: »Na, wolln wir mal wieder?« Alle paar Wochen treffe ich mich freitagabends mit meinen langjährigen Kollegen Jens und Erich. Diesmal sitzen wir in einem kleinen Café in Prenzlberg.

Zuerst muss immer alles Bedrückende raus, was wir in den vergangenen Wochen erlebt haben. Ich erzähle von meinem Debakel in der Siebten. Sie können sich das gut vorstellen, haben sie doch selbst Klassen, in denen kaum noch etwas gelernt wird. Aber auch mein Erlebnis als Aufsicht am Tor muss ich loswerden. »Da wollte so 'n Kleiner rein, höchstens 14, und ich sage, er soll mir seinen Schülerausweis zeigen. Macht der mich an: ›Wer bist du denn? Willst hier großen Macker machen, oder was?‹ Er weigert sich jedenfalls, den Ausweis zu zeigen und rennt weg, in die Schule rein. Ich habe ihn nicht gekriegt, trotz Verfolgungsjagd.« »Die tanzen uns doch auf dem Kopf rum«, Jens ist entsetzt.

Erich erzählt, wie er letzte Woche einen Brand in einer Toilette löschen musste. »Hatten die Idioten wieder das Toilettenpapier angezündet. Ich gleich mit dem Feuerlöscher rein. Ich stank hinterher wie ein Köhler. Meine Schüler haben sich die Nasen zugehalten, als ich in die Klasse kam.« Wir lachen.

Jens plagen andere Sorgen: »Im letzten Mathetest in meiner Neunten hatten 90 Prozent eine Sechs, das müsst ihr euch mal vorstellen. Sie kapierens einfach nicht, und sie bemühen sich auch nicht darum. Ich weiß nicht, was ich noch machen soll. Man kann den permanenten Leistungsabfall einfach nicht aufhalten.«

Erich und ich können nur zustimmen. »Da ist einfach keine Frustrationstoleranz mehr, wenn es schwer wird, geben sie gleich auf und machen lieber Unsinn.« »Mit dem

Handy und dem Computer rumzuspielen macht halt mehr Spaß. Da wird man immer gleich mit einem Erfolg belohnt. Lesen, so was kennen die gar nicht mehr. Oder gar, etwas zweimal zu lesen, um es zu verstehen.«

»Wir machen doch kaum noch Fachunterricht, sind völlig damit beschäftigt, Grundlagen zu vermitteln, die eigentlich nach der Grundschule sitzen müssten: Verhalten im Unterricht, Konzentration, gründliches Lesen.« »Wir sind halt jetzt eine aufgebesserte Hauptschule«, wirft Jens ein, »früher waren wir eine echte Gesamtschule, hatten auch gute Schüler, deutsche wie türkische. Zugpferde, die das Niveau angehoben und die Hauptschüler mitgezogen haben. Heute haben wir nur noch Proletariat, zumal ja die Hauptschulen aufgelöst werden und jetzt alle zu uns kommen.«

»In der Hauptschule waren es nur 16 in der Klasse, bei uns sind es 30«, gibt Erich zu bedenken. »Und deren Eltern stehen überwiegend nicht mal mehr im Produktionsprozess, sie leben vom Amt, schlagen die Zeit tot«, ergänze ich. »In vielen Familien sind die Schüler die Einzigen, die morgens früh raus müssen und was bringen, die Eltern können weiterschlafen. Woher soll da Motivation kommen, von geistiger Anregung ganz zu schweigen. Manche haben doch mit dem Lernen schon abgeschlossen, wenn sie zu uns kommen. An die kommst du doch gar nicht mehr ran.«

»Wir haben heute halt ganz andere Schüler als vor zehn Jahren«, setzt Erich wieder an » und das liegt daran, dass das Bürgertum nicht mehr an die Gesamtschule glaubt. Nicht dass wir hier in Kreuzberg nicht mehr genug Kinder aus bürgerlichen Elternhäusern hätten, im Gegenteil. Die gebildeten Gutverdiener reißen sich ja derzeit geradezu um die Altbauwohnungen am Maybachufer oder im Graefekiez.

Aber die schicken ihre Kinder lieber auf Gymnasien oder gar Privatschulen, z. T. sogar in anderen Bezirken. Gesamtschule ist out, selbst bei linken Intellektuellen, gilt als zu wenig leistungsbewusst, zu chaotisch.« »Außer es handelt sich um Problemfälle, die kommen dann doch an die Gesamtschule, weil wir so verständnisvoll und schülernah sind.«

Jens nickt. »Es gibt eben seit einigen Jahren, und das ist ja politisch gewollt, einen Wettstreit der Schulen um gute Schüler. Jede Schule legt sich ihr eigenes Profil zu und buhlt um Kinder mit Gymnasialempfehlung. Und diesen Wettstreit haben wir, trotz der beeindruckenden Öffentlichkeitsarbeit unseres Chefs, trotz Bilingualem Zweig, längst verloren. Wir haben den Ruf, eine »Türkenschule« zu sein. So einfach ist das.«

Erich ergänzt, »Hört man oft auf Elternabenden: Zu viele Ausländer an dieser Schule, und zwar auch von türkischen Eltern. Wie soll da Integration laufen?« »Es geht gar nicht um ethnische Zuschreibungen, das bildungsferne Milieu ist das Problem«, findet Jens. »Das Ethnische spielt schon eine Rolle«, wende ich ein. »Neue Vorurteile und Empfindlichkeiten, mit denen wir erst umgehen lernen müssen, neue Arten von Konflikten. Wir haben praktisch die ganze Integration am Hals, und dann die Sprachprobleme. An einer fast rein türkisch-arabischen Schule, wie wir sie jetzt sind, lernen sie einfach nicht richtig Deutsch, und das wirkt sich in allen Fächern aus.«

»Im Grunde wird doch kaum noch was gelernt« findet Jens. »Vorsicht«, wende ich ein, »wir haben auch eine Oberstufe, da wird noch etwas gelernt. Die hat sogar einen guten Ruf«. Erich nickt: »Es bleibt trotzdem ein Skandal.« Wir schweigen eine Weile.

»Und das nach zehn Jahren Reformen.« Jens bringt das neue Thema ein, aber Erich und ich winken nur ab. »Die mögen teilweise sinnvoll sein, aber sie kosten uns unglaublich Kraft, die dann für die Bewältigung des Alltags fehlt, für die eigentliche Arbeit mit Schülern«, bemerkt Erich. »Ist doch alles eine einzige Hetze geworden.«

»Die haben uns doch erst reingeritten in unsere dritte Krise«, Jens setzt zu einem Vortrag an: »Die erste Krise Ende der 70er hatten wir uns, mal abgesehen von dem unmenschlichen Gebäude und der verfehlten Organisationsstruktur, selbst eingebrockt mit unseren antiautoritären Illusionen. Aber wir haben sie auch mit einer großen Kraftanstrengung wieder auf die Reihe gekriegt, uns sozusagen am eigenen Schopf aus dem Sumpf gezogen. Die zweite Krise Ende der 80er kam durch den Asbest über uns. Aber in den acht Jahren haben wir echt zu unserer Linie gefunden, und wir hatten immer noch leistungsstarke Schüler, waren ein motiviertes Team. Die 90er, das waren doch echt die goldenen Jahre.«

»Damals meldeten sich Kollegen freiwillig zu uns, weil bei uns wirklich was gelernt wurde.« »Bis sich dann die Sparmaßnahmen auswirkten und wir kaum noch leistungsstarke Schüler bekamen«, ergänzt Erich. »Diese beiden Entwicklungen und dann noch die Reformen, das hat uns doch das Genick gebrochen.« »Einige sind aber sinnvoll«, wende ich ein und erzähle von den Abiturpräsentationen letzte Woche, von den interessanten Themen, die da von Schülern vorgetragen wurden: »Atatürks Nationalitätenpolitik, Ökologische Auswirkungen der Rheinbegradigung, Die Geisha im Vergleich mit der europäischen Hure. War echt spannend.«

»Und wie viel Stunden hat dich das Einarbeiten in diese

Themen und die Betreuung deiner Prüflinge gekostet?«
»Frag nicht. Ich weiß nur, dass ich auch ohne diese Zusatz-
belastung mit voller Stelle jetzt fünf Stunden mehr arbeiten
müsste als mein Freund Wolfgang in Hessen.«

»Die lassen die Schule am ausgestreckten Arm verhungern.«

»Dabei kommen die ganz großen Reformen ja erst noch,
die Einführung der Gemeinschaftsschule, die Individuali-
sierung des Lernens. Auch bei uns gibt es ja schon Initiati-
ven in dieser Richtung.«

»Und die Inklusion der Behinderten, einschließlich der
Verhaltensgestörten, die jetzt noch an Sonderschulen sind.«

»Dann hast du außer den normalen Verhaltensgestörten,
die wir jetzt schon haufenweise haben, noch zwei oder drei
zusätzliche mit offiziellem Status, stell dir das mal vor.« Wir
sehen das alle mit Grausen, zumal wir nicht an die versprochene Unterstützung durch Assistenten, Sonderschulleh-
rer und Psychologen glauben, jedenfalls nicht im notwendi-
gen Umfang. »Was wir wirklich bräuchten, wäre ein zweiter
Kollege im Unterricht oder Halbierung der Schülerzahl in
den Klassen.« Wir nicken bei Jens Vorschlägen. »Oder beides, und endlich eine Reduzierung unserer Unterrichtsver-
pflichtungen«, füge ich hinzu.

Wir haben uns ein bisschen hineingeredet in diese trost-
lose Stimmung und schweigen eine Weile. »Uns betrifft es
ja nicht mehr, in vier Jahren bin ich raus«, brummelt Erich.
»Ich hör mit 63 auf, egal, was mich das an Rente kostet.«
Wir drei haben schon seit Jahrzehnten unter Verzicht auf
Gehalt unsere Stellen reduziert, weil man es mit unseren
Fächern anders gar nicht mehr packt an dieser Schule.
»Wenn wir's bis 63 schaffen, sind wir schon gut.« Jens erin-

nert uns an die vielen Kollegen, die wegen Burnout oder anderen Dauererkrankungen längst ausgeschieden sind. »Kann jedem von uns auch noch passieren. Irgendetwas in dir kippt plötzlich um, du spürst nur noch Ekel, wenn du an deine Arbeit denkst.« »Da nützt alles Zusammenreißen nichts mehr, dein Körper sperrt sich.« »Ich möchte nicht wissen, wie viele unserer Kollegen mit Depressionen und Migräne kämpfen.«

»Ach kommt, hören wir auf mit der Jammerei«, Jens will Schluss der Debatte, »immerhin sind wir gut versorgt, und Ferien haben wir auch mehr als andere.« Keiner mag widersprechen.

»Redet Ihr eigentlich zuhause viel über Schule«, fragt Erich. Er wohnt alleine. Ich bejahe. »Ulla kennt alle meine Problemfälle mit Namen und ich ihre.« Jens sieht das ganz anders: »Meine Freundin ist ja auch Lehrerin, aber wir versuchen, das Thema Schule außen vor zu lassen. Irgendwann muss einfach mal Schluss sein mit Schule, sonst wirst du ja verrückt. Ich freue mich immer auf die Abende, an denen ich Probe habe, da vergesse ich die ganze Scheiße.« Er spielt seit Jahrzehnten als Pianist in verschiedenen Jazzbands, hat auch am Wochenende oft Auftritte. Er macht seine Arbeit an der Schule sehr verantwortungsbewusst, aber Spaß mache sie ihm nicht mehr. »Man muss der Schule etwas ganz Anderes entgegensetzen, etwas, was einem sehr wichtig ist.«

Erich sieht das auch so: »Ich freue mich auf meine Sitzungen bei Greenpeace und meine Spanischgruppe. Endlich mal mit Leuten reden, die nichts mit Schule zu tun haben.« Er erwarte seit Jahren gar nichts Positives mehr von der Schule. »Ich versuche meine Arbeit ordentlich zu machen, aber ansonsten die Schule auf Sparflamme zu halten und Distanz aufzubauen. Anders halt ich's nicht aus.«

»Mir geht es da ganz anders«, greife ich das Thema auf. »Irgendwie reizt mich die Aufgabe noch, denen was beizubringen. Klar, die Mittelstufe, da könnte ich manchmal verzweifeln, aber in der Oberstufe hole ich mir dann wieder Kraft.« Meine Kollegen sehen mich jetzt etwas ratlos an. »Wenn ich sehe, wie sie sich bemühen, wie einige gar richtig kämpfen, dann habe ich wieder Lust, mir was Neues auszudenken für die nächste Stunde, noch bessere Materialien zu suchen.« »Ging mir früher auch so«, meint Jens nachdenklich, »aber der letzte Politikkurs, der mir Freude gemacht hat, liegt Jahre zurück. Die lesen doch keine Zeitung mehr, was soll ich da mit denen diskutieren? Das Diskussionsniveau ist doch in den letzten Jahren derart abgesunken. Ich schäme mich fast für meine Unterrichtsergebnisse.«

»Ist halt eine neue Aufgabe, sie irgendwie zum Lesen zu bringen«. Jens winkt ab, Erich schüttelt den Kopf: »Was hast du denn von diesen Diskussionen? Wenn ich mit denen diskutiere, stoße ich selbst in der Oberstufe immer auf einen Wust von Unwissen und Vorurteilen.« »Aber diese Vorurteile, die sind doch genau die Herausforderung, die die Arbeit erst interessant macht«, wende ich ein, »die müssen doch der Ansatzpunkt sein für die weitere Arbeit.« Erich sieht mich skeptisch an. »Nein, da wende ich mich lieber dem realen Leben zu, als meine ganze Kraft in der Schule zu lassen.«

»Aber die Schule, das ist doch das reale Leben.« Ich kann die Haltung meiner Freunde nicht recht nachvollziehen. »Klar, ich habe auch meine Ablenkungen, aber trotzdem, der größte Reiz geht für mich immer noch von der Aufgabe aus, guten Unterricht zu halten.« »Sieh an, der vorbildliche Pädagoge«, Erich wird ironisch »er opfert sein Leben für seine Schüler, verzichtet auf alles, nur damit sie vorwärtskommen.« »Vielleicht hast du das berüchtigte Helfersyndrom«, wirft Jens ein.

»Ich habe überhaupt nicht das Gefühl mich zu opfern. Aber kennt ihr das denn nicht, das glückliche Gefühl, wenn eine Stunde gelungen ist, wenn sie nicht meckern beim Rausgehen, sondern gute Laune haben, weil sie das Thema interessant fanden, oder weil sie das Gefühl haben, persönlich vorwärtszukommen, oder weil wir eine echt fetzige kontroverse Diskussion hatten?« »Und wenn die Stunde scheiße war?« »Dann erst recht, dann rettet mich das Neuplanen vor dem Absturz. Und im Übrigen sind das ja alles wirklich interessante Themen.«

»So richtig entspannt und zufrieden siehst du aber jetzt auch nicht gerade aus.« Erich kann es nicht lassen zu pieksen, »eigentlich genauso fertig wie wir.« »Ich glaube, ihm geht's wie einem Spieler«, Jens grinst ein bisschen. »Er hofft immer auf die optimale Stunde, nach der die Schüler aufspringen vor Begeisterung und klatschen.« Ich raffe mich zu einem Grinsen auf: »Ganz gut getroffen.« »Ja, ja, die Hoffnung stirbt immer als letztes.« Erichs Skepsis ist unüberhörbar.

Eine Weile sagt keiner was. Dann sehe ich, wie Jens' Blicke sich an einen neu Eintretenden heften. »Ist das nicht ...?« »Aber das ist ja Rudolf.« »Hey Rudolf, kennst du deine alten Kollegen nicht mehr? Setz dich doch zu uns.« Rudolf hat einen roten Rauschebart und trägt seine Trompete im Kasten auf dem Rücken. Er war drei oder vier Jahre lang an unserer Schule, hatte ein bisschen Wirbel gemacht in seinem

Fach Musik, eine Band aufgebaut. Dann war er plötzlich weg, wie so viele. »Komme gerade von einer Probe des Schulorchesters«, erklärt er uns.

»Wo bist du denn jetzt gelandet?« Rudolf erzählt von seiner neuen Schule in Weißensee. »Da war gerade 'ne Funktionsstelle frei, und ich habe mich halt beworben. Echt andere Welt das, verglichen mit eurem Chaosladen. Schon die Räume, die Flure, die Toiletten, alles sauber, ordentlich. Und viel kleiner und übersichtlicher der ganze Laden, man kennt wenigstens alle Kollegen und auch viele Schüler. Auch die Schulleitung ist richtig nett, hat immer ein offenes Ohr für die Sorgen der Lehrer.«

»Na, ihr habt halt 'ne ganz andere Klientel, lauter wohlerzogene Bürgerkinder wahrscheinlich.« »Ein paar Migranten haben wir auch, und Problemfälle gibt es natürlich in jeder Schicht. Aber im Großen und Ganzen habt ihr schon recht. Das ist ein ganz anderes Lernklima und ein anderer Bildungshorizont. Da kannst du noch Ansprüche stellen im Unterricht. Allein wenn man bedenkt, wie viele meiner Schüler ein Instrument spielen, und echt gut zum Teil.« »Und im Unterricht richtig Ruhe, was, volle Konzentration?«

»Also, wer mal bei euch war, hat das Sich Durchsetzen ja nun echt gelernt. Und unsere Schüler, ja die sind im Grunde ganz brav. Was meint ihr, was da für ein Druck von zuhause dahintersteht. Ein Anruf bei den Eltern, und die parieren wieder. Mit ein paar besonders Begabten nehme ich gerade an diesem Wettbewerb ›Jugend forscht‹ teil, wär doch undenkbar bei euch. Und ihr, immer noch in diesem Chaosladen?« Wir erzählen ein bisschen aus unserem Alltag.

»Ihr seid ja echt verrückt. Wer wird denn freiwillig an diesen miesen Brennpunktschulen seine Gesundheit ruinieren? Ihr müsst euch einfach mal klar machen: Die Dreckarbeit macht ihr da für die Gesellschaft, die Dreckarbeit. Ihr kriegt alles ab, was schief läuft in der Gesellschaft, und wer dankt es euch? Seien wir doch ehrlich: Die ihr da unterrichtet, euer Schülermaterial, das ist doch der Bodensatz unserer Gesellschaft.« Wir schauen uns an. Aber Rudolf muss dann schnell weiter, und wir sitzen schweigend vor unseren Bieren. »Dreckarbeit hat er gesagt«, sinniert Erich nach einer Weile. »Und Bodensatz, der hat wohl 'ne Macke.« »Irgendwer muss auch die unterrichten – und sind ja auch sehr nette dabei.«

Plötzlich verteidigen wir unsere Schüler. »Was der da so erzählt von seiner Arbeit, klingt ja fast nach Urlaub auf einem Kreuzfahrtschiff.« »Und wir, wir schuften auf einem Bergungsschlepper«, rutscht es mir raus. Sie sehen mich fragend an. »Na, diese Arbeitstiere der Meere, schmutzig und verbeult, die immer ran müssen, wo Notlagen sind, abschleppen, löschen, bergen, immer in Wind und Regen.«

»Das passt.« Erich, unserem Literaten, gefällt die Metapher, »jedenfalls ist unser Schlepper ganz schön verrostet und runtergekommen.« »Und der Motor viel zu schwach.« »Viel zu wenig Diesel im Tank.« »Unterbesetzt, Mannschaft überaltert.« »Aufgelaufen ist er« » Ausgebrannt, jedenfalls die Mannschaft«.

Jedem von uns fällt immer noch was ein, und wir können wieder lachen. »Echt, schön blöd, wer freiwillig auf dieser Rostlaube arbeitet«, schließt Jens das Thema ab, »wahrscheinlich geht sie sowieso bald unter.« Dann endlich reden wir über Privates, über Sachen, die nichts mit der Schule zu tun haben.

LUIGI, DER STEIN

»Also, wie soll er nun heißen?« »Paulatius würde doch passen, der sieht so altmodisch aus«, schlägt Hu Thuy vor. »Aber das klingt doch wie Spekulatius, ist doch Quatsch«, erwidert Enno. »Vielleicht ist er, ich meine sie, ja auch eine Frau, dann könnte sie Maria heißen oder Marina, sie kommt ja aus Italien«, fällt Sevgi ein. Aber die Mehrheit ist überzeugt, dass unser Stein männlich ist, er sähe ja auch so hart, also männlich aus. Endlich findet Lilith die Lösung: »Luigi muss er heißen, wie so ein italienischer Anmachertyp.« Sie zeigt uns die Falten im Stein. »Das ist doch so richtig das verschmitzte Gesicht eines ältlichen Frauenaufreißers. Fehlt nur noch die Kippe im Mundwinkel.«

Da liegt er nun in der Mitte des Sitzkreises der 11.2, unser Luigi: ein Kalkstein, sechs oder sieben Kilo schwer, den ich vor Jahren mit meiner Frau in einem Bachbett in den italienischen Alpen gefunden und wegen seines markanten »Gesichtsausdrucks« mitgenommen habe. »Der Arme, schon in so jungen Jahren aus seiner Heimat entführt«, meint Selda, aber Oguzan ist anderer Meinung: »Aber der ist doch schon alt, sieh' doch mal die Runzeln in seinem Gesicht.«

Die Konkurrenz zwischen den Kreuzberger Schulen um »gute« Schüler ist in den letzten Jahren mörderisch geworden. Wir scheinen da eher auf der Verliererseite zu stehen, aber wir kämpfen. Wir müssen etwas bieten, brauchen ein interessantes »Profil«. Projekte machen sich da immer gut, gelten sie doch in der pädagogischen Diskussion neuerdings als eierlegende Wollmilchsau.

Deshalb führen wir jedes Jahr in den 11. Klassen eine Projektwoche durch, in der Grundfragen des Lebens diskutiert werden sollen. Dr. D., der »Vater« dieser Projektwochen, erinnert uns immer daran, um was es dabei geht: »Ihr wisst doch, Kollegen – der gestirnte Himmel über mir und das moralische Gesetz in mir – frei nach Kant, darum geht es. Lasst uns einmal über den Tellerrand unserer Fächer hinausblicken und mit unseren Schülern über Grundfragen des Seins diskutieren.«

Ich habe mich diesmal bereit erklärt, in der 11.2, in der ich Erdkunde unterrichte, einen Projekttag unter dem Motto »Aus dem Leben eines Steins« durchzuführen. Im Lehrplan steht etwas vom »Kreislauf der Gesteine«, und ich habe ein hervorragendes Video zu Entstehung und Erosion des Kalksteins mit Bildern vom Great Barrier Riff, von geologischen Forschungen im Himalaya und Expeditionen in Tropfsteinhöhlen. Auch inhaltlich könnte das eine spannende Geschichte ergeben: Wie die ersten Korallen nach der Entstehung der Ozeane Kalkskelette ausbilden, indem sie CO_2 und Calcium aus dem Wasser aufnehmen, wie die Kalkskelette dann am Meeresgrund zu Hunderten von Metern dicken Schichtpaketen zusammengepresst werden, später durch tektonische Prozesse zu Hochgebirgen aufgefaltet, um schließlich vom Regen wieder ausgehöhlt und aufgelöst zu werden in die Ausgangsbestandteile CO_2 und Calcium. Ein dramatischer, ja grandioser Prozess, für den sich nach meiner Erfahrung bei Schülern Interesse wecken lässt. Hinterher könnten die Schüler diesen Prozess in einer Grafik darstellen, und man könnte über die philosophischen Aspekte dieser Vorgänge diskutieren: Mit welchen Methoden hat die Wissenschaft das alles herausgefunden? War das Zufall? Steht ein Schöpfer dahinter?

Als Einleitung, dachte ich, lege ich erst einmal meinen

Riesenkalkstein in die Mitte und lasse sie spekulieren, wie der wohl entstanden sein könnte. Und es scheint zu funktionieren. »Ihr schreibt jetzt in kleinen Gruppen einfach mal auf, was euch einfällt zur Geschichte unseres Luigi«, ordne ich an. »Aus was könnte er entstanden sein? Wie kam er zur Welt? Was hat er alles erlebt? Woher hat er die runde Form, und was wird aus ihm, wenn er gestorben ist? Lasst eure Phantasie spielen, eure Assoziationen fließen. Ihr habt eine halbe Stunde dafür.«

In den Arbeitsgruppen wird viel gelacht, alle beteiligen sich eifrig, und jedem scheint etwas einzufallen, auch den sonst sehr schwachen Schülern. Viele fühlen sich ja in der 11. Klasse total überfordert. In der Mittelstufe schien ihnen alles zuzufliegen, sie gehörten ohne große Anstrengung zu den Klassenbesten. Aber jetzt in der Oberstufe wird wissenschaftliches Arbeiten von ihnen verlangt, und das haben sie in unserer Mittelstufe nicht lernen können. Von allen Seiten kriegen sie Druck, und vielen steht das Wasser bis zum Hals. Aber dieser Aufgabe hier, Luigi ein Leben zu verpassen, der fühlen sie sich gewachsen, es macht ihnen Spaß, und sie scheinen gar kein Ende zu finden. Auf Bitten vieler Schüler verlängere ich mehrfach die Arbeitszeit. Nach einer Stunde treffen sich alle wieder im Klassenraum. Die zwei Gruppen, die relativ realitätsnahe Geschichten entwickelt haben, dürfen als erste vortragen.

In der Geschichte der ersten Gruppe ist Luigi das Kind eines Vulkans, ausgespien in einer gewaltigen Eruption. In der zweiten Geschichte dagegen ist er, viel näher an der Realität, »ein Kind von Sonne und Wasser«. Es ist der alte Streit der Geologen aus dem 18. Jahrhundert, der hier ausgetragen wird, der Kampf zwischen den »Vulkanisten« und den

»Neptunisten«, zu denen auch Goethe gehörte. Man ist sich allerdings einig darin, dass Luigi, wenn auch in anderer Gestalt, ewig lebe. »Er wird zerbrechen oder so«, erklärt Sevgi, »aber dadurch ist das Material ja nicht einfach weg.«

Genau solche Überlegungen und Diskussionen hatte ich mir als Ergebnis der Phantasiegeschichte erhofft. Aber die folgenden Gruppen haben die Aufgabe freier interpretiert, und beim Zuhören mache ich demzufolge erst einmal ein etwas süß-säuerliches Gesicht.

Luigi sei, so die dritte Gruppe, das Ergebnis der Vereinigung von »Mama Berg und Papa Regen«. Irgendwie erinnert mich das an altbabylonische Fruchtbarkeitsmythen, es ist nicht uninteressant. Aber muss denn Mama Berg unbedingt ein Verhältnis mit Fredi Sonne eingehen, sodass Papa Regen einfach verdunstet? Nun ja, sie sind halt in der Pubertät. Jedenfalls wird Baby Kalk dann getauft, und später sorgt Onkel Erdplatte für ein Erdbeben, wobei Luigi eine Kante abbricht. Nun ist er Invalide. Trotzdem kommt dann die große Liebe in Gestalt der wunderhübschen und auch noch reichen Lava-Leo, und alles hätte noch gut werden können, wenn nicht der ignorante Giovanni Luigi nach Deutschland entführt hätte, wo er jetzt als illegaler Einwanderer lebt. Tja, denke ich, viel Liebe, ein schönes Märchen, aber wo bleiben die naturwissenschaftlichen Überlegungen, die philosophischen? Ich hoffe auf die folgende Gruppe.

Aber die Liebe scheint bei Phantasiegeschichten von 16-Jährigen nicht fehlen zu dürfen. Auch die nächsten Geschichten erinnern sehr an Bollywood und Seifenopern. Mal ist Luigi der Sohn des »größten italienischen Casanova – Chiquita Aufreißers«, der aber unter dem »Jahrhunderte alten Fluch des Graniti-Clans in tausend Teile zerspringt«, mal kommt er als Sohn einer berühmten venezianischen Flamencotänzerin und eines armen Spaghettikochs zur Welt.

Tuans Gruppe ist schon näher an den Naturwissenschaften, wenn sie ihn zum Ergebnis einer Kollision zweier Asteroiden über Rom machen. Allerdings wird er dann Pizza-Bäcker und wird berühmt, weil er eine Methode zum Stapeln von bis zu hundert Pizzas erfindet, die ein Ingenieur aufgreift, um nach diesem Prinzip den schiefen Turm von Pisa zu bauen.

In vielen Geschichten verliebt sich Luigi auch, z.B. in Luisa, die hübsche Gneis-Frau. Geradezu rührend, wie Luisa ihren Luigi pflegt, als er in einem Erdbeben den Hang hinuntergerollt ist und sich einige Kanten abgebrochen hat, und wie sie so nett miteinander frühstücken, obwohl die Eltern diese »gemischtrassige« Beziehung gar nicht gerne sehen. Gneise und Kalke, kann das gut gehen? Aber Luisa mag sogar Luigis Runzeln, die, wie ihm sein Arzt erklärt, durch »kältebedingtes Zusammenziehen des Kalksteins« entstanden sind. Die Originalität dieser Phantasien lässt meine Abwehr gegenüber den Liebesgeschichten zunehmend schmelzen.

Uns Zuhörern ist fast zum Weinen, als wir erfahren, dass Luigi entführt wird und Luisa in Turin eine Vermisstenanzeige aufgeben muss. Sie muss jetzt allein die beiden kleinen Steinchen Lea und Leo aufziehen, und sie weiß auch nicht, dass ihr Luigi sich auf seinem Regal in einer Berliner Lehrerwohnung eigentlich ganz wohl fühlt. Das einzige, was ihn stört ist, dass er immer in Schulklassen herumgezeigt und von den Schülern angetatscht wird. Aber dann entdeckt Luisa ihn in einer Reportage über Projektunterricht in Berlin. Sie schreit auf vor Freude und …

So vergeht die Zeit, und wir haben gar nicht genug Taschentücher, um unsere Lachtränen abzuwischen. Kaum sind die Geschichten vorgetragen, zwingen die Fragen der Zuhörer die Vortragenden dazu, sie weiterzuentwickeln. Ob wir jemals noch zu dem naturwissenschaftlichen Video kommen? Aber ich lasse es laufen. Diese originellen Geschichten, diese Spontaneität, sind Leistungen, auch wenn sie nichts mehr mit Erdkunde zu tun haben.

Die Gruppe von Ayse und Marwa hat sich sehr mit dem Erziehungsprozess bei Kalksteinen beschäftigt. Sie müssen, erklärt man uns, kaum dass sie ein Jahr alt sind, einen Monat ganz allein in freier Wildnis überleben, damit sie »so spitz und kantig werden«, wie es von einem Kalkstein nun mal erwartet wird. »Das macht dann einen richtigen Brocken aus ihnen.« Und sie müssen lernen, in Gewittern zu überleben. Wir erfahren, dass die Runzeln und Falten in den Kalksteingesichtern durch das Wachstum, also durch Ausdehnung, entstehen.

Luigis Lebensabend wird unterschiedlich gesehen. Mal muss er sich ständig verstecken, weil er illegal in Deutschland lebt, mal liegt er gemütlich, Chips mampfend, auf Johanns Couch und zieht sich Seifenopern rein. Ich schaue auf die Uhr. O je, schon fast Zwölf. Wir sollten längst beim Video sein, bei den harten, klaren naturwissenschaftlichen Fakten. Ich merke, dass ich den Zeitbedarf für die Phantasiegeschichten total unterschätzt habe. Aber Alexandra, die Sprecherin der letzten Gruppe, steht schon in den Startlöchern. Ich weiß aus dem Geschichtsunterricht, dass sie großartig vortragen kann. Das wird schon seine Zeit dauern.

Sieben Tage, erfahren wir jetzt, hat es gedauert, bis Luigi fertig war. Sieben Tage? Kennen wir das nicht irgendwo her?

Sieben Tage lang tropfte kalkiges Wasser von einem Stalagmiten in einer Tropfsteinhöhle auf den Boden, bis sich ein kleiner Kalkklumpen gebildet hatte, und das war dann Luigi. Nicht schlecht diese Idee, alle Achtung. Aber noch ist Luigi fest mit dem Boden verwachsen, und vor lauter Langeweile zählt er immer die Grashalme auf der Wiese draußen vor der Höhle. Aber jedes Mal kommt, noch ehe er fertig ist, ein Wind und bringt die Grashalme und seine Zählerei durcheinander. Ein Aufstöhnen geht durch die Klasse. Aber dann kommt der Tag der Befreiung. »Ein Erdbeben gab mir die Freiheit«, lässt Alex Luigi erzählen. »Es riss mich vom Boden los und ließ mich einen Hang hinabkullern. Beinah wäre ich zerbrochen, aber dann war ich frei, ich konnte mich bewegen und durch die Gegend rollen.«

Dann bricht auch in Luigis Leben die Liebe ein: »Plötzlich steht eine bezaubernde Steinin mit einer Schleife aus drei kleinen Margeriten im Haar vor ihm.« Es ist Gracia Salata Geröllheimer. Sie gehen das erste Mal miteinander aus. Luigi erzählt: »Ich war 18, stand im Smoking vor ihr, eine Rose zwischen den Zähnen und schrie: Ariba, Ariba«. Wieso Ariba? Aber dann fällt mir ein, dass Alex einen philippinischen Vater hat. Das Hochzeitsmahl wird ausführlich beschrieben: erst ein Salat, dann Überraschungssuppe mit Käfern und kleinen Raupen, schließlich Schlammtorte an Granitkartoffeln. Die Käfer knacken ein bisschen beim Essen. Und so weiter und so weiter, die Frau wird schwanger, drei Kinder. Aber dann die schwere Krankheit.

Leider öffnet sich an dieser Stelle die Tür und Herr Dr. D. tritt ein, mit drei jungen Leuten im Schlepptau. »Entschuldige bitte, Kollege, ich will gar nicht stören, aber ich habe hier drei Praktikanten, die mal sehen wollen, wie wir in unserem Projekt Naturwissenschaften und Philosophie miteinander verbinden. Du machst ja was mit Erdgeschichte, habe ich gesehen. Können die bei dir teilnehmen?« Ich nicke, biete Plätze an. Auch Dr. D. nimmt Platz. Er will wohl mal sehen, was hier so läuft. Er schlägt die Beine übereinander und lauscht aufmerksam, während Alex uns Luigis Krankheitsverlauf schildert.

»Das Problem war, dass der Steinarzt mit der Sonde nicht durch die Kalkkruste kam. »Ist zu hart, Kalkstein«, fällt Youssef ein. »Ja, aber mit dem Diamantbohrer ging es dann doch. Und dann kam die Diagnose.« »Und, was hatte er denn nun?« »Er hatte Nierensteine«, Alex guckt ganz bekümmert. »Nierensteine? Aber er ist doch selbst Stein?« »Na ja, so war es halt. Und es gab keine Heilungschancen.« Dr. D. sieht mich irritiert an: »Hm, ich dachte, ihr macht Geologie oder so was? Klingt jetzt eher nach Medizin.«

»Nein, das ist schon Geologie, jedenfalls indirekt, also ...« Ich merke, dass ich Schwierigkeiten habe, ihm mein Vorhaben zu erklären. »Wegen dem Nierenstein?«, fragt Dr. D. leicht ironisch. »Quatsch, er ist doch selber Stein, der Luigi.« »Luigi ist ein Stein? Hm, aber irgendwann kommt ihr auch noch zur Erdgeschichte?« »Ja klar, das ist nur die Einleitung.« Ich sehe, wie Dr. D. auf die Uhr schaut. »Na ja, du machst das schon irgendwie. Hauptsache, es macht Spaß.« Alex ist jetzt bei der Grabrede des Sohnes. Dr. D. erhebt sich, er scheint genug gehört zu haben. »Die Kompetenzen, die sie hier erwerben sollen, stehen ja sicher in deinem Projektentwurf?«, raunt er mir zum Abschied zu. Ich nicke.

Die Kompetenzen? Was haben wir jetzt eigentlich gelernt? Muss ich ein schlechtes Gewissen haben? Es ist Mittag, und wir haben weder naturwissenschaftliche Fakten

noch Strukturen erarbeitet. Aber was solls, sie sind so engagiert bei der Sache, haben gut im Team gearbeitet und in
den Märchen, die sie sich ausgedacht haben, scheinen sämt-
liche Schöpfungsmythen der Weltreligionen zu stecken.
Und ihre eigenen Vorstellungen vom Leben, ihre Hoffnungen und Ängste. Wir mögen weit weg sein von der Geologie,
aber sind wir nicht sehr dicht dran am Leben? Das ist doch
auch etwas. Material eigentlich für stundenlange Gespräche
über Mythen und Klischees vom »Leben«. Und diese lustigen Einfälle, dieses Ausspinnen von Assoziationsketten,
das sind doch auch Kompetenzen. Plötzlich fällt mir der Begriff ein für das, was hier läuft, und ich möchte am liebsten
hinter Dr. D. herlaufen und ihm diesen Begriff präsentieren, als Beleg für die Sinnhaftigkeit unseres Projektes: Kreatives Schreiben. Oder besser noch auf Englisch, »creative
writing«. Eben schien mir mein Unterrichtsvorhaben noch
auf die schiefe Bahn geraten zu sein, jetzt, mit dem neuen
Begriff, erscheint es plötzlich als modern, innovativ, kreati-
vitätsfördernd, ganz im Sinn der Reformen. Es ist, sieht
man genau hin, außerdem auch noch fächerübergreifend.
»Creative writing im Erdkundeunterricht«. Ich lasse mir die
Formulierung auf der Zunge zergehen.

Eigentlich hatte ich ganz andere Schwerpunkte geplant,
aber manchmal scheint es besser zu sein, die Dinge einfach
so laufen zu lassen, wie sie sich entwickeln, als stur an der
Planung festzuhalten, so sehr ich das Planen auch liebe. Die
besten Ergebnisse, das merke ich immer wieder, erzielt man
sowieso, wenn die Initiative von den Schülern ausgeht. Und
das soll der »Bodensatz« unserer Gesellschaft sein? Plötzlich fällt mir unser Gespräch von neulich wieder ein. Das
sind junge Menschen, die man motivieren muss, dann brin-

gen sie auch etwas. Keine leichte Aufgabe. Aber es macht doch immer wieder Freude, mit ihnen zu arbeiten. Wie ich das bald vermissen werde, als Rentner.

Alex ist inzwischen bei der Grabrede der Tochter: »Papa, du hast mich beschützt vor diesen Machos, vor diesen bösen Basalt-Bubis z. B., die mich nur als Sexualobjekt gesehen und angebaggert haben.«

Nach der Mittagspause sehen wir dann doch noch das Video zur Entwicklung von Kalkstein. Die Stimmung ist aufgeräumt, alle geben sich Mühe. Die Erstellung der Grafik dazu ist dann leider Hausaufgabe. Keiner meckert, und die Ergebnisse, die sie in der nächsten Unterrichtsstunde vorlegen, sind durchaus erfreulich. Erdkunde ist über Nacht zu einem beliebten Fach geworden. Bei der Besprechung kann ich immer wieder auf Deutungen aus den Märchen zurückgreifen. Alex und ihre Freunde machen neben dem Unterricht aus ihrer inzwischen noch erweiterten Geschichte einen eindrucksvollen Comic, den wir drucken lassen und in der Klasse verteilen, womit dann auch die »Ergebnissicherung« gewährleistet ist.

Im kommenden Jahr, so viel weiß ich schon, werde ich dieses Projekt wieder einbringen. Schule darf ruhig auch einmal Spaß machen. Dann lasse ich es gleich unter »creative writing« laufen.

WEHMUT

Mit meinem grauen Anzug bin ich hier eindeutig overdressed, stelle ich fest, als ich mich in der Mensa umschaue. Eine verbindliche Kleiderordnung gibt es halt nicht mehr, nicht einmal bei der feierlich gedachten Verleihung der

Abiturzeugnisse. Da sitzen vereinzelt dunkel gekleidete Kopftuchträgerinnen, daneben coole Jungs in verschlissenen Jeans, nicht mal rasiert heute Morgen. Schüler mit feinen Sakkos neben überschminkten, schmuckbeladenen Schwestern in kurzen Röcken. Einige Kollegen haben sich fein gemacht, andere, gerade aus dem Unterricht gekommen, tragen die üblichen Lehrer Cordjeans.

Wir sitzen in unserer wenig feierlichen, etwas heruntergekommenen und notdürftig mit Blumen aufgehübschten Mensa und haben eben der ziemlich quietschigen Schulband gelauscht, die sich mühsam an einem getragenen Pop-Lied abarbeitete. Trotzdem war der Applaus frenetisch, eine Gelegenheit, wieder einmal zu pfeifen und zu johlen. So richtig feierlich kriegen wir es einfach nicht hin. Nicht hier in Kreuzberg.

Die neue Rektorin hält jetzt, immer wieder gestört durch Verspätete, ihre Rede. Vom neuen Aufbruch spricht sie, vom Wandel zur Gemeinschaftsschule und dem Konzept des individualisierten Lernens, von der kommenden Inklusion. Der neue Geist sei schon überall zu spüren.

Es ist meine letzte Abiturfeier. Vor 28 Jahren wurden hier die ersten Abiturzeugnisse ausgegeben, und ich habe seither viele Reden von Aufbruch und Neuanfang gehört, deshalb kann ich mich einer gewissen Skepsis nicht erwehren: Mein Blick fällt auf die wenigen jungen Kollegen. Einige scheinen ja sehr engagiert zu sein. Aber werden sie wirklich die Wende schaffen? Werden sie »von oben« die versprochene Unterstützung bekommen? Wird sich ein neues Team finden, das diesen Neuanfang entschlossen vorantreibt? Wie wir vor über 30 Jahren.

Mag sein, dass diese Schule auch wieder bessere Zeiten

erlebt, denke ich, aber die Gegenwart ist trostlos, da helfen keine schönen Visionen. Diese Schule ist, auch wenn einige immer noch kämpfen, überfordert von den immer schwierigeren Schülern, erschöpft von den Reformen, ausgebrannt durch entnervende Sparmaßnahmen, jedenfalls in ihrer Arbeit mit der Mittelstufe. Man hat sie ausgequetscht wie eine Zitrone, sie ist auf der Strecke geblieben. Vielleicht ist sie auch einfach zu groß, um jemals gut zu funktionieren.

Meine Gedanken schweifen zurück in die Vergangenheit. Ich sehe den alten Schulleiter vor mir, wie er, den Kopf leicht geneigt, fast emotionslos eine seiner anspruchsvollen, mit philosophischen Anspielungen durchsetzten Reden hält. Oft waren wir wütend auf ihn, aber wie hat er doch gekämpft für diese Schule. Vor drei Jahren haben wir ihn verabschiedet. Eine Epoche ging zu Ende. Überhaupt, wer ist noch da von dem Team, das hier in den 70er Jahren voller Hoffnung anfing? Die paar Kollegen kann ich an meinen Fingern abzählen. So viele sind resigniert abgegangen an angeblich bessere Schulen, so viele auch ausgebrannt und krank ausgeschieden. Wieder andere haben woanders Karriere gemacht. Ich frage mich, warum ausgerechnet ich zu den letzten Überlebenden dieses »Projektes« gehöre. Ich, der die ganzen ersten Jahre kaum wusste, wie er den kommenden Tag überstehen soll. Aber ich bin auch sehr erschöpft, und ohne Altersteilzeit und Konzentration meines Unterrichts auf die Oberstufe hätte ich sicher nicht durchgehalten.

Youssef, der Schülersprecher – ein sehr ehrgeiziger Schüler, der gerade ein gutes Abitur hingelegt hat – erklimmt jetzt das Podium, hantiert am Mikro. Er ist nicht der erste Schülersprecher aus dieser arabischen Großfamilie, und er liebt solche Auftritte. Endlich gelingt es ihm Ruhe herzustellen. »Der Regierende Bürgermeister, dieser unsrer Stadt ...«. Er beginnt rhetorisch geschickt mit leiser Stimme, »hat vor einigen Jahren gesagt, er würde seine Kinder, wenn er welche hätte, nicht in eine dieser Schulen in Kreuzberg schicken.« Kunstpause, bedeutungsschwerer Blick. »Aber wie kommt er zu einer derartig diffamierenden Meinung? Er, der Regierende, auch unser Bürgermeister? Weil er die Realität nicht kennt, weil er nicht weiß, was hier mitten im schmutzigen Kreuzberg an Leistungen erbracht wird.« Youssefs Stimme ist jetzt laut und anklagend. »Aber sehen Sie sich um in diesem Saal. Hier sitzen 52 junge Leute, die ihr Ziel erreicht haben, 52 Sieger.« Theatralisch deutet er auf die Sitzreihe, in der die »Sieger« sitzen. Vergiss mal nicht die anderen, denke ich, die es nicht gepackt oder die das Handtuch geschmissen haben. In der Elften waren es noch an die 80, die Abitur machen wollten. Auch bei uns werden Abschlüsse nicht verschenkt. »70 Prozent dieser Sieger, machen Sie sich das einmal klar, kommen aus sogenannten Harz IV Familien, um nicht zu sagen, aus »bildungsfernen Schichten«, was ja oft gar nicht stimmt. Ist das keine Leistung? Eine Leistung dieser Schüler, dieser Schule ... und auch dieser Lehrer?«

Beifall braust auf, einige Idioten trommeln auf den Stühlen, Pfiffe. Youssef hebt beruhigend eine Hand. »Und, und ...«, es dauert lange, bis er weiterreden kann, »60 Prozent unserer Abiturienten hatten, als sie vor sieben oder acht Jahren an unsere Schule kamen, lediglich eine Realschulempfehlung, zwei sogar nur eine Hauptschulempfehlung, das muss man sich einmal klar machen. Und jetzt haben sie das Abitur. Ist das keine Leistung, Herr Wowereit?«

Wieder Gejohle und Pfiffe. »Gibs ihm«, ruft jemand von ganz hinten.

Ja, das ist eine Leistung, Youssef hat völlig Recht. Da ist er wieder, der alte, rostige Bergungsschlepper, für den sich die Besitzer fast zu schämen scheinen. Was Youssef beschreibt ist, was die Gesellschaft von uns erwartet, und wir haben es wieder einmal geschafft. »Sehen wir sie uns doch einmal an, diese Sieger.« Er ist jetzt voll in seinem Element und stellt uns die drei Schülerinnen mit den Einserzeugnissen vor. »Eine davon ist erst seit acht Jahren in Deutschland. Und da ist unsere Hatice. Sie hat mitten im Abi ihren kleinen Omar zur Welt gebracht, ihn während der Klausuren gestillt. Hatice, zeig' uns mal Omar.« Hatice, sie trägt heute ein wunderschönes grünseidenes Kopftuch, erhebt sich und hält den plärrenden Kleinen hoch. »Aber da sind auch die anderen, die nichtschulischen Leistungen, die einige von uns hier erbracht haben. Die kleine Elena zum Beispiel. Elena steh mal auf.« Elena steht auf, schüchtern. »So klein ist sie und doch Deutsche Meisterin in Judo. Ist das nichts?« Man tobt. »Und da ist Onur. Er ist nebenbei Schauspieler am Naunyntheater, eine der bekanntesten Spielstätten dieser Stadt. Da ist Zafer, Berliner Juniormeister in Schach, da ist Anja, die jamaikanische Gedichte übersetzt, und da ist der stadtbekannte Rapper King Yunus. Yunus, gibst du uns zum Abschluss der Feier noch eine Rap-Vorstellung?«

Youssef hat seine Liste noch lange nicht abgearbeitet, aber mein Blick schweift über die Abiturienten, die ich kenne und bleibt an Adalet hängen. Sie sind fünf Kinder zuhause, leben von Sozialhilfe. Als sie vor sieben Jahren in meine Klasse kam und sagte, sie wolle Abi machen, hatte ich meine Zweifel, weil sie einfach nicht wagte, eigenständig zu denken. Aber sie hat es gelernt, mühsam und mit ungeheurer Anstrengung. Jetzt sitzt sie da, schüchtern wie immer, eine Rose in der Hand. Es war schon richtig, an dieser Schule zu bleiben. Viel Feind, viel Ehr. Jeder Erfolg zählt hier doppelt.

Adil spricht mich an. Adil, der ewige Krawallmacher, dem ich als anatolischer Bauer aber ohne weiteres meine Schafe anvertraut hätte und der wegen dieser Geschichte mit der Machete von der Schule geflogen war. »Wie geht es Dir?« Seine Cousine hat gerade ihr Abitur bestanden. »Bin jetzt bei der Polizei. Zweites Ausbildungsjahr.« Ich kann es kaum glauben. Plötzlich steht auch Sirin neben mir, die letztes Jahr diese tolle Arbeit über die Armenierfrage vorgelegt hatte. »Du hier? Ich dachte, du wolltest mit deinen Eltern zurück in die Türkei?« »Gerade mal sechs Wochen habe ich es in dem Dorf ausgehalten«, erzählt sie, »dann wusste ich, dass mein Platz in Berlin ist.«

Wieder setzt die Schülerband ein, grauenhaft scheppernd. Aber woher soll an dieser Schule ein »richtiges« Schulorchester kommen? Wer spielt hier schon Geige oder Klavier?» Dann gibt es endlich die Zeugnisse. Ein paar Witze, Bonmots, Schüler und Lehrer drücken sich. Zum Schluss darf Yunus seinen Abi-Rapsong vortragen und kriegt stehenden Applaus.

Mitten im größten Trubel auf dem Flur überfällt mich am nächsten Tag eine ganz melancholische Stimmung. Schüler jagen sich, erzählen, machen sich an, hoffen, ärgern, freuen sich. So viel Energie in diesem Flur. Da ist die Tür, durch die ich angstschlotternd und mit zusammengebissenen Zähnen vor 34 Jahren zum ersten Mal dieses Gebäude betreten habe. Und wie oft bin ich auch danach noch hier hereingeschlichen mit Angst im Bauch, vor dem langen Tag, vor schwierigen Klassen. Wie oft aber auch erfüllt von Hoffnung auf gelingende Stunden, Durchbrüche bei Problemen. Hier tobt es, das »wahre Leben«, das ich früher so verzweifelt woanders gesucht habe.

Sie hat mich gefordert, diese Schule, aber sie hat mir auch viel gegeben. Der charismatische Superlehrer bin ich nicht geworden, aber aus dem weltfremden Träumer ist immerhin jemand geworden, der zu seinen Stärken gefunden und Freude am »Machen« entwickelt hat. Hier haben sich die zwei Seelen in meiner Brust, die bürgerliche, rationale und die emotional sinnliche, miteinander versöhnen können. Bald wird es nichts mehr zu machen geben. Ich werde allein am Frühstückstisch sitzen und meine Zeitung lesen. Werden meine neu erworbenen Charakterzüge dann von mir abblättern wie spröder Lack?

Ein paar liebe Mädchen aus einer Klasse, die ich vor zwei Jahren abgegeben habe, stehen plötzlich neben mir. »Hallo, Herr Johann, kennen Sie uns noch?« »Hey, Sie tragen ja jetzt Jet-lag Jeans, sieht gut aus«, bemerkt Kübra gleich. »Mensch, seid ihr groß geworden.« »Wann kommen Sie endlich zurück zu uns in Geschichte? Hat doch immer richtig Spaß gemacht bei Ihnen.« Sie schauen so unschuldig und freundlich zu mir auf. »Und deshalb wart Ihr immer so laut?«, frage ich. »Laut? Wir?« Sie tun so, als wüssten sie gar nicht, wovon ich rede. Sie wollen wahrgenommen, gemocht werden. Geht es uns Lehrern nicht genauso?

Mir wird warm ums Herz bei solchen Gesprächen. Wir sind immer noch eine sehr schülerfreundliche Schule, zumindest das ist geblieben von unseren 68er Idealen. Und ich habe nicht nur gegeben in diesen 34 Jahren. Meine

Schüler haben mich nicht ausgelaugt, so stressig sie oft auch waren. Es war ein System von gegenseitigem Geben und Nehmen. Aber das konnte nur funktionieren, weil ich die Schüler immer auch als ernst zu nehmende junge Menschen gesehen habe, Menschen, deren Meinung und Anerkennung mir wichtig waren. Ich werde viel vermissen.

Meine nostalgischen Anwandlungen werden von einem Schüler unterbrochen, der mir aufgeregt mitteilt, da hinten würden einige Achtklässler gerade die Toilettentür eintreten.

Die Abschiede reißen nicht ab. Auf dem Abi-Ball kann ich noch einmal abrocken. Sie legen extra für mich einen Rock 'n' Roll auf. Dann der Abschied von meiner Elften, die mich so viel Nerven gekostet hat, schließlich von meinen Kollegen. Karin überreicht mir einen riesigen Bergkristall. »Kannst ihn ja auch Luigi nennen.« Aha, da hat sich etwas herumgesprochen.

Dann ist alles vorbei, und ich stehe da, mit den drei Kollegen, die mit mir in den Ruhestand gehen. »Geschafft, wir sind frei.« Ich knutsche Birgit, drücke Wolfgang. Aber Reinhold? Wie oft waren wir entgegengesetzter Meinung, wie oft fand ich seine Art unmöglich, er meine wahrscheinlich auch. Aber 34 Jahre verbinden, das spüren wir jetzt. »Mensch Albrecht, altes Haus ...« Ich glaube, auch er ist gerührt. Er hat den Kampf hier auf seine Art geführt, ich auf meine. Auch als Lehrer bleibt man eingesperrt in die Grenzen, die einem die eigene Persönlichkeit, die eigene Lebensgeschichte setzen. Da kommt keiner so ganz raus. Wir machen es, als wäre das so abgesprochen, wie unsere Jungs, winkeln die Arme an und klatschen die Handflächen aufeinander. Einmal, zweimal, dreimal. »Mensch, du ...« Auch Reinhold wird mir fehlen.

NACHWORT

Was immer in diesem Buch geschildert wird, ist wirklich passiert. Es ist nicht das Produkt schriftstellerischer Phantasie, sondern ein Ausschnitt aus der Realität einer der vielen Berliner Gesamtschulen in Brennpunktkiezen, ob sie nun in Kreuzberg oder im Wedding liegen.

Verändert habe ich lediglich Namen, Klassenbezeichnungen und Zeitangaben. Ich habe sie so arrangiert, dass keiner der Betroffenen eindeutig identifiziert werden kann.

Das Buch endet 2011. Die Schule hat sich seither strukturell und von ihrem pädagogischen Konzept her völlig verändert. Gelegentlich soll es seither auch die eine oder andere kleine finanzielle Hilfe von oben für die Schule gegeben haben. Aber solche kleinen Hilfen reichen nicht. Das vorliegende Buch versteht sich nicht zuletzt als Appell an die Gesellschaft, diesen Brennpunktschulen die Mittel zur Verfügung zu stellen, die sie brauchen, um ihre schwere und doch so wichtige Arbeit zufriedenstellend bewältigen zu können.

Herzlich bedanken möchte ich mich bei Stefan Strehler von der Volkshochschule Mitte, der mich ermutigt hat, aus dem Erlebten ein Buch zu machen, sowie bei meiner Frau, die das Entstehen emotional begleitet hat.